20 23 / 20 24 賃金・労使関係データ

個別賃金・生涯賃金と雇用処遇

<ご利用にあたって>

　令和３年度賃金構造基本統計調査では調査対象職種や短時間労働者の集計対象の変更など、令和４年度は毎月勤労統計や労働力調査で基準年改定やベンチマーク人口の切替えが行われたため、これまでの公表値との比較には注意が必要です。詳しくは厚生労働省のホームページをご確認ください。

　また、各統計調査では新型コロナウイルス感染症の影響により調査対象が例年より少ないなどの影響を受けている可能性がありますのでご注意ください。

刊 行 の 辞

　日本生産性本部・生産性労働情報センターでは、従来より労働問題や労使関係、雇用処遇制度などの冊子・資料を刊行してまいりました。その中でも労働経済に関するデータ集として「活用労働統計」を毎年1月に発行し、労使関係当事者にとどまらず、広く研究者や学究の徒にも好評を博しております。とはいえ「活用労働統計」は、年に1回の刊行物であるために、掲載データの新旧の点で限界があり、加えてスペース上の制約のために割愛せざるを得ないデータも数多く、それらを補完すべく、1996年より本統計集「賃金・労使関係データ」を発行することとなり今回で28回目を数えるに至りました。

　今回も賃金水準をはじめとする雇用処遇制度に関係する各種指標を掲載し、見やすい、知りたいデータがすぐわかるなどの特徴をもたせるように編集で工夫いたしました。

　自社の制度や水準の分析等に、本冊子をご活用いただければ幸いです。

日 本 生 産 性 本 部
生産性労働情報センター

利 用 上 の 注 意

1．**年次の表わし方**　　表側に、単に「年」としてあるのは暦年（1–12月、calendar year）である。「年度」とあるのは該当年4月–翌年3月の会計年度（fiscal year）である。但し、会計年度は国によっても企業によっても異なる。

　　A表では右ページにcy・fy と略称している。

2．**パーセントとポイント**　　前年比較の数値は、通常は比率（百分率すなわち％）で示される。しかしパーセントどうしの比較を前年比で行う場合は、引き算をして差をとる。

　　この結果を「ポイント」（正確にはパーセンテージ・ポイント）と呼び、本書でもその場合「ポイント」としてある。ポイント差でマイナスのとき「−」を付した。

　　なお、「△」は増減率のマイナスをあらわす。

3．**指数の基準時**　　指数の基準時が改定される際に、指数値自体が変わるほか、対前年増減率の数値も過去に遡って変えられ、このため既に発表された数値と異なる場合がある。本書では主に令和2年を基準年次にしたものが掲載されている。基準年次は主に5年ごとに改められており、その年次は平成2・7・12・17・22・27年といった状況である。

4．**複数回答**　　制度調査では、複数回答の設問が存在するが、その場合は統計表の見出しや表中に（M.A.）と、multi-answers の頭文字を明記している。

5．**速報値と確報値**　　月次や四半期ベースの数値の場合などは、当初に速報値ということで発表になり、その後、確報値として再度公表されることも多いが、本書でもA表ではp（promptの略称）を付して速報を掲載している。なお確報時点で数値が改まる場合はr（revise の略称）を付して掲載される。

目　　　次

暦年／年度	国民総所得(GNI)		国内総生産(GDP)		雇用者報酬		就業者数	雇用者数	就業者一人当りGDP		雇用者一人当り雇用者報酬	
	名目	実質	名目	実質	名目	実質			名目	実質	名目	実質
	10億円〔平成27暦年連鎖価格〕※2023年8月15日発表値						万人		千円〔平成27暦年連鎖価格〕			
実額・指数												
平成28暦年	563,307	566,469	544,365	542,137	267,401	268,075	6,470	5,755	8,414	8,379	4,646	4,658
29	573,534	573,344	553,073	551,220	272,102	271,422	6,542	5,830	8,454	8,426	4,667	4,656
30	577,919	573,210	556,630	554,767	281,350	278,342	6,682	5,954	8,330	8,302	4,725	4,675
令和元年	579,767	572,152	557,911	552,535	286,892	282,058	6,750	6,028	8,265	8,186	4,759	4,679
2	559,083	551,746	539,285	529,096	283,187	276,998	6,710	6,005	8,037	7,885	4,716	4,613
3	576,541	562,819	550,074	540,894	288,746	279,961	6,713	6,016	8,194	8,057	4,800	4,654
4	592,218	563,902	557,165	546,501	294,492	275,786	6,723	6,041	8,288	8,129	4,875	4,565
平成28年度	563,984	566,919	544,830	543,479	268,251	268,678	6,479	5,764	8,529	8,508	4,738	4,745
29	576,033	574,462	555,713	553,174	273,710	272,356	6,566	5,848	8,577	8,538	4,749	4,725
30	578,282	573,065	556,630	554,281	282,424	279,268	6,681	5,955	8,477	8,446	4,829	4,775
令和元年度	578,672	569,893	556,783	550,094	287,995	282,440	6,733	6,020	8,334	8,234	4,836	4,743
2	557,692	550,849	537,889	527,691	283,550	277,441	6,664	5,962	7,989	7,837	4,710	4,609
3	580,449	563,118	551,420	541,739	289,508	279,106	6,706	6,013	8,275	8,129	4,856	4,681
4	598,119	565,996	562,664	549,198	295,376	274,497	6,728	6,048	8,391	8,190	4,912	4,565
対前年(度)増減率(%)差(＋・－)												
平成28暦年	0.7	1.3	1.2	0.8	2.6	2.9	1.1	1.6	0.1	△0.3	1.0	1.3
29	1.8	1.2	1.6	1.7	1.8	1.2	1.1	1.3	0.5	0.6	0.4	△0.1
30	0.8	0.0	0.6	0.6	3.4	2.5	2.1	2.1	△1.5	△1.5	1.2	0.4
令和元年	0.3	△0.2	0.2	△0.4	2.0	1.3	1.0	1.2	△0.8	△1.4	0.7	0.1
2	△3.6	△3.6	△3.3	△4.2	△1.3	△1.8	△0.6	△0.4	△2.8	△3.7	△0.9	△1.4
3	3.1	2.0	2.0	2.2	2.0	1.1	0.0	0.2	2.0	2.2	1.8	0.9
4	2.7	0.2	1.3	1.0	2.0	△1.5	0.1	0.4	1.1	0.9	1.6	△1.9
平成28年度	0.4	0.8	0.8	0.8	2.4	2.6	1.4	1.8	△0.7	△0.7	0.6	0.7
29	2.1	1.3	2.0	1.8	2.0	1.4	1.3	1.5	0.6	0.4	0.2	△0.4
30	0.4	△0.2	0.2	0.2	3.2	2.5	1.8	1.8	△1.2	△1.5	1.3	0.7
令和元年度	0.1	△0.6	0.2	△0.6	2.0	1.1	0.8	1.1	△0.8	△1.6	0.2	0.0
2	△3.6	△3.3	△3.4	△4.1	△1.5	△1.8	△1.0	△1.0	△2.4	△3.1	△0.6	△2.8
3	4.1	2.2	2.5	2.7	2.1	0.6	0.6	0.9	1.9	2.0	1.2	0.3
4	3.0	0.5	2.0	1.4	2.0	△1.7	0.3	0.6	1.7	1.0	1.4	△2.2

資料出所　内閣府経済社会総合研究所「国民経済計算」、「四半期別国民所得統計」、「景気動向指数」。経済産業省「生産・出荷・在庫指数速報」、「第3次産業活動指数」、「商業動態統計」。内閣府「機械受注統計調査（280社ベース）」。東京商工リサーチ「倒産月報」。

暦年／年度	企業物価指数			企業向けサービス価格指数	外貨準備高	貿易		外国為替相場 米ドル・スポット東京相場月中平均(円)	基準割引率及び基準貸付利率(月末分・%)	原油価格(通関CIFベース)(千円/KL)
	国内総平均	輸出(円ベース)	輸入(円ベース)			通関実績(10億円)				
	令和2年=100			平成27年=100	期末・百万ドル	輸出	輸入			
実額・指数										
平成28暦年	96.2	100.6	98.7	100.3	1,216,903	70,036	66,042	108.84	0.30	28.43
29	98.4	105.9	109.5	101.0	1,264,283	78,286	75,379	112.16	0.30	38.32
30	101.0	107.4	117.8	102.2	1,270,975	81,479	82,703	110.40	0.30	50.63
令和元年	101.2	103.3	111.5	103.3	1,323,750	76,932	78,600	109.01	0.30	45.84
2	100.0	100.0	100.0	104.2	1,394,680	68,400	67,837	106.78	0.30	31.82
3	104.6	108.3	121.6	105.1	1,405,750	83,091	84,761	109.78	0.30	59.01
4	114.7	125.8	169.0	106.9	1,227,576	98,186	118,157	131.37	0.30	84.73
平成28年度	96.7	91.3	85.4	100.4	1,230,330	71,522	67,549	108.40	0.30	32.52
29	99.3	95.6	93.6	101.3	1,268,287	79,221	76,810	110.80	0.30	39.83
30	101.5	96.4	99.7	102.4	1,291,813	80,710	82,319	110.90	0.30	50.27
令和元年度	101.6	92.4	93.6	103.8	1,366,177	75,879	77,172	108.70	0.30	46.39
2	99.9	100.2	99.5	104.2	1,368,465	69,485	68,487	106.00	0.30	28.87
3	107.0	111.5	130.6	105.5	1,322,193	85,874	91,460	112.36	0.30	66.89
4	117.1	128.3	173.9	107.4	1,257,061	99,226	120,981	135.39	0.30	87.21
対前年(度)増減率(%)差(＋・－)										
平成28暦年	△3.5	△9.3	△16.4	0.2	△1.3	△7.4	△15.8	△10.1	—	△32.1
29	2.3	5.3	11.0	0.8	3.9	11.8	14.1	3.1	—	34.8
30	2.6	1.4	7.5	1.1	0.5	4.1	9.7	△1.6	—	32.1
令和元年	0.2	△3.8	△5.3	1.1	4.2	△5.6	△5.0	△1.3	—	△9.5
2	△1.2	△3.2	△10.3	0.9	5.4	△11.1	△13.7	△2.0	—	△30.6
3	4.6	8.3	21.6	0.8	0.8	21.5	24.9	2.8	—	85.4
4	9.7	16.1	39.0	1.7	△12.7	18.2	39.4	19.7	—	43.6
平成28年度	△2.4	△2.3	△10.6	0.4	△2.5	△3.5	△10.2	△9.7	—	△12.2
29	2.7	4.8	9.6	0.8	3.1	10.8	13.7	2.2	—	22.5
30	2.2	0.8	6.5	1.1	1.9	1.9	7.2	0.1	—	26.2
令和元年度	0.1	△4.1	△6.1	1.3	5.8	△6.0	△6.3	△2.0	—	△7.7
2	△1.7	8.4	5.9	0.4	0.2	△8.4	△6.3	△2.5	—	△37.8
3	7.1	11.3	31.3	1.3	△3.4	23.6	33.5	6.0	—	131.7
4	9.4	15.1	33.2	1.8	△4.9	15.5	32.3	20.5	—	30.4

資料出所　総務省統計局「消費者物価指数」。日本銀行「物価指数季報」、「金融経済統計季報」。財務省「外国貿易概況」。日本生産性本部「生産性統計（規模5人以上）」。厚生労働省「毎月勤労統計調査（規模5人以上）」、原油価格は財務省「貿易統計」（粗油も含まれる）。

注1．消費者物価指数の「持家の帰属家賃」とは、所有住居から得られるサービスを一般市場価格（家賃）で評価したもので、上表ではそれを含む総合と含まない総合の双方を掲載している。

経　済　指　標（1）

GDPデフレーター (27年=100)(平成27暦年連鎖価格)	鉱工業 生産指数	鉱工業 出荷指数	製造業稼働率指数	第3次産業活動指数	全国百貨店販売額	機械受注額(船舶電力除く民需)	企業倒産負債総額 件数	負債金額(億円)	消費者物価指数 総合	食料	持家の帰属家賃を除く総合	暦年年度
	令和2年=100			平成27年=100	億円	円	件数	負債金額(億円)	令和2年=100			
100.4	110.5	112.1	114.7	100.6	65,976	102,600	8,446	20,061	98.1	96.2	97.7	cy16
100.3	114.0	114.9	119.2	101.5	65,529	101,431	8,405	31,676	98.6	96.8	98.3	17
100.3	114.6	114.9	119.3	102.8	64,434	105,091	8,235	14,854	99.5	98.2	99.5	18
101.0	111.6	112.0	114.8	103.1	62,979	104,323	8,383	14,232	100.0	98.7	100.0	19
101.9	100.0	100.0	100.0	96.0	46,938	95,570	7,773	12,200	100.0	100.0	100.0	20
101.7	105.4	104.4	108.5	97.4	49,030	102,086	6,030	11,507	99.8	100.0	99.7	21
102.0	105.3	103.9	108.1	99.1	49,812	107,185	6,428	23,314	102.3	104.5	102.7	22
100.2	110.3	112.0	115.6	100.5	65,607	102,314	8,381	19,508	98.2	96.4	97.8	fy16
100.5	111.2	112.7	119.4	101.9	65,354	101,480	8,367	30,837	98.9	97.5	98.7	17
100.4	114.3	114.9	118.5	103.0	63,981	104,364	8,111	16,192	99.6	97.9	99.6	18
101.2	114.2	114.4	112.7	102.3	60,425	104,036	8,631	12,647	100.1	99.0	100.2	19
101.9	110.2	110.4	100.4	95.3	45,612	94,870	7,163	12,084	99.9	99.9	99.8	20
101.8	99.7	99.7	108.0	97.5	49,683	103,732	5,980	11,680	100.0	100.7	99.9	21
102.5	105.2	103.8	107.9	99.6	56,738	107,937	6,880	23,386	103.2	106.4	103.7	22
0.4	0.0	△0.3	△1.5	0.6	△3.3	1.7	△4.2	△5.0	△0.1	1.7	△0.1	cy16
△0.1	3.2	2.5	3.9	0.9	△0.7	△1.1	△0.5	57.9	0.5	0.7	0.6	17
0.0	0.5	0.0	0.1	1.3	△1.7	3.6	△2.0	△53.1	1.0	1.4	1.2	18
0.7	△2.6	△2.5	△3.8	0.3	△2.3	△0.7	1.8	△4.2	0.5	0.4	0.6	19
0.9	△10.4	△10.7	△12.9	△6.9	△25.5	△8.4	△7.3	△14.3	0.0	1.4	0.0	20
△0.2	5.4	4.4	8.5	1.5	4.5	6.8	△22.4	△5.7	△0.2	0.0	△0.3	21
0.3	△0.1	△0.5	△0.4	1.7	1.6	5.0	6.6	102.6	2.5	4.5	3.0	22
0.0	△0.7	△1.0	0.0	0.2	△3.4	0.5	△3.5	△4.2	0.0	1.4	0.0	fy16
0.3	0.8	0.6	3.3	1.4	△0.4	△0.8	△0.2	58.1	0.7	1.1	0.9	17
△0.1	2.9	2.2	△0.2	1.1	△2.1	2.8	△3.1	△47.5	0.7	0.4	0.9	18
0.8	△0.1	△0.4	△4.2	△0.7	△5.6	△0.3	6.4	△21.9	0.5	1.1	0.6	19
0.7	△3.5	△3.5	△11.0	△6.9	△24.5	△8.8	△17.0	△4.5	△0.2	0.8	△0.4	20
△0.1	△9.5	△9.7	7.1	2.3	8.9	9.3	△16.5	△3.3	0.1	0.8	0.1	21
0.7	5.5	4.1	△0.0	2.2	14.2	4.1	15.1	100.2	3.2	5.7	3.8	22

注1．国民総所得＝国内総支出＋海外からの所得の純受取．
　　2．鉱工業生産・出荷指数は付加価値額ウエイトによるもの．

労働生産性指数(製造業) 産出量	投入量	生産性	賃金水準(調査産業計) 現金給与総額 名目	実質	定期給与(名目)	パートタイマー現金給与総額(月平均)	賃金水準(製造業) 現金給与総額 名目	実質	定期給与(名目)	暦年年度
令和2年=100			令和2年=100				令和2年=100			
110.6	104.0	106.4	99.7	102.0	99.6	98.4	100.5	102.9	99.9	cy16
114.0	105.0	108.7	100.2	101.9	100.0	99.1	102.0	103.8	101.0	17
114.7	105.4	108.9	101.6	102.1	100.9	100.4	103.8	104.3	102.3	18
111.6	104.1	107.4	101.2	101.2	100.7	100.4	103.5	103.5	102.2	19
100.0	100.0	100.0	100.0	100.0	100.0	100.0	100.0	100.0	100.0	20
105.4	100.7	104.8	100.3	100.6	100.5	100.1	101.9	102.2	101.7	21
105.4	100.2	105.2	102.3	99.6	101.9	102.7	103.6	100.9	102.3	22
111.2	103.9	107.3	99.8	102.0	99.6	98.3	100.7	103.0	100.1	fy16
114.4	105.1	109.0	100.5	101.8	100.2	99.4	103.2	103.6	101.4	17
114.2	105.3	108.7	101.4	101.8	100.7	100.5	103.8	104.2	102.3	18
110.3	104.1	106.0	101.4	101.2	100.8	100.8	103.3	103.1	102.0	19
99.7	99.2	100.5	99.9	100.1	100.0	99.7	100.1	100.3	100.0	20
105.2	100.3	104.8	100.6	100.6	100.8	100.6	102.0	102.0	101.9	21
104.9	100.3	104.7	102.5	98.5	102.1	103.4	103.7	98.7	102.4	22
0.0	△1.0	1.1	0.6	0.7	0.3	△0.1	0.7	0.9	0.5	cy16
3.1	1.0	2.2	0.5	△0.1	0.4	0.7	1.5	0.9	1.1	17
0.6	0.4	0.2	1.4	0.2	0.9	1.3	1.8	0.5	1.3	18
△2.7	△1.2	△1.4	△0.4	△0.9	△0.2	0.0	△0.3	△0.8	△0.1	19
△10.4	△3.9	△6.9	△1.2	△1.2	△0.7	△0.4	△3.4	△3.4	△2.2	20
5.4	0.7	4.8	0.3	0.6	0.5	0.1	1.9	2.2	1.7	21
△0.1	△0.5	0.4	2.0	△1.0	1.4	2.6	1.7	△1.3	0.6	22
0.8	△0.9	1.8	0.5	0.5	0.2	△0.4	0.7	0.8	0.6	fy16
2.8	1.2	1.6	0.7	△0.2	0.6	1.1	1.6	0.6	1.3	17
△0.2	0.2	△0.3	0.9	0.0	0.5	1.1	1.5	0.6	0.9	18
△3.5	△1.1	△2.4	0.0	△0.6	0.1	0.1	△0.5	△1.1	△0.3	19
△9.6	△4.7	△5.2	△1.5	△1.1	△0.8	△0.9	△3.1	△2.7	△2.0	20
5.6	1.3	4.3	0.7	0.5	0.8	0.9	1.9	1.7	1.9	21
△0.3	△0.2	△0.1	1.9	△2.1	1.3	2.8	1.7	△3.2	0.5	22

　　2．円／ドル為替の対前年（度）増減率で△が付されている場合は円高を示す．
　　3．消費者物価指数の増減率は基準年次が変わっても変更されない．

暦年 年度	賃金水準(就業形態計)								賃金費用指数(製造業)	労働		
	賃金指数(卸小売業)		賃金指数(医療・福祉業)		現金給与総額(産業計・男女計)					労働力人口	就業者数	第2次産業
	現金給与総額 名目	定期給与 名目	現金給与総額 名目	定期給与 名目	500人以上	100～499人	30～99人	5～29人				
	令和2年=100				千　円				令和2年=100	万		
実績・指標												
平成30年	101.3	100.2	99.5	99.6	485.6	373.0	313.1	254.9	100.0	6,849	6,682	1,572
令和元年	99.9	99.6	99.8	99.8	479.3	373.4	311.3	254.8	101.5	6,912	6,750	1,570
2	100.0	100.0	100.0	100.0	471.5	363.0	307.1	254.6	105.3	6,902	6,710	1,547
3	102.1	101.5	99.0	99.9	477.8	364.3	308.8	254.6	102.2	6,907	6,713	1,533
4	103.8	102.9	100.9	101.8	491.8	380.3	318.4	254.0	103.5	6,902	6,723	1,525
平成30年度	100.8	99.9	99.2	99.6	482.3	372.7	312.7	253.7	95.5	6,847	6,681	1,562
令和元年度	100.3	100.1	100.2	100.1	479.2	372.3	311.7	255.3	97.5	6,895	6,733	1,560
2	100.0	100.3	100.0	100.0	471.7	362.6	306.7	254.2	99.6	6,863	6,664	1,535
3	102.3	101.6	99.3	100.1	479.1	366.6	311.2	254.0	97.3	6,897	6,706	1,534
4	103.9	103.0	101.3	102.2	491.2	382.6	318.8	253.9	99.0	6,906	6,728	1,525
対前年(度)増減率(%)差(+・-)												
平成30年	3.8	2.7	△1.8	△1.5	4.1	2.3	△0.8	△0.7	1.1	1.7	2.1	1.0
令和元年	△1.4	△0.6	0.3	0.2	△1.3	0.1	△0.6	0.0	1.5	0.9	1.0	△0.1
2	0.1	0.4	0.2	0.2	△1.6	△2.8	△1.3	△0.1	3.7	△0.1	△0.6	△1.5
3	2.1	1.5	△1.0	△0.1	1.3	0.4	0.6	0.0	△2.9	0.1	0.0	△0.9
4	1.7	1.4	1.9	1.9	2.9	4.4	3.1	△0.2	1.3	△0.1	0.1	△0.5
平成30年度	2.6	1.7	△1.9	△1.1	1.9	1.9	△0.6	△1.2	1.7	1.4	1.8	0.3
令和元年度	△0.5	0.2	1.0	0.5	△0.6	△0.1	△0.3	0.6	2.1	0.7	0.8	△0.1
2	△0.1	0.2	△0.2	0.0	△1.6	△2.6	△1.6	△0.4	2.2	△0.5	△1.0	△1.6
3	2.1	1.3	△0.7	0.1	1.6	1.1	1.5	△0.1	△2.3	0.5	0.6	△0.1
4	1.6	1.4	2.0	2.1	2.5	4.4	2.4	0.0	1.7	0.1	0.3	△0.6

資料出所　厚生労働省「毎月勤労統計調査（規模５人以上）」。総務省統計局「労働力調査」。
　注１．賃金指数の卸小売業には、「持ち帰り・配達飲食サービス」は含まない新産業区分での表示である。
　　２．賃金費用指数の算出方法と増減率については後掲のＣ－１表の注参照のこと。
　　３．規模別現金給与総額欄の対前年増減率はギャップ修正済指数で算定しており、必ずしも実数で算出した値と一致しない。
　　４．就業者数の第２次産業は、鉱業、採石業、砂利採取業、建設業、製造業の合計を、第３次産業は、第１次産業（農林漁業）・第２次産業と分類不能以外の合計を指す。
　　５．労働異動率は、「当該年（度）増加（減少）入（離）職者数÷前年（度）末労働者数」により算定。
　　６．所定外労働時間の増減率はギャップ修正済指数により算定しているので、必ずしも実数算出値と一致しない。

暦年 年度	失業者			求人倍率				勤労者世帯の生活関係主要指標				
	完全失業率	世帯主の失業率	自発的失業者	一般労働者(除新卒パート)		パートタイム労働者		実収入	世帯主の収入	世帯主の妻の収入	可処分所得	消費支出
				新規	有効	新規	有効					
	%		万人	倍				千				
実績・指標												
平成30年	2.4	1.3	71	2.16	1.50	2.87	1.82	558.7	426.0	72.1	455.1	315.3
令和元年	2.4	1.3	70	2.20	1.51	2.85	1.76	586.1	438.3	82.3	476.6	323.9
2	2.8	1.5	73	1.79	1.12	2.27	1.29	609.5	431.9	87.7	498.6	305.8
3	2.8	1.5	74	1.94	1.12	2.16	1.14	605.3	444.5	88.2	492.7	309.5
4	2.6	1.4	73	2.17	1.28	2.42	1.28	617.7	450.9	94.6	500.9	320.6
平成30年度	2.4	1.3	72	2.19	1.52	2.87	1.81	565.3	429.3	75.1	460.0	318.1
令和元年度	2.3	1.3	69	2.13	1.47	2.76	1.71	589.0	439.6	83.5	479.3	320.6
2	2.9	1.5	73	1.76	1.06	2.16	1.18	607.6	429.1	87.1	496.9	304.5
3	2.8	1.6	73	2.00	1.16	2.22	1.16	608.2	446.8	88.7	495.8	311.2
4	2.6	1.4	73	2.20	1.31	2.46	1.31	620.0	451.3	96.9	502.3	322.8
対前年(度)増減率(%)差(+・-)												
平成30年	−0.4	−0.1	△13.4	0.19	0.14	0.06	0.04	0.6	1.6	12.1	4.8	0.7
令和元年	0.0	0.0	△1.4	0.04	0.01	−0.02	−0.06	4.9	2.9	14.1	4.7	2.7
2	0.4	0.2	4.3	−0.41	−0.39	−0.58	−0.47	4.0	△1.5	6.5	4.6	△5.6
3	0.0	0.0	1.4	0.15	0.00	−0.11	−0.15	△0.7	2.9	0.6	△1.2	1.2
4	−0.2	−0.1	△2.7	0.23	0.16	0.26	0.14	2.0	1.4	7.3	1.7	3.6
平成30年度	−0.3	−0.1	△10.0	0.16	0.11	0.04	0.01	5.4	2.6	15.5	5.3	1.7
令和元年度	−0.1	0.0	△4.2	−0.06	−0.05	−0.11	−0.10	4.2	2.4	11.2	4.2	0.7
2	0.6	0.2	5.8	−0.37	−0.41	−0.60	−0.53	3.1	△2.4	4.3	3.7	△5.0
3	−0.1	0.0	0.0	0.24	0.06	0.06	−0.02	3.3	4.1	1.9	△0.2	2.2
4	−0.2	−0.2	0.0	0.20	0.15	0.24	0.15	1.9	1.0	9.2	1.3	3.7

資料出所　総務省統計局「労働力調査」「家計調査報告（２人以上世帯）」。厚生労働省「毎月勤労統計調査（規模５人以上）」、「職業安定業務統計」。内閣府経済社会総合研究所「景気動向指数」。
　注１．勤労者の生活関係主要指標は、２人以上世帯のもので単身世帯は含まれていない。

力			常用雇用指数（就業形態計）		非正規労働者比率	常用雇用労働者労働異動率（全産業）（就業形態計）		労働時間（製造業）		完全失業者		暦年年度
第3次産業	雇用者数	女性	調査産業計	製造業		入職率	離職率	総実労働時間数（就業形態計）	所定外労働時間数	完全失業者数	世帯主（2人以上世帯）	
人			令和2年＝100		%	%		時間		万人		
4,882	5,948	2,682	97.1	98.8	37.8	2.11	2.02	163.4	16.4	167	35	cy18
4,958	6,024	2,735	99.0	99.8	38.2	2.15	2.05	159.8	15.1	162	33	19
4,950	6,000	2,722	100.0	100.0	37.1	1.99	2.00	153.2	11.9	192	39	20
4,972	6,007	2,737	101.1	98.9	36.6	2.00	1.97	155.9	13.6	195	40	21
4,993	6,032	2,764	102.0	98.1	36.9	2.07	2.00	156.6	14.4	179	36	22
4,747	5,955	2,686	97.5	99.1	37.9	2.14	2.04	162.8	16.2	166	35	fy18
4,806	6,020	2,729	99.4	100.0	38.1	2.13	2.04	159.6	14.7	162	33	19
4,805	5,962	2,699	100.2	99.9	36.8	1.95	1.97	152.2	11.7	198	40	20
4,826	6,013	2,739	101.3	98.6	36.6	1.95	1.94	156.2	13.9	191	40	21
4,849	6,048	2,772	102.5	98.1	36.8	2.08	1.99	156.6	14.2	180	36	22
2.5	2.1	3.3	1.1	△0.4	0.6	△0.04	△0.02	0.1	1.2	△12.1	△9.0	cy18
1.6	1.3	2.0	2.0	1.0	0.4	0.04	0.03	△2.2	△7.9	△3.0	△4.8	19
△0.2	△0.4	△0.5	1.0	0.2	△1.1	△0.16	△0.05	△4.1	△21.2	18.5	18.4	20
0.4	0.1	0.6	1.1	△1.1	△0.5	0.01	△0.03	2.7	14.3	1.6	1.5	21
0.4	0.4	1.0	0.9	△0.8	0.3	0.07	0.03	0.4	5.9	△8.2	△10.0	22
1.7	1.8	2.9						0.6	△0.6	△9.3	△2.8	fy18
1.2	1.1	1.6	1.9	0.9	0.2	△0.01	0.00	△2.0	△9.3	△2.4	△5.7	19
0.0	△1.0	△1.1	0.8	△0.1	△1.3	△0.18	△0.07	△4.6	△20.4	22.2	21.2	20
0.4	0.9	1.5	1.1	△1.3	△0.2	0.00	△0.03	2.6	18.9	△3.5	0.0	21
0.5	0.6	1.2	1.1	△0.5	0.4	0.13	0.05	0.3	2.2	△6.8	△12.5	22

<注：労働力調査における標本の国勢調査に基づく切り替えについて>
　労働力調査は標本調査であり、国勢調査の約100万調査区から約2,900調査区を選定し、その調査区内から選定された約4万世帯及びその世帯員が調査対象となる（就業状態は世帯員のうち15歳以上の者、約10万人対象）。2022年1月結果からは、算出の基礎となるベンチマーク人口を、2015年国勢調査結果を基準とする推計人口（旧基準）から2020年国勢調査結果を基準とする推計人口（新基準）に切り替えた。これに伴い、2015年から2021年までの数値については、比率を除き、新基準のベンチマークに基づいて遡及又は補正した時系列接続用数値に置き換えて掲載した。このため、当該期間の数値は各年の既報告書等の数値と異なる。この切り替えによるギャップは、全国の15歳以上人口（2020年9月分）で＋26万人（新基準－旧基準）。・・・総務省ホームページより。

〔1カ月平均〕（全国）〔農林漁家世帯を含む〕					世帯消費動向指数		暦年年度	年・月	景気動向指数〔CI〕		
非消費支出	直接税	社会保険料	エンゲル係数	平均消費性向	名目	実質			先行指数 11系列	一致指数 10系列	遅行指数 9系列
円			%		令和2年＝100				令和2年（2020年）＝100.0		
103.6	43.4	60.1	24.1	69.3	107.0	107.5	cy18	2021年10月	113.1	107.0	99.3
109.5	45.5	63.9	23.9	67.9	108.1	108.1	19	11	114.7	111.6	99.5
110.9	46.2	64.7	26.0	61.3	100.0	100.0	20	12	115.6	111.8	100.5
112.6	47.2	65.3	25.4	62.8	100.6	100.9	21	2022年1月	113.9	110.9	99.7
116.7	49.4	67.2	25.1	64.0	102.8	100.1	22	2	113.0	111.2	100.2
105.2	43.9	61.2	23.9	69.2	107.9	108.3	fy18	3	113.3	111.5	100.5
109.9	45.6	64.1	24.3	66.9	106.2	105.9	19	4	114.1	111.9	101.3
110.7	46.2	64.4	26.1	61.3	99.5	99.6	20	5	112.7	111.3	101.2
112.4	46.9	65.4	25.2	62.8	100.8	100.9	21	6	112.3	113.8	102.7
117.8	49.7	67.9	25.3	64.3	104.0	100.2	22	7	111.4	114.0	102.5
4.2	2.2	5.6	0.3	△2.8	0.6	△0.6	cy18	8	112.9	115.2	103.7
5.7	4.7	6.4	△0.2	△1.4	1.0	0.5	19	9	110.8	114.6	104.0
1.3	1.5	1.2	2.1	△6.6	△7.5	△7.5	20	10	110.7	114.2	104.1
2.8	1.0	1.4	△0.6	1.5	0.6	0.9	21	11	109.6	113.8	104.6
3.6	4.7	2.9	△0.1	1.2	2.2	△0.8	22	12	108.9	113.5	104.5
5.7	3.5	7.4	△0.4	△2.5	1.7	0.8	fy18	2023年1月	108.0	111.5	105.2
4.4	3.9	4.7	0.4	△2.3	△1.6	△2.2	19	2	108.9	114.2	104.8
0.8	1.3	0.5	1.8	△5.6	△6.3	△5.9	20	3	108.0	114.1	105.0
2.3	2.9	2.0	△0.9	1.5	1.4	1.3	21	4	108.1	114.2	105.6
4.8	5.9	3.8	0.1	1.5	3.2	△0.7	22	5	109.1	114.3	106.9
								6	108.9	115.2	107.3

<景気動向指数>
　生産、雇用など様々な経済活動での重要かつ景気に敏感に反応する指標の動きを統合し、景気の現状把握及び将来予測のために作成される。コンポジット・インデックス（CI）とディフュージョン・インデックス（DI）がある。CIは構成する指標の動きを合成することで景気変動の大きさやテンポ（量感）を測定することを目的とし、一般的にCI一致指数が上昇している時は景気の拡張局面、低下している時は後退局面で、CI一致指数の動きと景気の転換点は概ね一致する。
　なお、景気動向指数の現行の採用系列は2020年7月に選定され、2021年1月分から採用された。

B-1　令和4年の所定内賃金の動向

I．一般労働者の所定内賃金〔各年6月分〕

(1)　性別賃金及び対前年増減率の推移（産業計・企業規模計・年齢計・学歴計）

年	賃金(千円)			対前年増減率(%)			年	賃金(千円)			対前年増減率(%)		
	計	男性	女性	計	男性	女性		計	男性	女性	計	男性	女性
平成11年	300.6	336.7	217.5	0.5	0.1	1.2	平成23年	296.8	328.3	231.9	0.2	0.0	1.9
12	302.2	336.8	220.6	0.5	0.0	1.4	24	297.7	329.0	233.1	0.3	0.2	0.5
13	305.8	340.7	222.4	1.2	1.2	0.8	25	295.7	326.0	232.6	△0.7	△0.9	△0.2
14	302.6	336.2	223.6	△1.0	△1.3	0.5	26	299.6	329.6	238.0	1.3	1.1	2.3
15	302.6	336.2	223.6	△0.2	△0.2	0.3	27	304.0	335.1	242.0	1.5	1.7	1.7
16	301.6	333.9	225.6	△0.2	△0.5	0.6	28	304.0	335.2	244.6	0.0	0.0	1.1
17	302.0	337.8	222.5	0.1	1.2	△1.4	29	304.3	335.5	246.1	0.1	0.1	0.6
18	301.8	337.7	222.6	△0.1	0.0	0.0	30	306.2	337.6	247.5	0.6	0.6	0.6
19	301.1	336.7	225.2	△0.2	△0.3	1.2	令和元年	307.7	338.0	251.0	0.5	0.1	1.4
20	299.1	333.7	226.1	△0.7	△0.9	0.4	2	307.7	338.8	251.8	0.0	0.2	0.3
21	294.5	326.8	228.0	△1.5	△2.1	0.8	3	307.4	337.7	253.6	△0.1	△0.5	0.7
22	296.2	328.3	227.6	0.6	0.5	△0.2	4	311.8	342.0	258.9	1.4	1.4	2.1

資料出所　厚生労働省「賃金構造基本統計調査」。各年6月時賃金。10人以上常用労働者雇用の民営事業所を対象。
　　　注　令和4年の①平均年齢（歳）と勤続年数（年）は、計①43.7②12.3、男性①44.5②13.7、女性①42.3②9.8。

(2)　性・年齢階級別賃金及び対前年増減率（産業計・企業規模計・学歴計）

年齢階級(歳)	男性						女性					
	賃金(千円)				対前年増減率		賃金(千円)				対前年増減率	
	令和元年	2年	3年	4年	3年	4年	令和元年	2年	3年	4年	3年	4年
計	338.0	338.8	337.2	342.0	△0.5	1.4	251.0	251.8	253.6	258.9	0.7	2.1
18～19	182.8	183.2	185.6	187.7	1.3	1.1	172.4	173.7	177.3	178.4	2.1	0.6
20～24	213.4	214.6	215.4	220.5	0.4	2.4	208.1	209.2	210.7	216.3	0.7	2.7
25～29	251.6	252.6	253.3	259.3	0.3	2.4	232.9	233.4	236.2	240.8	1.2	1.9
30～34	290.8	289.2	290.5	297.0	0.4	2.2	247.4	246.8	248.5	254.0	0.7	2.2
35～39	328.4	328.3	327.0	335.8	△0.4	2.7	256.2	258.5	260.0	268.2	0.6	3.2
40～44	360.1	360.7	357.6	363.6	△0.9	1.7	268.6	268.3	269.9	275.6	0.6	2.1
45～49	390.4	387.9	382.8	388.1	△1.3	1.4	271.6	271.1	270.9	278.5	△0.1	2.8
50～54	423.7	419.6	412.1	410.9	△1.8	△0.3	275.8	274.7	277.9	279.2	1.2	0.5
55～59	416.6	420.1	413.6	416.5	△1.5	0.7	266.8	271.1	273.3	280.0	0.8	2.5
60～64	305.5	314.3	318.1	321.8	1.2	1.2	229.5	232.0	234.4	237.3	1.0	1.2
平均年齢(歳)	43.8	43.8	44.1	44.5			41.8	42.0	42.1	42.3		
勤続年数(年)	13.8	13.4	13.7	13.7			9.8	9.3	9.7	9.8		

　　　注　年齢階級区分の計の数値には、上掲の年齢階級のほか、18歳未満及び65歳以上の者を含む。以下同じ。

(3)　おもな産業・年齢階級別賃金及び対前年増減率

年齢階級(歳)	製造業			運輸業・郵便業			卸売業・小売業			その他サービス業		
	賃金(千円)		対前年増減率(%)	賃金(千円)		対前年増減率(%)	賃金(千円)		対前年増減率(%)	賃金(千円)		対前年増減率(%)
	令和3年	4年		令和3年	4年		令和3年	4年		令和3年	4年	
計	294.9	301.5	2.2	278.5	285.4	2.5	308.0	314.6	2.1	265.5	268.4	1.1
～19	182.0	184.1	1.2	182.8	184.6	1.0	181.1	182.9	1.0	189.4	186.0	△1.8
20～24	199.0	203.4	2.2	209.0	219.1	4.8	211.3	216.0	2.2	211.3	216.4	2.4
25～29	229.9	233.8	1.7	239.2	248.4	3.8	248.2	246.6	△0.6	232.5	236.5	1.7
30～34	260.3	261.1	0.3	264.4	269.5	1.9	274.3	278.8	1.6	251.3	254.4	1.2
35～39	289.4	295.3	2.0	285.4	288.7	1.2	304.3	309.4	1.7	269.1	272.1	1.1
40～44	311.3	322.8	3.7	295.1	299.0	1.3	327.4	336.1	2.7	284.4	286.3	0.7
45～49	332.4	340.8	2.5	305.1	311.3	2.0	348.4	356.6	2.4	293.4	297.4	1.4
50～54	359.8	360.3	0.1	304.2	314.3	3.3	377.3	375.3	△0.5	298.4	296.4	△0.7
55～59	361.9	369.9	2.2	297.8	306.4	2.9	369.7	379.2	2.6	292.0	306.9	5.1
60～64	265.7	275.4	3.7	250.4	255.5	2.0	281.3	291.7	3.7	251.3	255.0	1.5
平均年齢(歳)	43.1	43.5		46.9	47.5		42.7	43.3		45.1	45.2	
勤続年数(年)	14.6	14.8		12.6	12.7		13.1	13.8		9.2	9.1	

(4)　学歴・性・年齢階級別賃金及び対前年増減率（産業計・企業規模計）

性別年齢階級（歳）	学歴計 賃金（千円）	学歴計 対前年増減率（%）	学歴計 年齢間格差	大学卒 賃金（千円）令和3年	大学卒 賃金（千円）4年	大学卒 増減率（%）	大学卒 年齢間格差	専門学校卒 賃金（千円）令和3年	専門学校卒 賃金（千円）4年	専門学校卒 増減率（%）	専門学校卒 年齢間格差	高校卒 賃金（千円）令和3年	高校卒 賃金（千円）4年	高校卒 増減率（%）	高校卒 年齢間格差
男性計	342.0	1.2	155	386.9	392.1	1.3	167	309.4	316.0	2.1	147	295.1	297.5	0.8	141
～19	187.7	2.7	85	—	—	—	—	—	—	—	—	185.6	188.2	1.4	89
20～24	220.5	3.3	100	231.1	235.1	1.7	100	212.0	214.6	1.2	100	204.3	211.4	3.5	100
25～29	259.3	3.1	118	267.0	272.8	2.2	116	240.7	244.9	1.7	114	234.5	239.2	2.0	113
30～34	297.0	2.1	135	314.1	319.3	1.7	136	266.1	275.0	3.3	128	261.1	263.8	1.0	125
35～39	335.8	2.3	152	364.8	375.5	2.9	160	293.6	300.0	2.2	140	284.7	287.2	0.9	136
40～44	363.6	1.0	165	407.2	414.8	1.9	176	327.5	324.6	△0.9	151	307.7	311.2	1.1	147
45～49	388.1	△0.6	176	451.0	455.4	1.0	194	345.1	352.4	2.1	164	332.7	335.4	0.8	159
50～54	410.9	△3.0	186	505.2	500.0	△1.0	213	374.6	377.9	0.9	176	346.5	346.4	0.0	164
55～59	416.5	0.0	189	505.3	513.8	1.7	219	373.9	387.2	3.6	180	351.8	350.3	△0.4	166
60～64歳	321.8	5.3	146	379.0	377.3	△0.4	160	298.2	302.7	1.5	141	271.4	279.2	2.9	132
平均年齢（歳）	44.5			43.0	43.4			42.1	42.7			45.4	45.8		
勤続年数（年）	13.7			13.5	13.5			12.4	12.5			14.9	14.8		
女性計	258.9	3.1	120	288.9	294.0	1.8	127	264.8	269.4	1.7	120	220.0	222.9	1.3	115
～19	178.4	3.5	82	—	—	—	—	—	—	—	—	177.0	178.7	1.0	92
20～24	216.3	3.9	100	227.5	232.1	2.0	100	215.7	224.1	3.9	100	190.0	193.5	1.8	100
25～29	240.8	4.0	111	252.3	255.9	1.4	110	237.4	244.4	2.9	109	202.0	205.3	1.6	106
30～34	254.0	2.7	117	275.5	279.2	1.3	120	244.5	248.4	1.6	111	212.0	214.4	1.1	111
35～39	268.2	4.7	124	298.2	307.2	3.0	132	259.2	267.2	3.1	119	216.0	220.2	1.9	114
40～44	275.6	2.6	127	323.3	327.6	1.3	141	276.0	275.2	△0.3	123	222.3	229.2	3.1	118
45～49	278.5	2.5	129	335.2	343.4	2.4	148	284.5	291.5	2.5	130	234.7	234.7	0.0	121
50～54	279.2	1.2	129	383.0	364.2	△4.9	157	294.5	294.4	△0.0	131	236.5	240.2	1.6	124
55～59	280.0	4.9	129	371.1	375.7	1.2	162	302.6	306.2	1.2	137	240.0	242.1	0.9	125
60～64歳	237.3	△0.8	110	311.6	312.4	0.3	135	258.8	271.6	4.9	121	208.9	211.4	1.2	109
平均年齢（歳）	42.3			36.2	36.6			42.1	42.0			45.2	45.6		
勤続年数（年）	9.8			7.8	7.9			9.4	9.4			11.1	11.1		

注　学歴計には、中学卒が含まれる。

(5)　企業規模・性・年齢階級別賃金及び賃金格差（産業計・学歴計）

性別年齢階級（歳）	1,000人以上 賃金（千円）令和3年	1,000人以上 賃金（千円）4年	1,000人以上 増減率（%）	1,000人以上 年齢間格差	100～999人 賃金（千円）令和3年	100～999人 賃金（千円）4年	100～999人 増減率（%）	100～999人 規模間格差（千人以上=100）	100～999人 年齢間格差	10～99人 賃金（千円）令和3年	10～99人 賃金（千円）4年	10～99人 増減率（%）	10～99人 規模間格差（千人以上=100）	10～99人 年齢間格差
男性計	375.9	386.6	2.8	170	328.0	331.2	1.0	86	151	303.6	308.1	1.5	80	145
～19	188.2	190.4	1.2	84	183.4	186.3	1.6	98	85	185.5	186.4	0.5	98	87
20～24	223.1	227.4	1.9	100	212.2	218.9	3.2	96	100	208.9	213.2	2.1	94	100
25～29	270.4	274.7	1.6	121	244.1	253.0	3.6	92	116	240.6	246.8	2.6	90	116
30～34	317.2	324.8	2.4	143	278.9	287.2	3.0	88	131	269.3	277.1	2.9	85	130
35～39	364.4	378.7	3.9	167	314.8	319.0	1.3	84	146	296.5	309.0	4.2	82	145
40～44	398.5	411.9	3.4	181	347.1	352.4	1.5	86	161	322.2	326.6	1.4	79	153
45～49	429.4	447.8	4.3	197	377.1	374.9	△0.6	84	171	338.2	341.1	0.9	76	160
50～54	477.6	480.6	0.6	211	401.3	396.9	△1.1	85	181	348.0	349.1	0.3	73	164
55～59	476.4	483.8	1.6	213	408.2	409.9	0.4	85	187	345.7	350.8	1.5	73	165
60～64	337.7	340.2	0.7	150	315.6	321.9	2.0	95	147	304.4	307.3	1.0	90	144
平均年齢（歳）	43.1	43.3			43.7	44.2				45.9	46.1			
勤続年数（年）	15.4	15.8			13.4	13.4				12.1	12.0			
女性計	271.0	278.2	2.7	123	252.5	257.0	1.8	92	120	235.0	241.3	2.7	87	117
～19	183.1	182.2	△0.5	80	177.0	176.5	△0.3	97	82	170.8	178.2	4.3	98	87
20～24	221.1	227.0	2.7	100	209.1	214.3	2.5	94	100	198.6	206.0	3.7	91	100
25～29	252.1	255.5	1.3	113	231.7	236.9	2.2	93	111	219.6	225.6	2.7	88	110
30～34	265.6	276.8	4.2	122	245.1	248.8	1.5	90	116	231.7	234.8	1.3	85	114
35～39	282.3	292.4	3.6	129	256.1	264.8	3.4	91	124	238.4	245.3	2.9	84	119
40～44	293.3	299.8	2.2	132	268.6	276.5	2.9	92	129	245.5	250.4	2.0	84	122
45～49	290.5	299.5	3.1	132	272.9	279.4	2.4	93	130	247.3	256.9	3.9	86	125
50～54	303.4	305.2	0.6	134	277.8	277.5	△0.1	91	129	250.2	255.7	2.2	84	124
55～59	286.3	299.3	4.5	132	276.6	284.0	2.7	95	133	255.5	257.6	0.8	86	125
60～64	244.3	243.2	△0.5	107	233.7	236.0	1.0	97	110	227.1	234.2	3.1	96	114
平均年齢（歳）	41.0	41.3			42.2	42.0				43.3	43.9			
勤続年数（年）	10.1	10.5			9.7	9.6				9.4	9.4			

(6)　性・学歴・年齢階級別にみた賃金特性値

性・学歴			年齢計	20～24歳	25～29歳	30～34歳	35～39歳	40～44歳	45～49歳	50～54歳	55～59歳	60～64歳	65～69歳
男性	高校卒	第1・十分位数	184.4	168.9	180.0	188.9	199.0	205.6	213.1	210.4	203.7	176.2	160.1
		中位数	274.9	204.6	231.7	255.3	277.6	298.4	318.4	327.4	328.5	249.5	218.7
		第9・十分位数	438.1	259.3	306.0	346.3	383.2	426.6	474.1	501.0	520.1	417.7	346.5
		十分位分散係数	0.46	0.22	0.27	0.31	0.33	0.37	0.41	0.44	0.48	0.48	0.43
	専門学校卒	第1・十分位数	200.4	176.5	191.0	200.8	211.3	222.8	225.0	222.1	223.4	183.7	165.3
		中位数	292.0	209.5	239.4	264.5	287.0	309.0	336.2	358.4	366.2	277.7	231.0
		第9・十分位数	459.6	256.7	308.1	353.2	397.6	435.4	492.1	549.8	566.5	465.1	416.8
		十分位分散係数	0.44	0.19	0.24	0.29	0.32	0.34	0.40	0.46	0.47	0.51	0.54
	大学卒	第1・十分位数	220.2	196.8	210.8	223.8	240.6	257.1	264.8	273.0	265.1	195.9	168.7
		中位数	339.2	229.0	256.9	295.7	339.1	376.5	416.0	462.9	475.2	310.5	261.1
		第9・十分位数	618.8	278.1	346.7	427.5	533.6	603.1	663.6	753.3	770.9	619.2	530.2
		十分位分散係数	0.59	0.18	0.26	0.34	0.43	0.46	0.48	0.52	0.53	0.68	0.69
女性	高校卒	第1・十分位数	154.8	156.6	158.1	156.7	156.1	158.5	158.9	159.0	158.2	146.6	137.5
		中位数	206.8	189.7	201.9	211.4	211.7	217.3	222.8	221.5	221.5	190.9	181.3
		第9・十分位数	306.4	236.8	255.5	274.2	288.0	307.1	325.4	344.0	350.5	294.8	269.2
		十分位分散係数	0.37	0.21	0.24	0.28	0.31	0.34	0.37	0.42	0.43	0.39	0.36
	専門学校卒	第1・十分位数	180.6	172.6	177.2	180.5	183.6	185.3	186.4	185.8	189.6	173.1	163.8
		中位数	255.4	218.5	238.0	242.0	258.7	268.1	283.1	285.2	292.2	256.9	236.3
		第9・十分位数	376.6	279.8	315.7	322.3	356.9	372.9	404.7	409.5	439	390.5	343.8
		十分位分散係数	0.38	0.25	0.29	0.29	0.33	0.35	0.39	0.39	0.43	0.42	0.38
	大学卒	第1・十分位数	196.9	192.6	199.0	195.5	201.1	199.1	203.1	202.2	200.0	175.8	166.0
		中位数	261.7	227.4	247.0	262.1	281.8	300.8	306.8	317.3	327.3	253.2	244.4
		第9・十分位数	421.6	275.6	319.5	372.6	428.1	472.1	495.5	576.1	575.5	499.7	560.1
		十分位分散係数	0.43	0.22	0.30	0.34	0.40	0.45	0.48	0.59	0.57	0.64	0.81

注　賃金特性値についてはB－10表（40頁）の解説を参照のこと。

(7)　役職別賃金の推移と役職間格差・平均年齢（産業計・企業規模10人以上）

性・役職		賃金(千円)			対前年増減率(%)			役職間格差			平均年齢		
		令和2	令和3	令和4	令和2	令和3	令和4	令和2	令和3	令和4	令和2	令和3	令和4
男性	部長級	601.7	585.8	602.2	—	△2.6	2.8	202	198	241	52.9	52.8	52.8
	課長級	499.0	484.6	507.9	—	△2.9	4.8	167	164	203	48.5	48.7	48.8
	係長級	381.7	376.7	426.0	—	△1.3	13.1	128	127	170	44.8	45.1	45.3
	非役職者20～24歳	298.3	296.2	250.3	—	△0.7	△15.5	100	100	100	—	—	—
女性	部長級	520.5	497.2	528.9	—	△4.5	6.4	210	200	224	52.2	53.1	52.1
	課長級	443.1	422.1	449.5	—	△4.7	6.5	179	170	191	49.0	49.0	49.2
	係長級	337.3	334.7	367.0	—	△0.8	9.7	136	134	156	45.7	45.9	45.8
	非役職者20～24歳	248.1	248.9	235.7	—	0.3	△5.3	100	100	100	—	—	—

注　非役職者とは、役職者（部長級、課長級、係長級等）以外の者をいう。

(8)　標準労働者の学歴・性・年齢階級別賃金と年齢間格差（産業計・企業規模計）

性別年齢階級(歳)	大学卒 賃金(千円)		増減率(%)	年齢階級間格差	専門学校卒 賃金(千円)		増減率(%)	年齢階級間格差	高校卒 賃金(千円)		増減率(%)	年齢階級間格差
	令和3年	4年			令和3年	4年			令和3年	4年		
男性計	386.3	390.1	1.0	166	319.2	323.8	1.4	154	319.8	321.4	0.5	153
20～24	230.1	234.9	2.1	100	209.0	210.0	0.5	100	205.4	210.5	2.5	100
25～29	267.7	271.2	1.3	115	243.9	247.1	1.3	118	244.6	245.3	0.3	117
30～34	322.9	328.6	1.8	140	276.5	288.2	4.2	137	281.3	284.5	1.1	135
35～39	383.7	394.7	2.9	168	311.9	327.5	5.0	156	319.9	318.9	△0.3	151
40～44	447.7	446.4	△0.3	190	360.6	362.9	0.6	173	350.7	362.3	3.3	172
45～49	499.1	499.4	0.1	213	382.6	393.5	2.8	187	395.3	395.8	0.1	188
50～54	566.2	560.2	△1.1	238	420.7	422.3	0.4	201	430.4	428.4	△0.5	204
55～59	559.0	553.6	△1.0	236	429.7	449.4	4.6	214	454.8	443.1	△2.6	210
女性計	278.6	281.4	1.0	122	249.1	255.5	2.6	122	239.8	238.2	△0.7	121
20～24	227.4	231.4	1.8	100	201.3	210.1	4.4	100	192.1	196.8	2.4	100
25～29	254.3	256.0	0.7	111	225.5	231.4	2.6	110	213.5	210.8	△1.3	107
30～34	288.5	287.0	△0.5	124	248.7	255.3	2.7	122	231.2	231.9	0.3	118
35～39	314.1	322.6	2.7	139	273.8	270.2	△1.3	129	250.3	246.0	△1.7	125
40～44	356.5	355.8	△0.2	154	295.2	307.1	4.0	146	271.5	269.3	△0.8	137
45～49	409.8	393.0	△4.1	170	316.9	327.5	3.3	156	311.4	301.5	△3.2	153
50～54	495.5	459.4	△7.4	198	351.0	349.9	△0.3	167	328.6	318.9	△3.0	162
55～59	494.4	476.0	△3.7	206	372.9	390.1	4.6	186	334.6	340.7	1.8	173

注　男性計・女性計には20歳未満及び60歳以上を含む。

⑼　性・年齢階級・雇用形態別賃金と雇用形態間格差（産業計・企業規模）

年齢階級（歳）	男性							女性						
	正社員・正職員			正社員・正職員以外			雇用形態間賃金格差(正社員・正職員=100)	正社員・正職員			正社員・正職員以外			雇用形態間賃金格差(正社員・正職員=100)
	賃金(千円)		対前年増減率(%)	賃金(千円)		対前年増減率(%)		賃金(千円)		対前年増減率(%)	賃金(千円)		対前年増減率(%)	
	令和3	令和4		令和3	令和4			令和3	令和4		令和3	令和4		
計	348.8	353.6	1.4	241.3	247.5	2.6	70	270.6	276.4	2.1	195.4	198.9	1.8	72
～19	186.9	188.4	0.8	168.9	172.2	2.0	91	178.6	179.2	0.3	166.8	168.0	0.7	94
20～24	218.0	221.9	1.8	187.8	206.1	9.7	93	215.0	220.0	2.3	179.2	188.2	5.0	86
25～29	256.7	262.2	2.1	212.8	226.3	6.3	86	242.2	247.1	2.0	198.9	201.7	1.4	82
30～34	295.6	301.6	2.0	218.7	233.8	6.9	78	258.6	263.8	2.0	199.4	202.3	1.5	77
35～39	333.4	341.8	2.5	225.1	233.3	3.6	68	274.5	283.3	3.2	197.4	202.2	2.4	71
40～44	364.6	370.7	1.7	230.4	244.2	6.0	66	288.1	294.2	2.1	200.2	203.6	1.7	69
45～49	390.5	395.9	1.4	236.2	240.0	1.6	61	292.6	300.4	2.7	199.2	201.6	1.2	67
50～54	422.6	421.4	△0.3	246.9	241.0	△2.4	57	305.6	307.4	0.6	196.1	200.0	2.0	65
55～59	428.6	431.0	0.6	242.8	247.3	1.9	57	305.3	310.4	1.7	192.8	199.8	3.6	64
60～64	351.6	350.5	△0.3	274.7	283.6	3.2	81	272.2	276.5	1.6	197.8	199.1	0.7	72
平均年齢(歳)	43.1	43.5		52.3	52.8			40.6	40.8		47.3	47.7		
勤続年数(年)	14.0	14.0		11.2	11.7			10.2	10.3		8.1	8.3		

⑽　性・雇用形態・企業規模別賃金の推移と雇用形態間格差（産業計）

性・雇用形態		1,000人以上					100～999人					10～99人				
		賃金(千円)			増減率(%)		賃金(千円)			増減率(%)		賃金(千円)			増減率(%)	
		令和2年	3年	4年	令和3年	4年	令和2年	3年	4年	令和3年	4年	令和2年	3年	4年	令和3年	4年
男性	正社員・正職員①	395.7	394.3	405.2	△0.4	2.8	343.5	339.6	343.2	△1.1	1.1	308.7	309.9	314.3	0.4	1.4
	正社員・正職員以外②	246.7	250.3	256.3	1.5	2.4	238.9	238.7	247.2	△0.1	3.6	230.6	229.1	233.3	△0.7	1.8
	賃金格差②／①	62	63	63			70	70	72			75	74	74		
女性	正社員・正職員①	294.8	300.3	307.8	1.9	2.5	269.6	268.0	273.8	△0.7	2.2	243.1	245.4	251.8	0.9	2.6
	正社員・正職員以外②	201.1	203.0	206.0	0.9	1.5	190.9	194.6	198.0	1.9	1.7	180.2	180.6	187.6	0.2	3.9
	賃金格差②／①	68	68	67			71	73	72			74	74	75		

Ⅱ．短時間労働者の所定内賃金

⑾　短時間労働者時間当たり賃金の推移（産業計・規模計）

年	男性		女性	
	時間当り賃金(円)	対前年増減率(%)	時間当り賃金(円)	対前年増減率(%)
平成21年	1,086	△1.3	973	△0.2
22	1,081	1.4	979	0.6
23	1,092	△0.5	988	0.9
24	1,094	1.0	1,001	1.3
25	1,095	0.2	1,007	0.6
26	1,120	0.1	1,012	0.5
27	1,133	2.3	1,032	2.0
28	1,134	1.2	1,054	2.1
29	1,154	1.8	1,074	1.9
30	1,189	3.0	1,105	2.9
令和元	1,207	1.5	1,127	2.0
2	1,658	—	1,321	—
3	1,631	△1.6	1,290	△2.3
4	1,624	△0.4	1,270	△1.6

注）令和元年までは医師、教員等の1時間当たり所定内給与額が3,000円を超える者を除外して集計されている。

⑿　短時間労働者の性・年齢階級別時間当たり賃金（産業計・企業規模計）

年齢階級（歳）	男性			女性		
	賃金(円)			賃金(円)		
	令和2	令和3	令和4	令和2	令和3	令和4
計	1,658	1,631	1,624	1,321	1,290	1,270
～19	1,063	1,096	1,057	1,068	1,091	1,052
20～24	1,190	1,264	1,147	1,176	1,238	1,147
25～29	1,507	1,456	1,417	1,386	1,359	1,296
30～34	2,126	2,000	2,171	1,410	1,380	1,457
35～39	2,364	2,439	2,438	1,471	1,376	1,411
40～44	2,310	2,248	2,435	1,379	1,367	1,358
45～49	2,117	2,209	2,331	1,373	1,307	1,307
50～54	2,367	2,242	2,093	1,357	1,308	1,272
55～59	2,229	2,093	2,277	1,338	1,297	1,282
60～64	1,900	1,921	1,873	1,295	1,275	1,251
平均年齢(歳)	43.7	43.6	43.9	46.8	46.5	47.2
月間日数(日)	13.6	13.5	13.7	15.1	15.1	15.3
1日所定内時間	5.2	5.1	5.2	5.2	5.2	5.2
勤続年数(年)	5.2	5.4	5.6	6.3	6.5	6.9

⒀　短時間労働者の性・企業規模別の時間当たり賃金と格差（産業計）

企業規模	男性								女性							
	時間当たり賃金(千円)			増減率(%)		賃金格差			時間当たり賃金(千円)			増減率(%)		賃金格差		
	令和2	令和3	令和4	令和3	令和4	令和2	令和3	令和4	令和2	令和3	令和4	令和3	令和4	令和2	令和3	令和4
1,000人以上	1,464	1,469	1,458	0.3	△0.7	100	100	100	1,288	1,263	1,249	△1.9	△1.1	100	100	100
100～999人	2,052	1,930	1,950	△5.9	1.0	140	131	134	1,392	1,359	1,327	△2.4	△2.4	108	108	106
10～99人	1,579	1,613	1,575	2.2	△2.4	108	110	108	1,306	1,274	1,250	△2.5	△1.9	101	101	100

B-2 産業別の性別及び

(10人以上事業所・

産業	総労働者数（男女・学歴計）				男性								年齢
					高校卒				専門学校卒				
	年齢(歳)	勤続年数(年)	所定内給与額(千円)	労働者数(十人)	年齢(歳)	勤続年数(年)	所定内給与額(千円)	労働者数(十人)	年齢(歳)	勤続年数(年)	所定内給与額(千円)	労働者数(十人)	(歳)
産業計(民・公営計)	43.7	12.3	312.2	2,804,532	45.8	14.8	297.7	684,100	42.7	12.5	316.1	192,257	43.3
産業計(民営のみ)	43.7	12.3	311.8	2,790,674	45.8	14.8	297.5	681,991	42.7	12.5	316.0	191,656	43.4
鉱業	47.8	14.2	347.4	1,137	49.0	15.1	308.4	610	46.2	11.6	324.8	39	44.9
建設業	45.0	12.8	335.4	191,546	45.5	13.1	321.4	76,244	45.6	13.8	357.9	12,770	44.6
製造業	43.5	14.8	301.5	603,731	43.3	16.7	296.5	237,735	43.7	14.1	305.3	28,841	44.0
食料品製造業	44.1	12.3	244.5	75,618	43.6	14.1	255.0	20,544	43.1	13.2	281.4	3,096	44.3
飲料・たばこ・飼料製造業	43.5	14.0	286.3	8,546	43.3	15.6	288.8	3,558	43.9	12.8	287.6	471	43.2
繊維工業	46.0	14.2	229.1	17,616	47.0	17.0	269.7	4,662	43.8	10.2	264.8	605	45.6
木材・木製品製造業(家具を除く)	44.7	12.7	261.8	6,573	44.6	13.4	260.5	3,231	44.2	12.2	279.8	460	43.5
家具・装備品製造業	44.0	14.5	276.0	6,283	44.2	15.9	271.6	2,815	43.0	12.3	275.2	397	45.3
パルプ・紙・紙加工品製造業	44.1	15.8	286.9	16,019	43.9	17.5	286.9	7,814	44.5	14.7	294.0	916	44.9
印刷・同関連産業	42.7	12.8	287.9	25,170	44.6	18.6	295.8	6,266	43.0	15.2	285.1	1,756	42.3
化学工業	42.8	16.1	377.1	31,577	42.3	18.1	331.1	11,127	42.8	15.5	345.8	1,088	45.0
石油製品・石炭製品製造業	45.5	14.7	349.6	2,501	45.5	15.1	334.0	1,137	42.0	12.3	321.5	43	49.8
プラスチック製品製造業	43.4	13.8	279.8	30,101	43.2	15.5	282.2	12,543	43.7	13.7	301.1	1,584	43.8
ゴム製品製造業	42.6	14.7	305.6	9,925	41.6	15.7	290.5	4,624	43.4	13.8	300.2	373	43.4
なめし革・同製品・毛皮製造業	44.3	12.8	249.8	944	44.9	15.0	261.6	292	45.1	14.1	330.0	56	43.4
窯業・土石製品製造業	45.6	14.4	297.4	18,634	45.5	14.9	284.1	9,538	44.3	12.8	295.6	838	44.8
鉄鋼業	42.4	15.9	319.1	19,369	41.9	17.1	304.5	11,243	43.0	13.6	307.6	829	42.4
非鉄金属製造業	43.6	16.0	316.3	11,174	43.6	18.0	305.4	5,536	44.3	14.3	308.4	567	43.5
金属製品製造業	42.7	13.7	282.7	55,529	42.9	15.0	285.8	24,079	43.9	12.3	303.5	2,892	43.4
はん用機械器具製造業	42.9	15.4	328.2	25,964	42.5	16.9	310.2	11,975	42.3	13.2	327.7	1,406	43.3
生産用機械器具製造業	43.5	15.1	319.6	51,249	44.2	17.0	305.6	20,156	43.8	14.6	319.5	2,862	42.8
業務用機械器具製造業	44.5	16.4	327.9	18,107	44.9	18.7	310.1	4,946	44.4	16.2	322.2	932	46.0
電子部品・デバイス・電子回路製造業	44.3	17.5	325.5	37,634	44.3	20.1	308.7	13,284	46.2	17.9	335.1	1,909	45.9
電気機械器具製造業	44.5	16.8	317.6	40,738	44.8	19.3	311.3	14,079	44.9	14.8	306.2	1,835	45.4
情報通信機械器具製造業	45.8	19.0	412.5	14,806	47.5	23.2	370.6	3,945	47.7	20.6	343.1	440	47.9
輸送用機械器具製造業	41.1	14.8	305.8	67,487	40.9	16.1	302.1	36,587	42.4	13.4	303.0	2,784	41.5
その他の製造業	43.7	14.0	291.9	12,165	44.5	16.8	302.7	3,753	41.0	12.2	295.3	702	44.1
電気・ガス・熱供給・水道業	43.2	18.6	402.0	13,889	45.3	22.3	413.9	7,336	42.6	14.7	361.8	357	41.6
情報通信業	40.2	12.0	378.8	132,704	46.8	18.1	379.5	9,506	41.4	13.4	348.0	17,361	40.8
運輸業、郵便業	47.5	12.7	285.4	226,219	49.1	13.8	283.0	116,703	45.8	12.0	286.9	15,516	45.3
道路貨物運送業	47.7	12.1	272.6	130,286	48.4	12.5	279.4	75,294	46.2	11.6	277.1	8,543	45.3
卸売業、小売業	43.3	13.8	314.6	437,284	45.8	16.4	307.2	81,296	42.2	14.8	327.2	33,676	43.2
卸売業	44.0	15.0	351.4	240,857	47.0	17.7	325.0	47,232	45.0	16.0	360.0	15,486	43.9
小売業	42.4	12.4	269.5	196,426	44.1	14.5	282.5	34,064	39.8	13.9	299.3	18,189	41.8
金融業、保険業	43.2	13.9	374.0	100,053	52.5	20.3	387.7	2,777	47.5	15.8	432.4	804	42.4
不動産業、物品賃貸業	43.3	10.4	339.5	44,890	46.9	11.3	337.9	7,131	43.4	10.7	358.1	2,909	42.6
学術研究、専門・技術サービス業	42.7	12.1	385.5	111,633	46.1	16.8	349.1	12,954	44.4	14.3	361.8	7,149	43.4
宿泊業、飲食サービス業	43.5	10.0	257.4	80,583	46.1	11.5	272.1	16,382	41.6	10.8	304.2	8,415	42.3
生活関連サービス業、娯楽業	41.9	10.5	271.6	59,170	45.5	11.8	282.0	11,652	40.1	10.8	298.3	5,551	42.5
教育、学習支援業	43.9	11.4	377.7	77,963	52.4	15.8	305.4	3,558	44.0	13.8	337.1	2,309	44.9
医療、福祉	42.9	9.1	296.7	426,890	45.6	8.9	255.3	21,633	40.5	9.8	299.1	36,603	42.1
社会保険・福祉・介護	44.3	8.6	260.4	213,391	44.4	7.8	250.7	16,345	40.8	9.1	280.3	16,202	43.4
複合サービス事業	44.0	16.3	298.8	28,613	46.9	20.0	325.9	7,531	43.9	16.3	315.4	1,461	41.0
サービス業(他に分類されないもの)	45.2	9.1	268.4	254,368	48.4	10.6	264.8	68,944	42.8	10.0	287.8	17,894	45.5

資料出所 厚生労働省「賃金構造基本統計調査」。
注1. 「総労働者数」欄は中学卒、高専・短大卒、大学院卒等を含む。勤続年数は同一企業での勤続年数。パート労働者を含まない常用労働者を対象。
　2. 民・公営計は「電気・ガス・熱供給・水道業」「運輸業、郵便業」等の公営を含んだもの。

学歴別平均所定内給与等

職 種 計 ・令 和 4 年 6 月 分)

大学卒 勤続年数(年)	所定内給与額(千円)	労働者数(十人)	高校卒 年齢(歳)	勤続年数(年)	所定内給与額(千円)	労働者数(十人)	専門学校卒 年齢(歳)	勤続年数(年)	所定内給与額(千円)	労働者数(十人)	大学卒 年齢(歳)	勤続年数(年)	所定内給与額(千円)	労働者数(十人)	産業
13.5	392.6	620,224	45.6	11.2	223.0	318,563	42.0	9.5	270.9	170,776	36.6	7.9	294.4	263,762	計
13.5	392.1	617,047	45.6	11.1	222.9	318,100	42.0	9.4	269.4	168,153	36.6	7.9	294.0	262,136	計
15.3	502.7	149	49.6	14.4	245.2	75	45.3	12.4	243.2	15	34.0	7.2	334.3	28	鉱
13.9	401.0	47,052	46.9	10.5	238.9	12,479	41.4	7.2	232.9	3,405	36.1	8.1	270.1	7,997	建
15.0	373.3	109,590	43.7	13.2	210.5	86,964	43.2	10.9	229.7	9,453	37.8	9.0	287.5	22,641	製
14.7	341.1	10,905	44.0	10.5	184.2	17,768	44.4	12.7	217.8	1,892	36.3	8.4	261.0	3,607	食
13.8	341.8	1,637	45.2	13.4	209.6	973	44.1	11.2	220.0	111	38.4	9.4	261.4	362	飲
14.3	326.6	1,722	46.7	14.3	177.4	6,082	42.4	10.5	200.6	846	37.4	7.8	239.8	741	繊
12.5	314.0	917	44.0	11.6	199.5	666	39.7	7.7	198.3	136	33.9	6.4	230.7	151	木
16.1	353.6	890	42.3	12.0	209.4	832	37.4	6.8	240.8	154	36.6	8.1	273.6	247	家
15.1	350.4	2,478	43.0	12.3	209.7	2,193	42.9	9.1	208.0	257	37.2	10.3	259.6	482	パ
11.6	319.4	6,251	43.7	12.7	231.2	2,599	40.4	9.9	229.7	670	38.3	6.1	284.9	3,262	印
16.5	446.1	6,435	43.2	15.3	248.2	3,096	42.6	12.2	288.4	412	40.4	12.4	391.8	1,915	化
16.2	423.1	587	44.4	11.3	239.8	232	38.4	10.7	274.4	27	39.7	14.7	323.8	84	石
14.1	351.8	4,621	42.5	11.9	205.4	5,516	44.4	11.7	220.7	388	36.5	8.1	267.7	686	プ
15.2	391.3	1,594	43.4	12.7	213.3	1,316	46.0	11.0	228.8	132	38.3	10.3	272.5	202	ゴ
12.4	315.8	102	46.2	12.4	199.2	247	42.4	10.5	238.9	46	34.9	5.7	233.3	68	な
14.0	375.4	2,573	45.8	13.6	226.2	1,835	47.0	13.0	253.4	247	40.6	10.7	296.1	426	窯
13.8	376.2	2,842	44.7	14.6	245.6	1,104	45.1	9.2	247.0	115	35.2	8.2	270.1	376	鉄
14.2	382.8	1,738	44.6	13.6	224.5	1,009	45.5	14.8	257.0	138	37.0	8.1	267.7	218	非
13.5	345.3	7,620	40.9	12.0	215.5	10,649	41.7	10.3	231.6	472	36.5	8.6	249.3	1,047	金
15.1	397.7	4,998	45.0	14.7	237.5	2,328	41.9	9.2	246.0	235	37.9	9.8	307.0	758	は
14.1	370.3	12,863	44.3	13.1	230.2	3,846	42.9	9.6	247.0	669	39.7	9.2	275.2	2,053	生
17.4	402.3	4,145	44.9	15.1	220.0	2,710	42.5	9.7	210.4	350	38.4	10.4	304.9	742	業
17.1	411.2	7,983	45.0	17.7	218.5	6,338	43.5	12.2	248.8	536	37.0	10.0	295.9	1,213	デ
17.1	380.9	9,496	45.5	16.1	222.0	5,926	44.1	11.6	218.1	621	38.6	10.5	282.9	1,176	電
19.9	455.3	4,012	45.5	18.9	224.6	1,644	49.2	9.7	253.3	245	37.1	10.9	339.4	661	通
14.1	358.1	10,755	39.8	12.0	222.5	6,161	42.5	9.5	240.8	454	36.6	8.9	291.4	1,370	輸
13.8	358.9	2,426	45.5	13.8	218.0	1,916	40.1	8.5	227.7	298	37.2	8.4	276.4	795	他
14.8	426.1	2,111	45.2	19.3	331.2	735	43.7	13.2	294.5	55	34.6	8.9	332.6	477	電
12.9	408.2	54,586	42.2	10.5	281.0	3,724	37.2	9.0	272.2	3,559	35.2	8.1	327.8	20,118	情
12.1	346.3	32,942	46.2	10.0	219.0	15,523	41.3	9.2	239.2	3,153	35.1	7.9	281.5	7,577	運
12.5	301.0	12,538	46.4	9.2	216.0	9,912	42.0	7.9	218.3	1,545	37.8	8.4	261.0	1,982	道
15.4	388.2	134,250	44.7	12.1	217.5	49,095	41.0	9.7	244.9	14,155	36.3	8.6	286.9	46,818	卸
16.0	413.5	91,862	45.2	13.8	241.2	18,468	41.9	10.7	278.1	6,970	36.4	8.8	297.1	28,097	卸
14.0	333.3	42,388	44.4	11.1	203.1	30,627	40.1	8.8	212.7	7,185	36.1	8.2	271.7	18,721	小
16.1	485.0	38,221	48.3	13.7	268.1	17,808	47.6	11.8	271.4	2,381	35.4	9.4	299.4	21,589	金
11.7	405.7	16,278	47.0	8.7	237.6	3,961	42.1	7.1	257.0	1,863	35.5	7.7	288.5	6,218	不
12.3	431.9	36,762	44.6	13.1	262.9	5,007	37.8	8.8	264.9	3,329	37.9	7.2	328.6	15,594	学
11.3	326.5	10,550	46.3	10.0	197.1	12,994	37.5	7.7	230.1	4,383	36.0	7.7	270.4	6,420	宿
12.1	341.5	9,990	44.1	10.2	210.3	9,868	34.7	7.7	241.1	6,646	36.3	8.2	265.8	4,493	生
12.9	403.7	19,463	45.3	11.5	241.0	2,316	42.1	9.9	280.3	2,950	38.6	9.0	315.0	15,734	教
9.0	441.5	49,247	48.0	8.7	226.5	63,560	42.8	9.7	285.4	103,230	36.8	6.9	298.6	60,489	医
9.7	310.3	22,171	48.3	8.1	229.2	44,276	45.7	9.0	263.4	33,347	39.0	7.4	267.5	24,487	社
14.7	318.9	6,532	43.8	14.8	239.4	4,225	43.0	12.3	233.0	439	35.0	9.9	252.5	2,237	複
10.3	321.0	49,324	45.9	8.3	222.0	29,766	41.8	6.7	232.3	9,138	37.6	6.6	260.5	23,706	サ

3. 中分類項目では製造業はすべて掲載しているが、その他の産業については、労働者数の多いもののみを掲載。
4. 製造業等で生産と管理・事務・技術等での職務区分のある産業については、その合計での数値となっている。
5. 「複合サービス事業」とは郵便局と協同組合を指す。

B-3(1) 年齢・勤続年数

（令和 4 年

区　　分	勤続年数計	0年	1～2年	3～4年	5～9年	10～14年	15～19年	20～24年	25～29年	30年以上
企業規模　10人以上〔学歴計〕										
男 性 労 働 者										
高校卒(計)	296.5	211.2	223.5	230.1	250.8	280.6	309.3	336.3	351.3	380.0
～19歳	186.3	181.6	192.1	222.7	—	—	—	—	—	—
20～24	204.8	197.7	193.9	207.6	216.6	—	—	—	—	—
25～29	231.5	217.0	211.0	218.1	234.4	251.9	—	—	—	—
30～34	261.7	219.3	234.9	232.3	250.3	271.7	286.2	—	—	—
35～39	285.8	235.6	248.2	245.7	263.0	284.5	307.2	322.5	—	—
40～44	311.3	252.8	264.3	258.6	270.6	295.7	319.1	342.7	344.1	—
45～49	337.0	246.4	278.0	259.4	280.1	303.6	330.1	346.3	362.6	392.3
50～54	352.9	250.5	269.4	272.9	273.3	300.6	320.9	347.1	357.3	397.6
55～59	366.7	242.5	260.9	266.4	289.9	302.2	325.8	339.9	357.1	413.3
60～64	279.9	224.3	238.7	237.8	249.7	259.7	277.2	272.6	271.9	302.8
65～69	238.5	182.2	250.3	199.6	223.0	227.9	259.3	236.4	236.4	252.6
70歳～	222.2	211.6	219.6	215.9	201.7	203.8	228.3	263.9	233.6	238.4
大学卒(計)	373.3	265.8	281.1	286.5	318.8	354.3	396.6	447.0	490.2	487.4
22～24歳	231.1	211.8	225.1	—	—	—	—	—	—	—
25～29	233.3	245.8	266.2	239.2	—	—	—	—	—	—
30～34	260.2	262.7	287.6	318.2	354.2	—	—	—	—	—
35～39	311.0	296.2	312.8	345.5	373.3	358.5	—	—	—	—
40～44	321.5	308.3	338.5	363.7	399.6	440.3	476.7			
45～49	341.0	357.9	366.5	382.7	412.3	455.4	471.6	403.9		
50～54	465.9	401.7	351.6	378.3	412.8	473.6	509.4	555.2		
55～59	410.8	430.6	511.6	385.0	438.2	447.9	481.3	537.5		
60～64	331.1	351.2	414.8	376.8	336.0	325.3	385.4	357.2		
65～69	243.0	277.7	334.9	305.8	314.0	332.2	342.1	310.6		
70歳～	267.6	231.8	245.5	338.6	268.6	196.1	204.1	302.1		
女 性 労 働 者										
高校卒(計)	210.5	177.1	183.4	190.1	194.8	207.3	218.7	227.2	246.9	271.9
～19歳	179.9	178.9	181.6	—	—	—	—	—	—	—
20～24	186.4	173.1	179.1	189.4	198.5	—	—	—	—	—
25～29	196.9	174.5	174.6	189.1	199.6	210.2	—	—	—	—
30～34	208.0	174.6	179.5	192.7	195.4	219.6	233.2	—	—	—
35～39	211.0	175.1	180.8	190.7	195.6	208.0	232.7	258.1	—	—
40～44	217.7	182.3	203.4	190.9	194.1	207.1	231.5	258.0	259.6	—
45～49	228.0	174.4	191.2	194.0	204.9	215.2	214.7	236.8	268.7	292.1
50～54	228.7	174.8	188.1	194.8	190.9	209.7	221.3	222.3	250.5	295.9
55～59	225.1	188.8	202.6	186.1	186.7	199.8	214.5	217.8	241.8	287.1
60～64	186.6	182.2	182.7	171.2	185.7	176.8	184.4	180.3	183.2	207.0
65～69	173.7	176.4	139.2	158.5	165.1	168.9	169.7	171.8	177.2	199.0
70歳～	181.5	157.4	147.7	146.2	159.7	165.4	191.9	183.7	184.3	187.5
大学卒(計)	287.5	227.4	249.4	260.9	278.0	298.3	332.7	376.7	388.9	451.5
20～24歳	227.5	188.3	198.1	—	—	—	—	—	—	—
25～29	237.9	234.2	263.9	191.2	—	—	—	—	—	—
30～34	251.7	253.0	264.2	279.2	263.2	—	—	—	—	—
35～39	277.4	287.7	277.1	299.9	336.1	197.8	—	—	—	—
40～44	321.5	320.6	260.7	285.7	339.4	340.7	—	—	—	—
45～49	291.6	270.3	261.4	317.9	368.8	396.8	363.1	327.0		
50～54	278.9	289.3	293.0	322.1	332.6	481.8	426.1	498.3		
55～59	224.3	270.0	468.3	314.6	271.3	321.8	393.6	457.0		
60～64	152.1	327.4	241.7	244.0	224.7	278.6	305.8	306.4		
65～69	180.0	141.7	172.5	191.1	204.4	160.1	163.5	204.8		
70歳～	183.0	—	—	—	—	311.9		278.1		

資料出所　厚生労働省「賃金構造基本統計調査」。
注　1．企業規模10～99人、100～999人の区分は省略しているが、10人以上の数値には含まれる。

階 級 別 に み た 所 定 内 給 与 〔製造業〕

6 月 分)

(単位 千円)

区　　分	勤続年数計	0年	1～2年	3～4年	5～9年	10～14年	15～19年	20～24年	25～29年	30年以上
企業規模　1,000人以上〔学歴計〕										
男 性 労 働 者										
高校卒(計)	330.5	209.1	235.5	234.6	259.4	296.2	332.7	366.9	383.1	411.1
～19歳	188.8	184.6	195.5	—	—	—	—	—	—	—
20～24	214.6	207.8	200.6	217.5	227.1	—	—	—	—	—
25～29	250.5	232.8	226.9	240.5	251.1	263.9	—	—	—	—
30～34	290.2	241.1	278.5	248.7	275.0	290.4	310.0	—	—	—
35～39	316.0	252.4	274.4	248.2	274.9	309.5	333.2	357.0	—	—
40～44	348.5	250.2	296.1	300.7	288.7	318.2	345.8	370.9	378.2	—
45～49	379.9	280.9	361.6	280.7	299.3	319.0	354.0	380.5	388.9	415.8
50～54	399.3	317.0	344.0	293.0	290.7	331.9	363.2	366.2	384.8	418.1
55～59	428.5	395.8	317.6	305.7	316.0	323.8	352.4	350.3	373.4	446.9
60～64	300.1	235.2	251.5	277.3	218.0	204.8	274.6	279.5	272.8	316.5
65～69	216.5	177.6	161.0	167.6	212.1	184.3	165.0	277.7	232.4	233.4
70歳～	231.9	—	257.0	—	233.9	201.8	132.0	240.6	—	230.4
大学卒(計)	438.2	283.4	294.3	298.3	352.7	386.3	459.4	521.1	565.0	539.4
22～24歳	234.5	263.6	255.4	—	—	—	—	—	—	—
25～29	239.6	251.6	280.8	430.5	—	—	—	—	—	—
30～34	277.6	281.0	306.4	342.5	—	—	—	—	—	—
35～39	350.0	346.2	364.5	377.4	422.2	353.6	—	—	—	—
40～44	415.3	382.5	395.0	389.4	452.9	497.0	419.8	—	—	—
45～49	435.7	485.2	457.8	448.5	490.5	515.4	546.7	402.2	—	—
50～54	528.7	454.3	412.3	457.4	478.0	586.1	574.7	599.6	—	—
55～59	541.7	710.8	724.1	442.0	583.6	544.1	598.0	580.7	—	—
60～64	339.5	312.7	533.9	371.6	470.0	490.0	348.9	359.8	—	—
65～69	234.6	383.5	441.1	564.2	167.7	393.6	235.9	305.9	—	—
70歳～	—	—	—	267.3						
女 性 労 働 者										
高校卒(計)	247.4	190.2	199.9	205.7	215.0	232.4	249.6	270.0	282.0	311.6
～19歳	188.6	188.6	188.7	—	—	—	—	—	—	—
20～24	201.0	182.0	192.9	199.7	212.9	—	—	—	—	—
25～29	212.3	177.3	197.1	191.5	212.8	241.7	—	—	—	—
30～34	231.2	181.2	204.1	227.0	191.6	239.7	260.4	—	—	—
35～39	244.2	197.5	192.7	203.5	218.7	224.5	260.9	308.0	—	—
40～44	260.7	217.1	220.3	221.3	225.1	236.0	265.1	283.5	288.9	—
45～49	279.2	203.2	237.0	221.4	234.8	264.5	223.6	267.9	290.0	317.2
50～54	295.3	165.5	194.7	230.0	235.0	256.7	265.9	223.8	266.1	324.5
55～59	272.8	146.0	222.2	207.3	194.5	201.0	216.6	244.4	237.1	319.4
60～64	201.5	213.3	235.4	177.3	177.9	179.6	184.1	197.6	183.6	222.1
65～69	188.5	—	157.6	164.7	204.5	173.2	191.8	190.9	169.1	173.1
70歳～	199.1	—	—	—	158.6	174.3	159.7	—	241.4	146.5
大学卒(計)	338.7	233.0	281.8	273.1	316.8	357.7	399.6	414.6	468.8	495.9
20～24歳	233.9	161.7	203.7	—	—	—	—	—	—	—
25～29	252.1	249.0	279.1	—	—	—	—	—	—	—
30～34	295.3	276.9	302.7	308.9	—	—	—	—	—	—
35～39	328.4	350.0	393.2	340.5	375.0	—	—	—	—	—
40～44	491.6	339.3	282.3	420.7	419.5	384.8	—	—	—	—
45～49	365.1	270.4	338.8	439.2	404.3	427.2	430.9	—	—	—
50～54	405.5	305.1	427.9	464.3	504.0	546.1	505.7	508.3	—	—
55～59	309.1	250.1	495.5	310.6	265.9	439.4	433.4	498.7	—	—
60～64	187.0	204.5	185.6	246.7	143.9	337.3	—	364.4	—	—
65～69	—	—	—	—	205.4	147.2	—	—	—	—
70歳～	—	—	—	—						

2. 勤続年数は、労働者が定年後も再雇用等で引き続き同一企業に勤務する場合には通算されている。

B-3(2) 年 齢 ・ 勤 続 年 数 階 級 別
(令 和 4 年

区　　分	勤続年数計	0年	1～2年	3～4年	5～9年	10～14年	15～19年	20～24年	25～29年	30年以上
企業規模　10人以上										
男 性 労 働 者										
高 校 卒(計)	307.2	222.8	231.3	237.9	265.8	293.1	329.9	339.8	370.0	396.1
～19歳	191.6	189.8	193.2	—	—	—	—	—	—	—
20～24	199.9	189.9	196.0	200.2	217.1	—	—	—	—	—
25～29	231.7	225.3	231.5	225.7	233.6	241.8	—	—	—	—
30～34	258.0	230.6	222.9	246.2	259.8	273.9	300.0	—	—	—
35～39	282.0	232.1	257.8	245.5	274.0	291.7	310.5	297.3	—	—
40～44	310.0	245.7	288.8	272.7	275.2	294.3	351.2	327.9	352.5	—
45～49	345.0	277.8	266.5	277.9	319.3	313.0	345.5	368.5	378.0	404.4
50～54	371.7	261.4	263.5	277.1	289.0	319.2	369.1	366.0	389.4	432.1
55～59	380.3	248.1	241.0	260.3	314.5	342.8	351.4	367.9	392.0	431.3
60～64	286.5	215.8	235.5	236.6	241.5	259.2	262.3	278.8	292.1	325.9
65～69	238.4	242.4	223.8	220.0	211.2	212.7	215.7	241.2	221.2	272.5
70歳～	210.7	161.3	231.6	202.3	191.3	179.8	189.7	245.5	190.9	240.3
大 学 卒(計)	388.2	270.0	299.6	308.4	337.5	375.8	420.2	453.8	487.4	476.2
22～24歳	239.2	232.3	244.8	201.2	227.3	—	—	—	—	—
25～29	272.3	252.4	269.9	264.5	286.5	280.6	—	—	—	—
30～34	313.5	279.7	288.3	288.1	316.0	336.4	259.9	—	—	—
35～39	369.3	329.0	349.2	314.1	356.8	371.2	396.8	251.7	—	—
40～44	409.7	365.3	360.2	367.0	377.2	392.7	423.2	440.0	223.5	—
45～49	450.6	397.1	379.4	378.2	396.6	425.1	459.7	466.0	480.1	408.6
50～54	489.1	349.1	382.4	387.7	433.0	442.0	457.4	469.4	502.8	542.9
55～59	498.8	326.4	467.5	490.4	451.3	448.4	445.2	447.9	474.3	522.9
60～64	365.6	284.9	362.9	368.6	435.2	369.4	316.4	366.6	403.3	361.9
65～69	312.8	353.7	322.5	396.2	272.4	298.9	254.5	286.7	273.9	324.0
70歳～	250.4	—	237.8	195.7	244.7	261.8	181.6	198.3	243.9	266.8
女 性 労 働 者										
高 校 卒(計)	217.5	188.4	189.0	203.3	203.5	210.8	222.1	234.1	252.5	311.9
～19歳	178.0	179.2	176.7	—	—	—	—	—	—	—
20～24	192.6	179.3	186.8	195.4	206.4	—	—	—	—	—
25～29	207.7	204.1	194.2	218.9	213.5	198.4	—	—	—	—
30～34	214.9	207.7	201.4	198.7	217.2	221.7	241.2	—	—	—
35～39	215.6	190.7	202.0	211.8	206.0	216.9	229.3	279.3	—	—
40～44	225.3	191.8	187.0	211.2	213.1	219.5	245.3	256.5	251.0	—
45～49	229.9	234.1	194.0	208.8	201.7	216.2	238.1	257.2	279.7	291.9
50～54	239.3	168.9	182.3	207.9	205.8	209.8	231.2	242.4	265.8	343.4
55～59	235.3	149.9	194.8	194.2	195.1	229.0	212.2	230.7	245.0	337.6
60～64	190.3	161.9	172.5	169.0	175.4	171.4	183.5	187.5	201.4	254.3
65～69	170.5	152.4	154.0	147.8	155.2	167.4	172.1	190.0	187.1	173.8
70歳～	169.8	194.2	134.5	158.3	154.4	145.7	148.9	173.1	199.6	219.9
高専・短大卒(計)	262.8	213.2	219.0	230.6	235.1	242.2	276.9	287.2	303.8	351.6
20～24歳	204.4	197.0	205.8	212.3	—	—	—	—	—	—
25～29	221.4	215.9	197.2	219.8	231.1	155.4	—	—	—	—
30～34	235.7	212.5	227.0	250.5	227.9	245.1	253.5	—	—	—
35～39	244.3	188.0	213.5	240.9	232.6	227.4	276.8	249.1	—	—
40～44	271.2	212.6	277.4	223.0	239.1	276.4	298.0	284.3	407.6	—
45～49	274.5	253.8	219.7	244.4	252.4	247.3	293.9	289.6	311.5	340.9
50～54	299.8	257.8	208.4	259.8	241.2	236.3	286.7	314.2	296.6	358.2
55～59	298.2	180.4	270.9	238.0	225.5	221.4	270.0	254.4	318.1	369.5
60～64	226.0	129.7	182.8	170.5	206.2	202.9	184.1	271.9	282.1	291.3
65～69	173.4	203.3	162.2	154.0	163.5	191.1	159.9	151.7	147.8	223.8
70歳～	210.3	—	141.6	155.6	300.0	161.0	113.3	165.2	207.9	214.6

資料出所　厚生労働省「賃金構造基本統計調査」。
注　1．企業規模10～99人、100人～999人の区分は省略しているが、10人以上の数値には含まれる。
　　2．勤続年数は、労働者が定年後も再雇用等で引き続き同一企業に勤務する場合には通算されている。

に み た 所 定 内 給 与　〔卸売業，小売業〕
6 月 分）

(単位　千円)

区　分	勤続年数計	0年	1～2年	3～4年	5～9年	10～14年	15～19年	20～24年	25～29年	30年以上
企業規模　1,000人以上										
男 性 労 働 者										
高 校 卒（計）	329.0	225.0	224.8	233.8	263.9	291.8	343.2	359.7	401.7	423.1
〜　19歳	194.7	195.7	194.2	—	—	—	—	—	—	—
20　〜　24	210.6	207.9	203.7	209.3	223.7	—	—	—	—	—
25　〜　29	244.8	266.8	251.6	224.7	243.5	247.4	—	—	—	—
30　〜　34	260.4	231.3	233.6	246.6	267.4	255.0	317.3	—	—	—
35　〜　39	286.5	270.2	210.2	254.1	260.2	298.4	305.7	344.9	—	—
40　〜　44	337.1	276.3	312.0	286.0	269.4	288.9	384.3	346.5	390.7	—
45　〜　49	382.3	282.2	306.4	281.5	329.9	310.2	335.1	378.5	415.4	430.8
50　〜　54	421.4	378.5	322.1	332.6	312.8	344.8	385.6	396.5	403.2	457.4
55　〜　59	423.2	169.8	238.5	262.8	380.9	384.0	387.4	342.3	380.8	447.8
60　〜　64	277.7	220.3	246.9	221.4	243.2	232.2	256.2	291.9	242.6	302.1
65　〜　69	217.1	177.2	196.0	266.9	230.1	221.6	168.5	421.7	180.6	301.3
70歳〜	184.0	185.5	181.6	157.6	117.4	154.1	154.5	168.4	223.4	220.6
大 学 卒（計）	413.1	260.5	297.0	318.0	344.9	389.0	434.3	475.1	523.9	501.3
22　〜　24歳	246.4	240.0	250.9	163.2	199.3	—	—	—	—	—
25　〜　29	289.0	255.4	290.0	282.4	301.7		—	—	—	—
30　〜　34	336.2	327.9	310.4	308.6	331.3	361.9	259.9	—	—	—
35　〜　39	393.4	282.3	346.5	368.9	349.1	394.6	416.2	251.7	—	—
40　〜　44	434.6	281.0	380.9	422.0	403.1	389.9	439.9	462.7	—	—
45　〜　49	489.2	354.9	480.2	339.3	423.6	419.9	490.5	497.8	512.5	441.1
50　〜　54	525.3	460.5	419.4	455.1	440.6	446.0	432.7	450.6	537.0	570.3
55　〜　59	517.7	403.2	514.8	405.6	412.2	405.5	455.2	404.2	523.9	533.6
60　〜　64	361.1	299.4	327.4	351.9	577.4	411.5	276.6	263.0	396.2	348.6
65　〜　69	283.2	576.8	268.1	413.7	226.2	187.8	186.0	357.7	391.7	283.4
70歳〜	234.7	—	—	—	245.8	246.9		212.9	190.2	239.9
女 性 労 働 者										
高 校 卒（計）	223.1	185.1	188.7	202.3	195.5	206.2	219.5	242.5	259.3	357.3
〜　19歳	180.1	176.7	182.7	—	—	—	—	—	—	—
20　〜　24	197.0	173.0	194.3	203.6	203.9	—	—	—	—	—
25　〜　29	209.4	200.3	192.0	212.4	216.1	231.3	—	—	—	—
30　〜　34	228.0	285.2	210.2	192.3	218.3	239.2	246.2	—	—	—
35　〜　39	213.1	170.8	190.3	208.4	181.8	215.8	223.8	296.6	—	—
40　〜　44	234.3	202.6	180.2	226.4	218.1	221.0	247.5	272.7	264.4	—
45　〜　49	238.8	214.6	204.8	206.6	190.8	207.3	238.4	246.2	294.6	333.0
50　〜　54	253.5	171.7	172.6	185.4	200.7	208.9	230.3	240.9	246.0	379.8
55　〜　59	237.1	172.1	177.0	193.3	184.1	178.7	199.1	217.2	221.7	373.5
60　〜　64	183.8	156.5	143.8	155.3	159.4	169.3	176.5	189.8	183.4	261.6
65　〜　69	166.4	142.5	129.3	156.4	150.8	175.8	176.3	179.4	185.5	194.0
70歳〜	163.8	—	—	—	153.5	156.5	152.8	191.2	172.0	144.9
高専・短大卒（計）	275.7	217.2	212.1	229.2	228.5	238.3	262.2	291.6	329.2	356.1
20　〜　24歳	214.9	208.9	226.9	205.5	—	—	—	—	—	—
25　〜　29	228.1	194.4	174.8	225.9	242.0	155.4	—	—	—	—
30　〜　34	238.5	152.8	220.9	202.0	226.0	260.1	—	—	—	—
35　〜　39	270.3	155.1	197.0	195.2	247.9	260.2	291.5	—	—	—
40　〜　44	258.6	188.1	201.9	320.1	179.1	217.9	286.8	293.5	—	—
45　〜　49	284.6	201.3	214.9	237.3	229.4	276.2	254.7	297.8	324.8	—
50　〜　54	320.5	408.3	201.5	261.2	231.9	229.1	277.1	297.0	387.8	368.5
55　〜　59	309.5	202.6	195.5	210.9	250.3	208.6	217.4	293.9	275.5	371.6
60　〜　64	195.7	129.7	191.0	199.7	217.2	172.3	171.4	206.8	208.7	214.8
65　〜　69	155.2	—	—	—	—	—	157.7	148.2	—	—
70歳〜	193.4	—	—	—	—	—	—	—	—	193.4

3．表示学歴の年齢と勤続年数については、定時制卒業の場合も含まれる。
4．サンプル数が少ない場合は、数値が安定しないので、注意されたい。

B-4(1) 年 齢 ・ 勤 続 年 数
(令 和 4 年

区　　分	勤続年数計	0年	1～2年	3～4年	5～9年	10～14年	15～19年	20～24年	25～29年	30年以上
企業規模　10人以上〔学歴計〕										
男 性 労 働 者										
高　校　卒(計)	988.4	54.2	520.4	663.2	756.3	931.5	1,072.6	1,210.4	1,313.4	1,505.5
～　19歳	175.0	17.4	376.2	712.3	—	—	—	—	—	—
20　～　24	662.5	57.3	556.4	742.7	823.9	—	—	—	—	—
25　～　29	723.9	37.1	431.9	598.2	840.6	944.0	—	—	—	—
30　～　34	915.2	37.8	565.7	679.9	785.7	1,045.9	1,183.5	—	—	—
35　～　39	971.8	65.5	615.1	712.4	822.4	948.9	1,163.7	1,293.2	—	—
40　～　44	1,092.6	58.1	691.8	676.6	779.5	1,007.7	1,158.7	1,351.2	1,395.5	—
45　～　49	1,201.5	54.6	631.0	592.3	767.3	961.8	1,110.2	1,200.4	1,431.5	1,708.1
50　～　54	1,255.1	50.0	564.4	674.6	610.1	875.8	951.4	1,154.0	1,235.6	1,641.3
55　～　59	1,283.0	112.8	424.0	515.3	654.9	808.8	918.9	917.1	1,142.0	1,682.4
60　～　64	753.8	364.6	456.9	372.4	448.6	492.9	620.4	490.6	650.5	1,001.4
65　～　69	361.7	16.7	219.6	187.7	274.4	318.7	408.0	412.7	274.7	500.0
70歳～	247.4	48.9	52.3	214.9	191.7	177.2	234.2	585.3	139.4	338.5
大　学　卒(計)	1,413.9	103.3	764.5	914.3	1,085.8	1,378.0	1,539.2	1,912.8	2,186.4	2,248.5
22　～　24歳	387.2									
25　～　29	806.2	25.1	675.1	495.6	706.6					
30　～　34	999.3	54.0	674.2	883.3	1,002.4	1,233.8				
35　～　39	1,220.9	109.5	639.0	946.4	1,099.7	1,323.8	1,107.5			
40　～　44	1,398.7	101.3	902.0	968.9	1,023.1	1,477.2	1,480.3	1,149.9		
45　～　49	1,666.7	83.9	844.3	767.3	1,054.7	1,471.5	1,635.6	1,946.3	1,452.0	—
50　～　54	2,054.6	127.9	940.4	1,281.8	1,246.3	1,363.1	1,617.7	2,013.1	2,085.6	1,665.7
55　～　59	2,144.6	152.2	1,253.8	786.2	1,192.8	1,396.5	1,534.7	1,981.5	2,357.5	2,668.5
60　～　64	1,206.0	470.0	922.2	1,419.0	1,336.1	1,211.1	1,639.8	1,693.1	1,917.3	2,575.8
65　～　69	609.7	560.8	868.3	845.6	1,169.4	819.6	741.2	930.8	1,144.5	1,495.2
70歳～	362.0	8.0	186.2	309.2	651.0	650.4	735.5	916.2	438.4	733.7
女 性 労 働 者										
高　校　卒(計)	549.8	23.1	310.4	419.8	443.5	597.0	652.4	670.5	839.6	989.4
～　19歳	131.9	10.7	330.3	—	—	—	—	—	—	—
20　～　24	497.6	5.7	405.0	563.8	713.4	—	—	—	—	—
25　～　29	604.3	15.7	220.7	345.6	596.9	989.9	—	—	—	—
30　～　34	612.0	57.9	167.6	357.8	450.9	797.2	995.8	—	—	—
35　～　39	585.5	20.6	297.5	431.1	426.0	551.8	841.9	993.7	—	—
40　～　44	583.3	34.5	367.9	404.8	395.3	534.8	681.6	948.9	979.3	—
45　～　49	638.0	23.1	299.7	359.2	431.0	450.3	550.3	675.9	1,067.8	1,214.2
50　～　54	645.4	16.8	244.0	394.7	366.5	487.0	621.0	619.1	791.8	1,176.2
55　～　59	610.9	25.2	316.3	250.4	281.0	507.1	525.3	538.4	702.5	1,118.5
60　～　64	314.6	265.9	210.8	227.0	243.2	201.4	293.1	316.3	347.0	492.5
65　～　69	184.0	38.1	38.2	146.7	174.5	72.9	203.3	202.5	185.5	279.4
70歳～	141.6	—	6.2	44.7	16.2	282.8	84.3	261.3	184.9	128.3
大　学　卒(計)	899.9	38.2	580.8	846.3	821.4	1,123.2	1,254.4	1,712.3	1,766.8	2,012.9
20　～　24歳	348.0	16.6	592.8	236.2	810.7	—	—	—	—	—
25　～　29	758.0	48.4	719.7	868.8	971.6	631.7	—	—	—	—
30　～　34	711.5	49.8	430.2	577.5	909.5	1,221.5	784.7	—	—	—
35　～　39	940.1	75.7	506.3	883.8	836.2	1,172.6	1,330.2	209.0	—	—
40　～　44	1,120.5	112.5	647.7	1,159.9	884.6	1,035.3	1,274.5	1,790.8	—	—
45　～　49	1,184.4	35.3	679.8	848.7	675.1	1,022.0	1,334.0	1,795.7	1,685.2	1,117.4
50　～　54	1,351.0	105.9	580.3	1,018.6	411.0	1,290.5	1,497.4	1,803.4	1,943.5	2,309.2
55　～　59	1,171.4	224.5	131.2	964.8	501.5	944.3	746.7	885.4	1,648.4	2,035.2
60　～　64	687.3	149.8	214.0	848.5	58.4	655.8	781.4	676.5	946.7	1,243.9
65　～　69	267.1	—	0.0	318.0	150.0	121.0	1,078.3	—	71.2	110.0
70歳～	261.8	—	110.6					505.0		257.9

資料出所　厚生労働省「賃金構造基本統計調査」。
注　1．年間賞与は、年間における賞与・期末手当等特別給与額をいう。
　　2．企業規模10～99人、100人～999人の区分は省略しているが、10人以上の数値には含まれる。

階 級 別 に み た 年 間 賞 与 〔製造業〕

年 間 特 別 給 与 額)

(単位　千円)

区　　分	勤続年数計	0年	1～2年	3～4年	5～9年	10～14年	15～19年	20～24年	25～29年	30年以上
企業規模　1,000人以上〔学歴計〕										
男性労働者										
高校卒(計)	1,387.4	60.7	794.3	854.8	1,008.6	1,233.4	1,435.3	1,627.5	1,716.3	1,867.9
～19歳	178.1	13.4	435.1	—	—	—	—	—	—	—
20～24	810.7	79.1	716.1	851.9	941.6	—	—	—	—	—
25～29	923.7	56.1	675.2	732.6	1,017.6	1,085.0	—	—	—	—
30～34	1,205.3	71.3	837.7	966.8	1,094.2	1,247.9	1,369.5	—	—	—
35～39	1,304.2	49.1	914.3	808.9	1,092.7	1,267.2	1,432.5	1,608.7	—	—
40～44	1,507.7	64.8	1,287.2	1,059.1	1,120.3	1,351.5	1,550.8	1,640.7	1,669.0	—
45～49	1,673.2	182.0	1,455.0	896.6	1,108.6	1,243.3	1,488.3	1,727.9	1,756.6	1,924.6
50～54	1,779.9	103.0	1,396.9	1,033.1	874.8	1,330.7	1,492.6	1,705.5	1,702.4	1,909.4
55～59	1,926.6	15.8	1,101.3	730.2	1,046.2	1,370.9	1,376.9	1,408.7	1,701.1	2,054.9
60～64	1,196.5	667.3	728.1	777.5	535.7	398.4	1,169.0	689.5	1,137.1	1,339.3
65～69	586.9	—	62.7	646.1	557.3	212.6	113.5	855.1	264.9	766.1
70歳～	253.2	—	20.0	—	41.7	—	90.0	—	—	650.5
大学卒(計)	2,067.7	271.1	1,029.2	1,290.4	1,575.1	1,827.1	2,174.3	2,554.6	2,891.3	2,771.1
22～24歳	478.4	—	—	—	—	—	—	—	—	—
25～29	1,097.1	29.0	718.9	1,139.2	993.3	—	—	—	—	—
30～34	1,361.0	34.9	905.2	1,122.7	1,329.8	1,408.3	—	—	—	—
35～39	1,768.6	310.2	963.3	1,267.7	1,455.2	1,641.0	—	—	—	—
40～44	2,051.6	46.8	1,248.6	1,590.0	1,619.7	1,847.1	2,046.0	1,723.7	—	—
45～49	2,431.8	276.6	1,425.5	1,457.7	1,816.9	1,735.2	2,251.4	2,552.1	2,183.3	—
50～54	2,761.4	889.9	1,700.0	2,213.7	2,038.2	2,122.3	2,173.5	2,589.7	2,865.4	1,685.6
55～59	2,922.5	773.6	1,119.1	1,831.1	1,911.5	2,357.9	2,065.3	2,455.8	2,927.0	2,984.4
60～64	1,834.6	7,170.0	2,028.0	1,902.5	1,978.0	1,725.4	2,554.5	2,675.5	2,915.0	3,047.7
65～69	1,012.3	2,151.8	1,724.7	1,243.9	2,455.2	1,499.4	2,027.6	2,147.0	1,538.9	1,871.3
70歳～	760.0	30.0	453.0	1,007.5	1,970.0	693.9	550.0	94.7	777.1	909.8
女性労働者										
高校卒(計)	915.9	29.9	501.1	650.5	751.8	820.5	989.5	1,114.9	1,220.7	1,389.5
～19歳	153.9	24.3	423.5	—	—	—	—	—	—	—
20～24	752.0	20.0	662.7	736.6	929.2	—	—	—	—	—
25～29	743.9	—	327.0	323.5	881.8	1,038.2	—	—	—	—
30～34	843.2	81.8	267.9	686.0	674.6	979.5	1,123.4	—	—	—
35～39	894.7	2.1	214.9	561.5	627.5	839.7	1,147.1	1,400.1	—	—
40～44	1,031.0	39.3	379.8	583.4	683.8	882.0	1,190.1	1,262.6	1,394.7	—
45～49	1,143.1	58.1	700.0	667.3	782.4	884.5	808.6	1,068.1	1,271.8	1,430.6
50～54	1,223.6	138.9	271.6	782.9	655.4	781.3	1,080.7	638.1	1,156.1	1,461.1
55～59	1,060.6	0.0	675.1	557.1	290.4	495.2	566.4	709.1	912.4	1,457.2
60～64	538.3	157.9	555.4	353.8	301.1	313.2	271.9	585.9	343.4	813.4
65～69	188.1	—	—	—	196.2	29.4	213.8	323.7	184.6	226.2
70歳～	30.9	—	—	—	77.3	—	25.0	—	14.0	23.4
大学卒(計)	1,414.3	80.4	857.1	1,129.5	1,438.5	1,571.0	1,775.9	2,049.7	2,634.9	2,310.9
20～24歳	492.8	22.2	740.7	41.6	1,104.2	—	—	—	—	—
25～29	1,130.7	296.9	911.2	1,102.7	1,336.4	—	—	—	—	—
30～34	1,251.9	17.4	851.8	1,367.5	1,358.1	1,509.9	—	—	—	—
35～39	1,515.0	57.9	1,084.0	1,219.5	1,847.9	1,450.6	1,526.6	—	—	—
40～44	1,699.2	307.9	902.9	1,184.7	1,303.3	1,878.9	2,052.8	2,176.7	—	—
45～49	1,800.8	—	1,098.6	1,004.5	1,202.1	1,908.4	1,893.6	2,003.1	2,932.5	—
50～54	2,132.7	—	1,560.1	1,203.2	1,406.3	1,607.1	2,139.8	2,115.5	2,481.6	2,475.5
55～59	2,009.6	—	154.0	496.8	2,980.2	1,341.5	450.5	1,835.4	1,948.5	2,233.9
60～64	1,190.5	1,070.5	815.0	423.1	573.5	1,167.4	82.7	2,217.3	—	1,581.8
65～69	574.7	—	—	—	—	—	1,143.2	—	—	—
70歳～	—	—	—	—	—	—	—	—	—	—

3. 勤続年数は、労働者が定年後も再雇用等で引き続き同一企業に勤務する場合には通算される。

B-4(2) 年齢・勤続年数

（令和4年

区　　分	勤続年数計	0年	1～2年	3～4年	5～9年	10～14年	15～19年	20～24年	25～29年	30年以上
企業規模　10人以上										
男性労働者										
高校卒(計)	859.5	55.5	374.6	541.6	688.6	771.4	983.1	975.8	1,172.7	1,442.3
～19歳	189.6	12.6	355.3	—	—	—	—	—	—	—
20～24	485.3	7.7	382.9	629.0	765.3	—	—	—	—	—
25～29	545.4	38.4	316.8	415.6	735.2	942.9	—	—	—	—
30～34	642.7	27.9	314.1	595.3	686.9	826.1	1,111.7	—	—	—
35～39	719.5	51.0	364.5	515.9	701.0	729.9	988.5	1,042.6	—	—
40～44	909.2	21.8	463.1	710.4	777.0	881.0	1,153.6	1,057.6	1,252.8	—
45～49	1,032.3	31.2	550.3	571.3	781.8	744.3	1,037.5	1,120.6	1,373.9	1,583.1
50～54	1,161.9	16.4	533.6	543.9	677.9	784.0	1,143.4	1,020.4	1,131.0	1,620.6
55～59	1,164.6	77.7	272.2	496.7	658.1	819.6	848.0	831.3	965.8	1,619.0
60～64	736.8	424.0	292.5	241.3	314.3	621.8	509.4	496.8	522.5	1,102.7
65～69	471.6	66.1	157.3	248.4	305.7	236.6	273.6	971.7	289.2	745.3
70歳～	227.9	—	412.1	117.4	439.8	104.2	77.6	107.6	124.3	288.9
大学卒(計)	1,426.2	86.1	761.1	983.5	1,190.0	1,441.8	1,694.3	1,863.4	1,964.2	2,041.2
22～24歳	404.4	18.4	689.2	107.4	583.7	—	—	—	—	—
25～29	917.0	83.2	709.3	1,030.4	1,157.1	210.6	—	—	—	—
30～34	1,104.5	65.0	652.0	1,009.7	1,236.9	1,272.6	720.2	—	—	—
35～39	1,390.8	50.5	830.0	933.7	1,025.6	1,632.9	1,689.9	1,279.8	—	—
40～44	1,574.2	99.9	1,065.0	1,072.8	1,230.2	1,332.6	1,786.9	1,899.3	130.0	—
45～49	1,718.7	166.2	925.2	999.8	1,189.1	1,415.2	1,613.7	1,985.6	2,053.1	1,475.3
50～54	1,982.0	26.5	857.6	1,260.5	1,378.6	1,783.9	2,011.2	1,790.1	2,016.1	2,486.2
55～59	2,021.7	13.8	1,040.5	1,036.9	1,603.7	1,655.0	1,410.1	1,544.2	1,664.7	2,348.3
60～64	1,178.1	899.3	880.9	492.3	1,375.3	1,067.4	787.2	774.6	1,265.9	1,389.9
65～69	434.6	554.4	233.3	425.5	291.1	590.7	436.1	449.2	466.8	481.3
70歳～	280.3	—	307.8	43.6	226.3	128.4	141.8	232.3	148.1	590.3
女性労働者										
高校卒(計)	432.7	23.1	231.8	383.1	384.8	386.6	468.2	556.9	677.4	1,032.0
～19歳	166.1	22.5	321.5	—	—	—	—	—	—	—
20～24	424.5	3.6	293.3	562.6	692.1	—	—	—	—	—
25～29	386.4	33.2	218.6	338.4	572.8	473.9	—	—	—	—
30～34	440.0	10.1	192.0	281.8	475.3	627.5	748.6	—	—	—
35～39	449.3	71.2	212.6	447.2	389.8	440.3	647.7	1,052.8	—	—
40～44	510.9	69.6	235.9	416.4	444.0	429.4	646.9	785.8	695.1	—
45～49	487.6	14.1	302.9	283.1	317.9	428.1	412.0	622.6	995.3	1,064.6
50～54	520.7	4.4	167.0	297.2	333.9	332.0	550.2	577.6	668.5	1,109.9
55～59	502.5	0.4	71.3	253.0	217.5	306.6	340.2	525.3	571.2	1,329.3
60～64	226.8	17.7	67.9	83.2	126.2	159.0	211.4	245.2	238.0	552.0
65～69	119.7	—	0.1	180.8	45.4	45.5	85.3	173.9	80.1	284.7
70歳～	107.6	—	58.9	146.2	34.3	100.8	53.8	84.2	115.2	315.8
大学卒(計)	842.0	24.9	554.8	795.9	949.3	982.6	1,158.1	1,316.5	1,693.6	1,972.1
20～24歳	356.1	15.6	580.1	620.3	445.6	—	—	—	—	—
25～29	758.8	22.5	561.7	850.7	1,035.9	15.0	—	—	—	—
30～34	844.4	19.8	537.6	691.6	1,015.6	1,059.3	1.5	—	—	—
35～39	839.0	14.3	358.7	535.2	772.0	1,054.5	1,236.4	1,465.6	—	—
40～44	1,057.3	74.5	623.6	857.0	940.4	1,159.3	1,302.2	1,365.0	788.0	—
45～49	1,120.3	119.4	890.3	1,114.9	807.7	882.0	1,032.5	1,484.5	1,524.0	1,178.2
50～54	1,158.1	28.9	336.7	836.7	767.0	707.2	1,069.3	1,007.8	2,131.3	1,879.7
55～59	1,138.7	20.8	568.4	607.6	793.1	235.0	695.3	1,161.6	302.1	2,096.2
60～64	861.8	60.6	340.7	27.3	126.3	733.6	152.9	570.9	754.5	1,931.0
65～69	497.8	—	1,861.0	42.3	16.8	480.8	214.4	1,295.3	377.5	37.9
70歳～	267.9	—	—	28.4	936.4	294.9	350.5	—	—	1,600.0

資料出所　厚生労働省「賃金構造基本統計調査」。
注　1．年間賞与は、年間における賞与・期末手当等特別給与額をいう。
　　2．企業規模10～99人、100～999人の区分は省略しているが、10人以上の数値には含まれる。
　　3．勤続年数は、労働者が定年後も再雇用等で引き続き同一企業に勤続する場合には通算される。

階 級 別 に み た 年 間 賞 与　〔卸売業, 小売業〕

年 間 特 別 賞 与 額)

(単位　千円)

区　　分	勤続年数計	0年	1～2年	3～4年	5～9年	10～14年	15～19年	20～24年	25～29年	30年以上
企業規模　1,000人以上										
男 性 労 働 者										
高 校 卒(計)	1,186.9	144.9	494.2	742.1	919.9	978.2	1,242.0	1,263.2	1,617.5	1,761.7
～19歳	249.7	22.4	371.0	—	—	—	—	—	—	—
20 ～ 24	707.4	14.2	585.1	746.4	954.8	—	—	—	—	—
25 ～ 29	797.1	41.1	432.5	426.7	934.6	1,077.1	—	—	—	—
30 ～ 34	892.0	15.9	421.5	783.2	1,137.3	952.3	1,334.3	—	—	—
35 ～ 39	917.5	21.8	366.6	687.9	789.5	914.3	1,157.3	1,223.6	—	—
40 ～ 44	1,224.1	19.7	852.8	1,087.7	958.8	1,115.5	1,490.3	1,152.5	1,489.6	—
45 ～ 49	1,481.4	20.6	1,507.2	755.3	1,003.3	817.1	1,132.3	1,457.0	1,773.1	1,849.3
50 ～ 54	1,613.6	5.9	748.6	1,209.4	830.2	991.8	1,436.9	1,446.3	1,486.2	1,866.0
55 ～ 59	1,746.2	6.0	349.4	454.1	1,513.9	1,326.8	1,281.2	1,055.3	1,554.2	1,953.8
60 ～ 64	866.1	1,344.1	381.2	209.5	179.4	497.3	417.7	622.3	619.8	1,150.8
65 ～ 69	392.8	924.5	63.1	9.5	598.8	256.8	44.3	—	225.0	1,433.6
70歳～	102.7	—	0.4	132.0	—	38.8	1.9	111.7	—	208.4
大 学 卒(計)	1,809.9	138.0	943.9	1,304.5	1,428.3	1,806.8	2,025.3	2,283.3	2,422.6	2,397.5
22 ～ 24歳	486.3	22.5	790.6	48.6	360.0	—	—	—	—	—
25 ～ 29	1,102.4	120.2	813.9	1,239.2	1,366.0	—	—	—	—	—
30 ～ 34	1,360.3	145.1	916.9	1,098.0	1,398.8	1,650.1	720.2	—	—	—
35 ～ 39	1,760.9	40.5	1,175.1	1,393.2	1,348.4	1,946.5	1,853.0	1,279.8	—	—
40 ～ 44	2,007.0	245.1	1,634.4	1,838.3	1,468.9	1,545.0	2,115.4	2,246.7	—	—
45 ～ 49	2,272.8	221.0	1,704.3	1,268.7	1,435.1	1,750.8	2,221.7	2,422.3	2,441.4	1,704.4
50 ～ 54	2,488.5	24.5	1,853.8	1,855.8	1,699.3	2,206.3	2,462.4	2,157.4	2,437.4	2,802.7
55 ～ 59	2,465.8	—	1,389.7	2,573.9	1,786.3	2,244.7	1,716.5	1,649.8	2,349.5	2,617.6
60 ～ 64	1,475.2	1,552.3	1,327.3	893.2	2,396.0	1,692.0	709.8	639.8	2,795.4	1,486.1
65 ～ 69	572.9	2,607.3	355.2	2,855.2	371.0	119.9	205.3	208.2	1,054.8	375.6
70歳～	228.1	—	—	—	426.2	75.0	—	30.0	20.0	1,600.2
女 性 労 働 者										
高 校 卒(計)	501.4	38.7	306.8	431.9	341.5	371.1	455.5	626.3	853.5	1,324.9
～19歳	289.6	30.1	488.3	—	—	—	—	—	—	—
20 ～ 24	493.1	—	448.1	603.7	698.2	—	—	—	—	—
25 ～ 29	502.6	2.3	220.9	418.5	708.0	674.5	—	—	—	—
30 ～ 34	614.4	—	203.5	232.9	525.9	871.1	879.6	—	—	—
35 ～ 39	478.8	283.8	266.5	455.2	205.2	402.1	618.9	1,208.7	—	—
40 ～ 44	543.7	75.9	271.9	445.3	453.0	357.0	693.4	787.1	967.1	—
45 ～ 49	627.5	15.9	403.9	288.5	254.3	316.1	548.1	692.1	1,245.2	1,349.5
50 ～ 54	557.5	3.8	182.9	263.6	302.7	245.2	425.9	601.8	522.9	1,197.5
55 ～ 59	598.2	—	36.7	290.1	137.1	127.5	231.8	577.6	428.5	1,751.1
60 ～ 64	187.3	114.2	28.5	96.3	28.6	110.6	115.2	154.5	211.9	690.3
65 ～ 69	41.2	—	—	73.8	13.4	23.5	27.4	147.6	38.4	133.2
70歳～	24.6	—	—	—	20.4	52.8	71.6	12.2	12.1	—
大 学 卒(計)	1,047.5	28.4	653.1	985.4	1,104.9	1,115.7	1,258.7	1,723.3	2,370.4	2,232.8
20 ～ 24歳	402.2	18.7	624.0	593.6	622.4	—	—	—	—	—
25 ～ 29	932.9	8.7	638.7	1,020.5	1,215.4	15.0	—	—	—	—
30 ～ 34	1,127.3	66.9	653.0	882.7	1,220.6	1,437.8	1.5	—	—	—
35 ～ 39	1,162.7	8.1	811.2	876.5	902.6	1,242.3	1,364.6	1,756.3	—	—
40 ～ 44	1,271.5	71.7	573.8	2,506.5	1,023.3	1,622.7	1,515.4	1,923.3	788.0	—
45 ～ 49	1,371.1	33.6	1,583.6	1,105.2	1,042.9	689.9	1,055.3	1,855.3	1,879.6	1,178.2
50 ～ 54	1,442.8	355.0	568.9	1,004.7	421.1	464.9	1,200.8	1,497.2	2,848.8	1,933.0
55 ～ 59	1,419.5	—	1,134.5	382.7	574.6	77.5	656.4	1,115.5	548.9	2,295.7
60 ～ 64	1,003.2	148.1	269.0	48.3	116.3	857.9	15.0	635.0	561.6	2,678.2
65 ～ 69	215.6	—	1,861.0	—	—	—	406.7	140.3	—	—
70歳～	192.8	—	—	27.0	40.0	326.0	539.2	—	—	—

4．表示学歴の年齢と勤続年数については、定時制卒業の場合も含まれる。

5．サンプル数が少ない場合は、数値が安定しないので、注意されたい。

B-5　年齢階級別にみた標準労働者の所定内給与・

(1)　産業計

規模 年齢	所定内給与額〔千円〕						年間賞与その他特別給与額〔千円〕						労働者数〔十人〕					
	男性			女性			男性			女性			男性			女性		
	高校卒	専学卒	大学卒	高校卒	専学卒	大学卒	高校卒	専学卒	大学卒	高校卒	専学卒	大学卒	高校卒	専学卒	大学卒	高校卒	専学卒	大学卒
企業規模計	321.4	323.8	390.1	238.2	255.5	281.4	1,206.6	1,104.3	1,596.4	817.3	644.4	929.1	138,074	26,943	239,034	45,155	14,080	108,125
～19歳	188.2	—	—	179.0	—	—	197.7	—	—	152.4	—	—	10,440	—	—	6,034	—	—
20～24	210.5	210.0	234.9	196.8	210.1	231.4	738.3	380.3	373.8	608.6	259.6	335.4	21,884	5,144	32,093	10,494	5,888	31,996
25～29	245.3	247.1	271.2	210.8	231.4	256.0	911.7	695.4	1,047.3	783.2	510.2	920.9	13,327	3,482	43,338	5,723	1,938	34,737
30～34	284.5	288.2	328.6	231.1	255.3	287.0	1,119.4	953.2	1,330.3	874.4	664.5	1,042.6	13,280	2,718	29,105	5,054	1,228	14,116
35～39	318.9	327.5	394.7	246.0	270.2	322.6	1,191.9	1,136.9	1,727.4	915.4	803.3	1,284.5	9,398	2,895	29,110	2,914	1,296	11,158
40～44	362.3	362.9	446.4	269.3	307.1	355.8	1,404.0	1,384.3	1,921.6	1,005.2	955.6	1,466.5	12,631	3,090	22,459	2,802	1,013	6,114
45～49	395.8	393.5	499.4	301.5	327.3	393.0	1,612.9	1,421.9	2,197.3	1,216.6	1,206.8	1,737.2	18,399	3,934	24,215	4,582	1,220	4,294
50～54	428.4	422.3	560.2	318.9	349.9	459.0	1,697.7	1,711.1	2,607.2	1,286.4	1,372.4	2,168.0	16,811	3,523	27,869	3,729	962	3,289
55～59	443.1	449.4	553.6	340.7	390.1	476.0	1,825.5	1,913.6	2,554.7	1,476.0	1,833.9	2,215.1	13,926	1,417	20,187	2,784	434	1,957
60～64	322.5	351.2	380.5	234.0	295.7	356.1	1,171.1	1,268.2	1,445.8	712.9	1,447.0	1,727.6	6,841	682	9,360	905	88	409
65～69	286.1	316.6	336.6	217.0	379.3	517.9	743.0	299.8	839.5	625.7	1,140.8	1,875.0	923	48	1,189	115	13	45
70歳～	241.3	212.8	358.7	356.5	399.0	388.0	418.4	305.3	725.2	713.7	1,948.0	746.8	214	11	109	20	1	10
1,000人以上計	350.5	357.6	429.9	269.4	272.9	298.2	1,438.9	1,408.7	1,951.0	1,058.9	905.6	1,116.6	62,989	7,959	119,378	14,806	3,095	51,437
～19歳	190.1	—	—	183.5	—	—	219.5	—	—	203.9	—	—	3,705	—	—	1,653	—	—
20～24	216.5	212.7	240.7	202.1	213.1	237.5	841.9	498.5	433.9	706.7	336.4	394.1	8,826	1,090	14,065	2,934	1,162	13,857
25～29	257.0	252.1	284.7	224.3	230.3	264.6	1,022.9	933.3	1,229.6	829.4	679.5	1,046.2	5,196	715	20,401	1,142	355	16,172
30～34	303.0	296.3	350.3	253.4	265.9	303.4	1,260.4	1,131.6	1,579.9	990.7	746.3	1,247.3	6,445	642	12,880	1,180	202	6,689
35～39	354.9	344.4	432.5	273.9	288.3	335.8	1,424.4	1,323.1	2,067.5	1,138.0	1,081.5	1,467.8	3,423	1,135	15,508	785	312	6,416
40～44	389.4	386.5	486.0	293.0	337.0	390.1	1,588.4	1,566.1	2,308.1	1,288.7	1,393.6	1,778.3	5,625	1,276	11,175	896	199	2,889
45～49	422.2	425.3	553.2	325.6	334.4	419.8	1,808.9	1,675.4	2,642.1	1,431.4	1,442.6	2,087.7	9,552	1,121	12,146	2,228	364	2,065
50～54	456.8	446.3	605.5	339.8	360.0	477.4	1,964.0	1,966.1	2,999.9	1,493.7	1,640.5	2,418.9	8,502	1,268	16,851	1,992	344	1,865
55～59	467.5	462.0	584.0	364.4	378.2	488.9	2,045.2	2,087.6	2,859.5	1,709.5	2,076.4	2,302.4	7,924	510	11,906	1,445	147	1,249
60～64	302.8	409.0	364.0	236.8	307.0	366.6	1,358.1	1,717.3	1,592.1	877.9	995.0	1,950.4	3,427	196	4,152	518	9	234
65～69	303.3	205.4	322.6	245.8	—	255.3	964.1	237.1	709.2	355.4	—	743.2	283	6	283	32	—	1
70歳～	260.5	—	256.6	—	—	—	399.1	—	1,075.3	—	—	—	80	—	11	—	—	—
100～999人計	302.2	312.2	359.0	225.5	258.0	268.1	1,101.2	1,087.1	1,344.3	769.7	657.1	792.6	52,345	11,879	90,242	22,454	6,422	43,179
～19歳	185.9	—	—	177.5	—	—	206.8	—	—	152.1	—	—	4,571	—	—	2,924	—	—
20～24	205.6	210.2	231.8	194.8	213.7	227.7	716.4	383.2	347.2	617.9	273.8	313.7	8,969	2,442	12,859	5,366	2,642	13,500
25～29	236.0	243.2	260.5	207.5	225.5	249.7	882.7	695.2	951.2	833.5	536.1	841.4	5,211	1,811	17,071	3,691	834	14,545
30～34	267.4	284.2	314.9	227.4	249.8	273.1	1,058.7	977.1	1,207.7	907.7	688.1	879.2	4,971	1,332	12,121	3,189	552	5,515
35～39	299.6	317.2	357.6	236.4	260.9	307.8	1,121.2	1,150.7	1,456.3	899.6	768.3	1,076.7	4,015	1,132	10,348	1,685	672	3,718
40～44	347.2	352.0	416.8	263.3	311.6	325.7	1,375.9	1,304.0	1,647.3	933.8	928.3	1,219.8	4,817	1,113	8,356	1,338	526	2,362
45～49	372.6	386.2	457.0	285.3	347.1	374.4	1,498.7	1,416.1	1,865.6	1,094.9	1,156.4	1,465.5	6,601	1,717	9,142	1,651	516	1,724
50～54	406.4	415.2	497.5	302.3	353.3	442.1	1,556.6	1,767.0	2,070.0	1,160.2	1,394.2	1,841.6	6,005	1,481	9,106	1,209	379	1,129
55～59	422.0	448.3	523.0	321.1	404.4	467.2	1,668.8	2,044.1	2,280.6	1,314.9	1,831.9	2,159.1	4,400	567	6,567	1,040	234	556
60～64	347.0	336.3	399.8	236.3	283.2	335.5	1,038.5	1,675.2	1,402.5	494.9	1,674.1	1,639.5	2,292	268	4,090	302	63	127
65～69	284.8	271.8	314.5	224.5	325.3	473.0	677.5	610.9	888.1	1,004.7	1,480.0	1,717.2	455	6	546	47	2	4
70歳～	214.7	212.0	381.5	433.4	—	—	247.6	340.0	1,008.8	1,033.3	—	—	39	9	36	12	—	—
10～99人計	284.8	305.1	324.3	215.9	240.2	260.0	805.7	792.0	930.8	499.5	449.4	651.7	22,740	7,106	29,414	7,895	4,564	13,510
～19歳	190.0	—	—	176.9	—	—	141.2	—	—	94.9	—	—	2,163	—	—	1,457	—	—
20～24	208.4	207.8	227.0	194.3	204.0	223.7	562.0	295.9	276.7	454.8	198.8	223.3	4,088	1,612	5,169	2,194	2,084	4,639
25～29	241.1	250.5	255.4	206.8	238.5	243.7	765.5	517.7	693.2	514.7	401.1	704.8	2,921	956	5,866	889	749	4,021
30～34	266.0	288.4	301.2	216.0	257.1	269.6	793.8	756.1	909.0	519.1	602.0	798.1	1,864	743	4,104	685	474	1,912
35～39	295.4	315.6	333.1	233.2	272.3	293.3	930.3	775.5	969.1	581.9	605.0	889.9	1,960	628	3,254	444	312	1,023
40～44	326.0	337.3	379.9	245.6	278.4	323.4	992.1	1,180.9	1,229.3	726.3	702.1	1,098.3	2,189	701	2,928	568	287	863
45～49	352.0	372.7	408.4	263.0	289.7	347.3	1,115.3	1,171.6	1,387.4	821.8	1,030.2	1,232.8	2,246	1,096	2,927	703	339	506
50～54	380.2	397.1	457.7	277.8	330.2	407.2	1,083.1	1,186.2	1,704.5	794.0	952.2	1,831.3	2,304	773	1,912	529	239	295
55～59	380.2	432.3	460.3	294.9	357.3	402.3	1,169.7	1,435.1	1,487.6	905.5	1,158.3	1,703.6	1,603	340	1,714	298	52	153
60～64	332.7	316.9	371.1	208.7	341.3	359.2	868.9	365.3	1,061.1	479.5	774.0	873.5	1,123	218	1,118	84	15	48
65～69	262.9	340.9	381.1	181.4	391.5	530.6	565.0	261.2	867.6	371.4	1,061.8	1,926.3	185	36	361	36	10	40
70歳～	236.1	218.4	363.0	224.5	399.0	388.0	506.2	69.3	498.5	166.0	1,948.0	746.8	94	1	62	7	1	10

資料出所　厚生労働省「賃金構造基本統計調査」。以下(8)表まで同じ。令和4年7月調査。
注1．所定内給与額は令和4年6月分。年間賞与その他特別給与額は令和3年分。
　　2．産業計とは、日本標準産業分類に基づく16大産業（鉱業，採石業，砂利採取業／建設業／製造業／電気・ガス・熱供給・水道業／情報通信業／運輸業，郵便業／卸売業，小売業／金融業，保険業／不動産業，物品賃貸業／学術研究，専門・技術サービス業／宿泊業，飲食サービス業／生活関連サービス業，娯楽業／教育，学習支援業／医療，福祉／複合サービス業／サービス業（他に分類されないもの））。

年間賞与及び労働者数（令和3・4年分）

(2)　製造業

規模 年齢	所定内給与額〔千円〕						年間賞与その他特別給与額〔千円〕					
	男性			女性			男性			女性		
	高校卒	専学卒	大学卒	高校卒	専学卒	大学卒	高校卒	専学卒	大学卒	高校卒	専学卒	大学卒
企業規模計	310.0	338.5	394.6	231.2	259.2	291.2	1,222.5	1,214.6	1,679.9	852.9	917.3	1,091.9
～19歳	187.0	—	—	180.4	—	—	195.0	—	—	162.1	—	—
20～24	208.0	206.5	227.6	193.0	182.0	222.6	783.9	416.5	410.6	669.0	326.8	367.3
25～29	241.8	246.5	252.9	206.7	201.5	250.2	923.6	858.2	981.7	870.5	508.8	939.9
30～34	279.5	273.0	303.0	227.8	220.6	276.7	1,140.6	1,073.0	1,219.5	952.4	657.4	1,115.4
35～39	312.5	307.8	363.5	241.6	266.5	318.8	1,235.9	996.9	1,511.6	947.4	632.7	1,293.4
40～44	348.1	327.8	426.0	262.7	287.0	349.2	1,427.1	1,137.3	1,868.3	1,025.4	914.2	1,650.7
45～49	378.7	374.5	472.8	285.5	283.8	387.7	1,600.6	1,403.7	2,115.7	1,162.1	1,033.7	1,798.3
50～54	405.9	428.8	542.4	299.3	320.4	489.0	1,690.8	1,777.0	2,553.0	1,205.3	1,453.9	2,266.2
55～59	430.6	464.2	549.3	306.3	417.4	481.1	1,842.8	1,827.2	2,611.5	1,248.0	2,529.1	2,285.0
60～64	297.1	315.3	364.1	215.3	213.4	296.2	1,142.6	746.9	1,512.4	670.7	20.0	1,705.2
65～69	252.6	256.0	329.9	176.5	—	204.8	801.7	156.1	741.0	406.3	—	110.0
70歳～	217.7	—	397.6	261.2	—	—	388.0	—	280.3	161.9	—	—
1,000人以上計	336.0	389.8	449.2	263.0	276.9	329.7	1,460.5	1,767.3	2,204.1	1,078.3	1,111.6	1,477.7
～19歳	188.8	—	—	190.5	—	—	193.3	—	—	185.8	—	—
20～24	215.2	228.9	231.3	205.2	197.8	232.3	875.5	724.0	503.6	838.5	726.9	543.5
25～29	254.4	280.7	261.8	222.8	206.7	263.4	1,044.8	1,277.9	1,217.2	905.9	611.5	1,201.0
30～34	298.5	316.7	321.1	248.6	263.8	309.7	1,298.8	1,401.1	1,534.4	1,079.4	510.1	1,514.7
35～39	347.5	352.2	398.7	286.5	337.6	345.8	1,528.2	1,555.9	1,958.4	1,328.3	1,440.5	1,447.2
40～44	373.8	401.3	479.2	284.1	299.1	418.6	1,660.0	1,804.6	2,434.4	1,283.8	1,163.2	2,299.7
45～49	402.5	430.8	530.5	309.0	309.6	419.8	1,826.1	1,978.6	2,710.3	1,345.1	1,326.5	2,371.5
50～54	430.8	468.7	594.6	326.0	330.3	525.1	2,002.3	2,125.7	2,972.8	1,455.7	1,341.4	2,583.2
55～59	457.1	424.4	589.8	331.2	398.5	510.5	2,118.1	2,162.6	3,050.8	1,509.0	2,008.5	2,330.3
60～64	305.0	231.0	369.3	224.2	—	315.8	1,419.4	771.5	2,004.8	866.6	—	1,730.9
65～69	240.5	—	268.3	174.8	—	—	848.8	—	501.8	234.4	—	—
70歳～	234.4	—	—	—	—	—	801.2	—	—	—	—	—
100～999人計	294.5	336.0	366.0	220.6	293.4	271.4	1,113.3	1,312.4	1,458.2	830.2	1,258.9	933.4
～19歳	185.3	—	—	175.4	—	—	203.1	—	—	172.1	—	—
20～24	202.2	204.1	223.6	188.6	190.1	219.3	754.4	463.8	434.0	635.1	387.4	338.8
25～29	234.5	222.2	247.0	204.5	203.3	244.6	891.4	814.1	940.5	918.4	533.4	817.7
30～34	266.7	260.3	293.4	225.3	208.9	251.6	1,070.9	1,054.3	1,183.2	977.9	735.2	896.7
35～39	299.0	284.6	343.5	234.1	236.1	300.9	1,165.3	1,134.3	1,336.5	923.8	280.4	1,268.5
40～44	335.1	316.7	406.8	258.8	333.8	308.9	1,341.3	1,205.2	1,713.0	980.2	1,162.3	1,324.1
45～49	361.2	365.9	454.4	268.7	308.0	392.7	1,466.8	1,338.2	1,976.4	1,061.6	1,214.9	1,791.6
50～54	393.4	434.0	477.5	282.3	336.1	428.3	1,561.9	2,046.6	2,076.2	1,095.4	1,704.1	1,728.9
55～59	407.6	481.1	509.9	295.2	421.8	431.4	1,615.2	2,036.5	2,204.8	1,227.3	2,649.6	2,265.0
60～64	273.9	318.7	362.8	213.9	—	290.6	927.8	1,049.5	1,243.9	582.8	—	1,752.9
65～69	259.5	267.5	337.2	182.1	—	204.8	858.8	474.3	1,101.4	578.4	—	110.0
70歳～	189.2	—	239.0	289.2	—	—	185.4	—	74.9	190.0	—	—
10～99人計	274.4	303.4	313.3	210.2	201.2	242.1	789.3	661.8	727.5	450.4	327.6	448.1
～19歳	188.7	—	—	181.6	—	—	170.2	—	—	93.1	—	—
20～24	205.4	202.1	231.6	185.0	172.1	215.1	612.5	284.2	164.4	442.4	150.0	152.9
25～29	234.1	246.7	247.8	203.5	192.3	225.4	762.1	597.0	578.3	481.3	347.7	515.7
30～34	250.7	233.0	297.6	209.0	223.6	264.2	768.0	680.1	856.2	433.8	613.1	716.4
35～39	280.0	320.5	312.6	221.1	234.5	278.3	834.5	567.1	623.8	513.9	279.9	747.5
40～44	304.6	311.7	372.4	229.9	160.2	260.1	935.8	778.3	1,117.1	623.5	170.7	620.7
45～49	330.9	328.4	379.7	243.6	241.6	295.8	998.1	891.8	999.1	729.6	627.7	489.2
50～54	364.8	376.4	395.6	255.7	251.1	308.7	1,084.0	922.2	989.3	641.8	517.6	727.6
55～59	360.9	493.6	425.7	261.9	—	341.5	1,067.7	905.3	1,156.9	368.1	—	1,398.0
60～64	321.4	323.3	347.9	189.1	213.4	211.1	622.9	217.7	555.4	268.5	20.0	509.0
65～69	250.4	250.3	350.5	174.5	—	—	341.6	—	429.4	359.8	—	—
70歳～	251.0	—	400.4	100.0	—	—	458.1	—	283.9	—	—	—

3.　本調査での標準労働者とは、学校卒業後直ちに企業に就職し、同一企業に継続勤務しているとみなされる労働者のうち、学歴別に次の条件に該当する者とされている。

学　歴	年齢から勤続年数を差し引いた数	摘　要
中　学　卒	15	中学校を卒業した者
高　校　卒	18	高等学校を卒業した者
高専・短大卒	20	専門学校・短期大学を卒業した者
大　学　卒	22 23	大学を22歳で卒業した者 大学を23歳で卒業した者

(3)　情報通信業

規模年齢	所定内給与額〔千円〕 男性 高校卒	専学卒	大学卒	女性 高校卒	専学卒	大学卒	年間賞与その他特別給与額〔千円〕 男性 高校卒	専学卒	大学卒	女性 高校卒	専学卒	大学卒
企業規模計	400.6	327.9	386.1	269.6	247.9	312.6	1,701.8	1,122.5	1,463.0	965.9	722.0	1,105.3
～19歳	183.2	—	—	174.0	—	—	220.0	—	—	201.5	—	—
20～24	205.1	210.9	237.4	209.7	209.6	238.6	630.8	397.9	330.1	574.3	255.7	335.1
25～29	267.1	252.0	276.1	209.7	212.5	265.9	954.3	646.9	1,031.0	733.8	490.1	992.4
30～34	263.5	312.2	340.8	219.2	239.3	314.3	979.0	876.0	1,423.1	842.2	804.8	1,251.2
35～39	313.1	322.4	388.0	271.3	281.3	353.0	1,459.6	1,081.4	1,532.2	1,134.9	1,297.0	1,407.7
40～44	379.0	383.3	459.0	320.6	316.4	411.8	1,522.5	1,359.4	1,832.7	1,431.0	1,221.8	1,812.2
45～49	447.2	379.7	523.9	344.8	296.6	466.7	2,099.2	1,295.8	2,104.3	1,377.5	1,571.2	2,127.6
50～54	477.7	396.9	554.1	343.0	358.9	525.5	1,958.0	1,581.4	2,533.7	1,291.7	1,765.8	2,474.0
55～59	493.6	435.1	555.7	355.0	391.8	503.7	2,317.7	1,890.1	2,374.0	1,359.4	2,046.1	2,423.0
60～64	245.0	290.1	337.4	197.5	238.8	264.2	1,013.0	1,769.2	988.8	591.6	1,540.0	908.4
65～69	184.1	288.7	276.6	—	—	—	341.5	42.5	534.8	—	—	—
70歳～	—	—	259.0	—	—	—	—	—	27.8	—	—	—
1,000人以上計	439.4	364.4	451.8	273.2	276.7	364.9	1,942.5	1,602.7	1,867.6	1,042.2	1,114.9	1,470.7
～19歳	191.6	—	—	174.0	—	—	244.7	—	—	127.5	—	—
20～24	199.4	209.8	255.3	185.2	240.0	252.3	913.0	570.0	429.7	605.7	490.6	416.5
25～29	259.4	228.2	309.9	190.3	239.6	294.8	1,352.1	1,039.7	1,230.4	756.2	1,153.4	1,234.2
30～34	274.5	268.0	372.8	193.9	222.8	345.3	1,104.8	1,306.7	1,791.0	742.3	831.4	1,401.5
35～39	341.2	312.8	458.2	275.2	430.0	356.8	1,969.1	1,358.8	1,940.3	1,153.0	4,095.2	1,539.1
40～44	449.3	432.4	499.3	257.4	312.7	468.7	1,821.2	1,438.5	2,093.8	1,318.9	1,724.5	2,104.4
45～49	493.8	426.6	589.4	382.8	294.4	517.1	2,430.5	1,799.6	2,296.4	1,596.6	1,750.0	2,559.4
50～54	509.0	394.2	554.8	320.7	317.8	557.2	2,074.9	1,807.9	2,639.3	1,215.7	1,678.9	2,530.0
55～59	502.9	479.6	554.2	427.3	361.7	496.4	2,356.6	2,518.1	2,435.5	1,830.7	1,830.1	2,332.8
60～64	241.7	215.5	309.5	256.6	238.8	220.7	1,133.5	2,219.4	1,169.5	839.1	1,540.0	1,559.2
65～69	186.6	—	239.3	—	—	—	346.5	—	1,213.1	—	—	—
70歳～	—	—	—	—	—	—	—	—	—	—	—	—
100～999人計	346.3	325.3	354.9	289.7	263.1	291.6	1,462.9	1,136.0	1,299.2	1,103.3	730.8	970.4
～19歳	181.8	—	—	180.3	—	—	233.0	—	—	235.5	—	—
20～24	220.5	205.0	236.0	189.3	198.5	239.4	431.9	376.2	339.2	777.5	166.1	355.2
25～29	222.5	242.7	264.6	233.0	252.9	258.4	1,006.4	683.9	974.6	728.6	465.7	976.8
30～34	281.6	322.2	337.3	240.0	283.9	307.5	1,138.6	890.5	1,354.7	964.6	959.0	1,247.4
35～39	308.2	332.7	367.6	278.4	259.1	359.7	1,422.9	1,323.1	1,618.4	1,347.7	902.5	1,287.7
40～44	327.6	338.4	441.5	342.5	323.7	340.3	1,410.8	1,560.4	1,713.9	1,618.8	1,454.4	1,452.0
45～49	369.7	347.4	465.8	311.0	338.8	402.4	1,665.7	1,146.2	1,972.7	1,182.3	1,587.3	1,582.4
50～54	428.6	392.8	567.9	393.8	418.2	526.7	1,923.7	1,504.4	2,456.4	1,463.5	1,877.9	2,459.4
55～59	415.7	403.2	567.7	327.0	416.8	539.0	2,044.4	1,391.6	2,329.5	1,169.2	2,226.0	2,803.1
60～64	252.3	333.7	379.9	190.1	—	288.1	747.8	2,034.0	817.2	560.4	—	622.6
65～69	160.5	—	329.6	—	—	—	422.0	—	153.3	—	—	—
70歳～	—	—	259.0	—	—	—	—	—	27.8	—	—	—
10～99人計	306.3	300.0	298.9	235.4	201.1	260.4	922.1	713.3	840.6	642.0	382.0	697.9
～19歳	180.5	—	—	170.1	—	—	201.6	—	—	308.2	—	—
20～24	198.6	214.4	218.4	222.7	198.8	213.9	446.1	307.1	185.5	524.1	176.2	132.7
25～29	279.4	258.4	248.6	221.7	164.0	252.6	735.2	596.7	831.4	688.9	387.6	715.1
30～34	224.6	311.5	293.9	236.1	215.3	268.8	549.7	789.1	994.7	867.9	664.9	934.0
35～39	306.0	321.8	328.1	232.8	250.1	305.0	816.4	812.7	873.5	630.6	654.4	1,120.4
40～44	359.7	341.1	370.9	344.3	308.2	335.2	1,194.7	902.9	1,280.5	1,133.3	875.9	1,405.2
45～49	398.7	382.4	418.4	254.6	226.0	352.3	1,373.0	1,065.6	1,626.6	858.2	574.5	1,118.4
50～54	374.0	411.0	458.4	370.9	264.9	404.0	1,203.3	1,117.7	1,763.6	1,402.2	1,600.0	2,335.3
55～59	505.3	386.7	506.7	322.2	—	360.2	2,220.9	1,280.1	1,722.0	1,297.6	—	1,264.1
60～64	—	347.7	286.6	—	—	317.6	—	—	479.1	—	—	41.8
65～69	207.0	288.7	171.7	—	—	—	79.4	42.5	—	—	—	—
70歳～	—	—	—	—	—	—	—	—	—	—	—	—

注 「情報通信業」は、「通信業」「放送業」「情報サービス業」「インターネット附随サービス業」「映像・音声・文字情報制作業」が、その中分類となっている。

(4)　卸売業，小売業

規模 年齢	所定内給与額〔千円〕						年間賞与その他特別給与額〔千円〕					
	男性			女性			男性			女性		
	高校卒	専学卒	大学卒	高校卒	専学卒	大学卒	高校卒	専学卒	大学卒	高校卒	専学卒	大学卒
企業規模計	329.8	331.7	390.6	241.5	254.5	278.7	1,181.0	1,292.0	1,613.2	773.5	791.0	980.8
〜19歳	192.4	—	—	177.7	—	—	226.9	—	—	185.4	—	—
20〜24	206.3	209.3	238.6	201.4	195.4	228.7	683.1	572.7	423.4	656.4	241.6	373.9
25〜29	240.5	247.8	274.9	212.7	200.2	252.3	911.5	879.8	1,090.3	665.5	622.8	971.1
30〜34	294.4	277.9	325.9	236.3	229.2	283.4	1,045.5	1,066.7	1,310.7	795.3	675.7	1,033.0
35〜39	313.7	327.8	390.7	253.5	259.2	313.7	1,102.6	1,276.5	1,761.7	920.0	875.7	1,253.7
40〜44	342.2	364.3	436.8	255.8	281.3	347.4	1,125.5	1,442.5	1,919.5	782.8	909.2	1,323.9
45〜49	388.8	392.6	485.0	288.0	357.3	370.0	1,500.9	1,454.1	2,071.7	1,008.2	1,232.2	1,573.8
50〜54	436.7	408.3	526.1	323.7	348.0	434.7	1,590.3	1,802.4	2,343.7	1,192.2	1,382.2	2,262.8
55〜59	432.1	441.7	533.6	362.6	379.6	423.2	1,712.7	2,070.2	2,492.2	1,683.1	2,836.7	2,384.4
60〜64	315.1	411.8	368.4	256.0	216.4	375.3	1,310.6	1,816.2	1,368.7	509.9	248.2	2,393.6
65〜69	267.5	208.0	322.3	142.1	—	217.0	318.2	165.6	432.8	39.4	—	85.1
70歳〜	214.9	—	330.7	306.0	—	—	386.2	—	667.3	—	—	—
1,000人以上計	338.9	356.2	417.6	259.6	277.6	300.7	1,339.1	1,487.3	1,910.1	953.0	1,113.2	1,206.1
〜19歳	195.6	—	—	179.4	—	—	271.1	—	—	306.7	—	—
20〜24	213.3	209.6	246.2	201.7	202.5	238.7	831.7	604.5	506.1	666.2	228.8	427.6
25〜29	247.1	260.8	291.0	222.8	204.5	262.1	1,062.5	993.7	1,281.8	849.0	712.5	1,130.1
30〜34	285.9	282.7	345.1	250.6	235.0	304.4	1,192.1	1,171.6	1,540.3	935.9	924.7	1,306.7
35〜39	347.0	331.3	412.3	260.9	253.2	326.7	1,208.4	1,362.6	1,955.0	979.4	975.1	1,331.1
40〜44	375.0	373.1	460.1	278.9	321.9	398.2	1,267.5	1,613.6	2,284.2	995.4	1,230.8	1,674.7
45〜49	417.2	408.4	512.6	306.9	334.2	385.6	1,755.9	1,695.0	2,426.5	1,163.7	1,461.0	1,960.7
50〜54	460.0	447.5	562.3	335.9	352.2	446.7	1,887.0	2,188.9	2,749.3	1,343.5	1,542.2	2,560.3
55〜59	446.6	443.7	551.7	384.3	388.4	431.3	1,940.7	1,775.8	2,756.8	1,955.2	2,999.4	2,428.2
60〜64	293.5	474.4	358.9	274.1	—	410.4	1,308.6	1,714.9	1,581.3	679.7	—	2,771.8
65〜69	262.9	175.1	295.6	—	—	—	1,151.8	—	228.8	—	—	—
70歳〜	223.2	—	249.8	—	—	—	210.0	—	2,041.1	—	—	—
100〜999人計	333.8	320.7	366.5	231.9	254.5	260.4	1,119.2	1,300.7	1,368.1	696.0	780.4	830.3
〜19歳	192.4	—	—	178.0	—	—	173.4	—	—	123.8	—	—
20〜24	202.0	213.2	229.2	204.7	192.6	221.9	506.0	627.1	343.9	714.8	430.7	360.5
25〜29	235.7	241.8	261.5	203.8	200.0	246.5	721.6	926.3	992.6	511.1	691.8	886.2
30〜34	275.9	281.1	317.3	225.2	224.9	267.5	1,003.9	1,129.6	1,220.2	740.9	626.2	867.8
35〜39	300.3	324.0	365.7	244.5	263.9	294.8	889.5	1,273.3	1,571.0	903.8	947.1	1,234.9
40〜44	323.3	366.9	421.3	256.6	280.9	307.4	1,052.0	1,375.1	1,620.9	734.4	1,163.5	1,100.9
45〜49	372.1	395.1	462.4	279.7	383.6	352.8	1,300.6	1,462.1	1,729.4	974.8	1,175.1	1,146.6
50〜54	422.3	397.6	477.5	332.7	362.4	415.4	1,385.7	1,762.8	1,795.7	1,157.3	1,382.4	1,762.0
55〜59	434.2	443.4	520.9	351.8	300.4	423.2	1,630.0	2,630.8	2,311.6	1,412.4	1,367.2	2,563.0
60〜64	348.9	324.7	385.2	254.5	216.4	215.0	1,669.5	2,880.9	1,248.4	369.6	248.2	665.4
65〜69	275.4	305.4	306.9	157.7	—	282.2	282.8	655.4	394.2	8.0	—	277.7
70歳〜	210.7	—	349.6	—	—	—	274.1	—	248.5	—	—	—
10〜99人計	293.5	300.6	332.4	216.4	221.5	260.9	798.3	734.7	903.6	485.4	343.5	635.1
〜19歳	177.3	—	—	174.6	—	—	90.1	—	—	80.0	—	—
20〜24	186.5	193.4	228.6	187.1	192.6	218.8	446.0	304.6	226.9	394.5	132.3	233.5
25〜29	228.4	244.2	255.7	202.8	197.1	237.9	748.9	556.9	638.8	467.0	456.2	674.9
30〜34	344.2	260.2	291.6	214.5	233.6	272.8	704.0	697.2	864.4	477.5	471.1	770.7
35〜39	273.9	323.9	324.1	244.0	273.6	307.9	1,171.1	719.0	1,008.0	722.2	470.8	891.8
40〜44	316.8	313.2	365.1	229.1	262.4	330.1	1,001.5	844.3	967.2	649.3	684.1	997.0
45〜49	326.8	356.3	414.8	254.2	234.6	348.0	1,050.4	975.7	1,335.1	689.7	233.7	1,051.3
50〜54	381.1	330.5	453.3	279.2	310.4	384.3	952.3	836.0	1,547.2	809.5	721.0	1,132.9
55〜59	368.7	432.7	435.0	276.7	—	316.2	1,013.9	1,212.8	1,040.9	1,073.2	—	1,219.0
60〜64	302.1	355.3	354.1	168.0	—	—	660.1	391.3	803.8	158.7	—	—
65〜69	242.4	—	365.0	127.8	—	215.6	364.4	—	640.0	68.0	—	81.1
70歳〜	200.8	—	306.0	—	—	—	715.3	—	200.0	—	—	—

注 「卸売業，小売業」は，「各種商品卸売業」「繊維・衣服等卸売業」「飲食料品卸売業」「建築材料、鉱物・金属材料等卸売業」「機械器具卸売業」「その他の卸売業」「各種商品小売業」「織物・衣服・身の回り品小売業」「飲食料品小売業」「機械器具小売業」「その他の小売業」「無店舗小売業」が，その中分類となっている。

(5)　金融業，保険業

規模年齢	所定内給与額〔千円〕						年間賞与その他特別給与額〔千円〕					
	男性			女性			男性			女性		
	高校卒	専学卒	大学卒	高校卒	専学卒	大学卒	高校卒	専学卒	大学卒	高校卒	専学卒	大学卒
企業規模計	397.6	419.5	458.2	280.8	322.7	283.1	1,492.1	1,705.5	2,218.3	1,165.6	1,422.0	1,197.3
～19歳	177.3	—	—	166.2	—	—	261.0	—	—	181.6	—	—
20～24	194.3	210.0	233.9	189.6	196.5	223.3	590.8	187.0	472.4	642.3	441.2	435.0
25～29	236.6	289.3	289.2	227.4	224.6	253.1	817.7	1,217.9	1,323.0	917.4	859.0	1,148.8
30～34	299.8	277.4	383.3	245.5	232.0	291.9	1,130.0	1,739.2	1,909.5	909.0	975.9	1,310.7
35～39	335.6	354.7	492.4	263.8	304.2	327.9	1,270.0	1,857.2	2,514.1	1,068.6	1,272.6	1,562.2
40～44	382.4	365.1	560.6	312.2	347.6	372.4	1,313.6	1,551.0	2,967.4	1,376.0	1,414.8	1,807.3
45～49	441.2	446.2	622.9	345.6	344.4	403.4	1,790.4	1,618.6	3,210.4	1,549.2	1,688.2	2,078.4
50～54	482.9	459.0	649.1	358.6	364.0	412.9	1,994.6	2,212.8	3,383.5	1,706.1	1,641.1	2,269.1
55～59	456.7	505.1	569.4	332.2	381.0	459.7	1,747.4	1,841.6	2,693.0	1,509.6	1,831.4	1,834.7
60～64	277.1	507.3	289.1	224.4	240.0	236.3	831.3	1,270.1	995.9	821.9	995.6	344.1
65～69	219.7	—	235.0	209.3	—	—	275.5	—	418.5	162.2	—	—
70歳～	—	—	247.2	—	—	—	—	—	554.1	—	—	—
1,000人以上計	419.3	417.9	491.6	286.7	341.2	288.1	1,816.8	1,984.6	2,494.5	1,258.4	1,570.9	1,278.0
～19歳	—	—	—	167.6	—	—	—	—	—	130.1	—	—
20～24	220.5	171.0	233.5	194.5	208.3	223.7	662.3	477.0	543.3	685.6	614.8	452.3
25～29	192.8	—	298.9	232.8	226.1	254.7	1,008.5	—	1,370.5	793.6	953.8	1,175.0
30～34	211.0	281.3	406.0	241.7	234.1	297.0	558.0	1,915.2	2,087.6	941.6	999.6	1,375.9
35～39	234.4	350.2	531.4	250.5	324.6	331.1	709.5	2,107.2	2,856.9	1,067.6	1,447.7	1,637.2
40～44	550.7	391.5	603.4	305.2	350.4	372.8	2,461.2	2,102.4	3,317.6	1,563.3	1,363.8	1,908.6
45～49	484.5	404.1	655.6	349.4	352.8	418.8	2,218.0	1,544.4	3,510.9	1,694.6	1,801.5	2,309.6
50～54	493.8	495.2	672.5	356.5	381.4	411.1	2,344.8	2,413.2	3,613.6	1,719.9	1,778.0	2,348.6
55～59	459.9	534.0	592.1	319.7	396.4	454.8	2,004.4	1,901.9	2,913.0	1,473.5	1,911.6	2,002.2
60～64	257.3	313.5	286.8	223.2	—	245.0	877.7	1,170.4	1,014.3	906.1	—	186.1
65～69	197.8	—	243.4	205.6	—	—	79.3	—	370.0	24.2	—	—
70歳～	—	—	295.7	—	—	—	—	—	253.2	—	—	—
100～999人計	383.6	415.4	367.3	272.0	290.1	264.6	1,294.3	1,612.2	1,476.5	1,020.2	1,143.1	904.0
～19歳	177.3	—	—	163.7	—	—	261.0	—	—	281.0	—	—
20～24	187.8	230.3	236.2	185.6	198.3	222.8	566.0	77.6	366.2	598.5	476.0	404.9
25～29	243.7	—	265.1	230.2	232.7	247.4	786.4	—	1,211.9	1,011.8	768.5	1,062.8
30～34	301.7	273.3	329.9	251.0	211.4	266.3	1,144.7	1,314.7	1,495.5	850.0	502.0	994.8
35～39	344.8	404.3	383.4	272.6	274.3	309.2	1,309.5	889.4	1,564.7	990.5	997.1	1,118.3
40～44	359.8	355.1	456.7	318.9	363.1	378.9	1,127.1	1,248.1	2,123.5	1,227.6	1,962.6	1,281.6
45～49	419.4	433.2	501.9	341.6	299.4	363.2	1,606.6	1,637.6	2,087.1	1,296.0	1,064.8	1,463.9
50～54	473.2	433.2	537.0	367.9	344.2	431.9	1,691.4	2,100.0	2,295.2	1,708.4	1,519.5	1,826.4
55～59	459.8	476.4	505.3	367.1	283.0	516.7	1,538.0	1,487.4	2,060.5	1,595.6	1,350.0	1,287.9
60～64	297.3	585.3	294.7	227.2	240.0	197.5	846.4	1,310.2	958.2	452.3	995.6	1,048.7
65～69	235.8	—	232.8	195.4	—	—	421.5	—	423.6	338.2	—	—
70歳～	—	—	210.2	—	—	—	—	—	743.5	—	—	—
10～99人計	388.2	437.9	372.7	265.6	247.8	267.2	1,286.4	1,444.5	1,453.3	968.2	862.0	898.4
～19歳	—	—	—	168.1	—	—	—	—	—	93.2	—	—
20～24	203.1	189.5	221.6	178.9	176.5	219.3	682.6	268.7	282.6	608.7	126.2	331.8
25～29	—	289.3	258.5	195.5	212.9	245.4	—	1,217.9	1,084.7	722.9	891.8	971.5
30～34	252.0	274.4	319.2	234.9	202.0	285.8	610.0	2,054.5	1,348.8	1,058.4	723.1	1,146.7
35～39	328.0	298.7	379.9	323.5	259.0	298.1	1,300.9	1,687.0	1,418.0	1,264.3	940.3	958.9
40～44	384.5	371.1	481.6	302.6	310.5	341.7	1,485.5	1,872.5	2,290.0	1,102.1	1,477.2	1,424.2
45～49	424.7	538.9	492.4	328.4	294.6	386.6	1,359.9	1,639.9	2,122.6	1,427.4	1,072.3	1,975.0
50～54	469.9	445.0	525.0	352.9	285.2	369.4	1,546.1	1,582.4	2,065.4	1,368.4	803.8	1,786.0
55～59	428.0	511.4	510.5	414.1	404.9	334.6	1,585.7	2,458.9	2,190.5	1,826.6	1,274.0	1,217.5
60～64	273.9	—	284.2	242.4	—	—	581.2	—	997.0	635.8	—	—
65～69	198.2	—	225.8	237.2	—	—	—	—	592.9	581.8	—	—
70歳～	—	—	259.3	—	—	—	—	—	501.2	—	—	—

注 「金融業，保険業」は，「銀行業」「協同組織金融業」「貸金業、クレジットカード業等非預金信用機関」「金融商品取引業、商品先物取引業」「補助的金融業等」「保険業（保険媒介代理業、保険サービス業を含む）」が、その中分類となっている。

(6)　教育，学習支援業

規模 年齢	所定内給与額〔千円〕						年間賞与その他特別給与額〔千円〕					
	男性			女性			男性			女性		
	高校卒	専学卒	大学卒	高校卒	専学卒	大学卒	高校卒	専学卒	大学卒	高校卒	専学卒	大学卒
企業規模計	397.6	419.5	458.2	280.8	322.7	283.1	1,492.1	1,705.5	2,218.3	1,165.6	1,422.0	1,197.3
～19歳	177.3	—	—	166.2	—	—	261.0	—	—	181.6	—	—
20～24	194.3	210.0	233.9	189.6	196.5	223.3	590.8	187.0	472.4	642.3	441.2	435.0
25～29	236.6	289.3	289.2	227.4	224.6	253.1	817.7	1,217.9	1,323.0	917.4	859.0	1,148.8
30～34	299.8	277.4	383.3	245.5	232.0	291.9	1,130.0	1,739.2	1,909.5	909.0	975.9	1,310.7
35～39	335.6	354.7	492.4	263.8	304.2	327.9	1,270.0	1,857.2	2,514.1	1,068.6	1,272.6	1,562.2
40～44	382.4	365.1	560.6	312.2	347.6	372.4	1,313.6	1,551.0	2,967.4	1,376.0	1,414.8	1,807.3
45～49	441.2	446.2	622.9	345.6	344.4	403.4	1,790.4	1,618.6	3,210.4	1,549.2	1,688.2	2,078.4
50～54	482.9	459.0	649.1	358.6	364.0	412.9	1,994.6	2,212.8	3,383.5	1,706.1	1,641.1	2,269.1
55～59	456.7	505.1	569.4	332.2	381.0	459.7	1,747.4	1,841.6	2,693.0	1,509.6	1,831.4	1,834.7
60～64	277.1	507.3	289.1	224.4	240.0	236.3	831.3	1,270.1	995.9	821.9	995.6	344.1
65～69	219.7	—	235.0	209.3	—	—	275.5	—	418.5	162.2	—	—
70歳～	—	—	247.2	—	—	—	—	—	554.1	—	—	—
1,000人以上計	419.3	417.9	491.6	286.7	341.2	288.1	1,816.8	1,984.6	2,494.5	1,258.4	1,570.9	1,278.0
～19歳	—	—	—	167.6	—	—	—	—	—	130.1	—	—
20～24	220.5	171.0	233.5	194.5	208.3	223.7	662.3	477.0	543.3	685.6	614.8	452.3
25～29	192.8	—	298.9	232.8	226.1	254.7	1,008.5	—	1,370.5	793.6	953.8	1,175.0
30～34	211.0	281.3	406.0	241.7	234.1	297.0	558.0	1,915.2	2,087.6	941.6	999.6	1,375.9
35～39	234.4	350.2	531.2	250.5	324.6	331.1	709.5	2,107.2	2,856.9	1,067.6	1,447.7	1,637.2
40～44	550.7	391.5	603.4	305.2	350.4	372.8	2,461.2	2,102.4	3,317.6	1,563.3	1,363.8	1,908.6
45～49	484.5	404.1	655.6	349.4	352.8	418.8	2,218.0	1,544.4	3,510.9	1,694.6	1,801.5	2,309.6
50～54	493.8	495.2	672.5	356.5	381.4	411.1	2,344.8	2,413.2	3,613.6	1,719.9	1,778.0	2,348.6
55～59	459.9	534.0	592.1	319.7	396.4	454.8	2,004.4	1,901.9	2,913.0	1,473.5	1,911.6	2,002.2
60～64	257.3	313.5	286.8	223.2	—	245.0	877.7	1,170.4	1,014.3	906.1	—	186.1
65～69	197.8	—	243.4	205.6	—	—	79.3	—	370.0	24.2	—	—
70歳～	—	—	295.7	—	—	—	—	—	253.2	—	—	—
100～999人計	383.6	415.4	367.3	272.0	290.1	264.6	1,294.3	1,612.2	1,476.5	1,020.2	1,143.1	904.0
～19歳	177.3	—	—	163.7	—	—	261.0	—	—	281.0	—	—
20～24	187.8	230.3	236.2	185.6	198.3	222.8	566.0	77.6	366.2	598.5	476.0	404.9
25～29	243.7	—	265.1	230.2	232.7	247.4	786.4	—	1,211.9	1,011.8	768.5	1,062.8
30～34	301.7	273.3	329.9	251.0	211.4	266.3	1,144.7	1,314.7	1,495.5	850.0	502.0	994.8
35～39	344.8	404.3	383.4	272.6	274.3	309.2	1,309.5	889.4	1,564.7	990.5	997.1	1,118.3
40～44	359.8	355.1	456.7	318.9	363.1	378.9	1,127.1	1,248.1	2,123.5	1,227.6	1,962.6	1,281.6
45～49	419.4	433.2	501.9	341.6	299.4	363.2	1,606.6	1,637.6	2,087.1	1,296.0	1,064.8	1,463.9
50～54	473.2	433.2	537.0	367.9	344.2	431.9	1,691.4	2,100.0	2,295.2	1,708.4	1,519.5	1,826.4
55～59	459.8	476.4	505.3	367.1	283.0	516.7	1,538.0	1,487.4	2,060.5	1,596.8	1,350.0	1,287.9
60～64	297.3	585.3	294.7	227.2	240.0	197.5	846.4	1,310.2	958.2	452.3	995.6	1,048.7
65～69	235.8	—	232.8	195.4	—	—	421.5	—	423.6	338.2	—	—
70歳～	—	—	210.2	—	—	—	—	—	743.5	—	—	—
10～99人計	388.2	437.9	372.7	265.6	247.8	267.2	1,286.4	1,444.5	1,453.3	968.2	862.0	898.4
～19歳	—	—	—	168.1	—	—	—	—	—	93.2	—	—
20～24	203.1	189.5	221.6	178.9	176.5	219.3	682.6	268.7	282.6	608.7	126.2	331.8
25～29	—	289.3	258.5	195.5	212.9	245.4	—	1,217.9	1,084.7	722.9	891.8	971.5
30～34	252.0	274.4	319.2	234.9	202.0	285.8	610.0	2,054.5	1,348.8	1,058.4	723.1	1,146.7
35～39	328.0	298.7	379.9	323.5	259.0	298.1	1,300.9	1,687.0	1,418.0	1,264.3	940.3	958.9
40～44	384.5	371.1	481.6	302.6	310.5	341.7	1,485.5	1,872.5	2,290.0	1,102.1	1,477.2	1,424.2
45～49	424.7	538.9	492.4	328.4	294.6	386.6	1,359.9	1,639.9	2,122.6	1,427.4	1,072.3	1,975.0
50～54	469.9	445.0	525.0	352.9	285.2	369.4	1,546.1	1,582.4	2,065.4	1,368.4	803.8	1,786.0
55～59	428.0	511.4	510.5	414.1	404.9	334.6	1,585.7	2,458.9	2,190.5	1,826.6	1,274.0	1,217.5
60～64	273.9	—	284.2	242.4	—	—	581.2	—	997.0	635.8	—	—
65～69	198.2	—	225.8	237.2	—	—	—	—	592.9	581.8	—	—
70歳～	—	—	259.3	—	—	—	—	—	501.2	—	—	—

注 「教育、学習支援業」は、「学校教育」と「その他の教育、学習支援業」が、その中分類となっている。

(7)　医療，福祉

規模 年齢	所定内給与額〔千円〕						年間賞与その他特別給与額〔千円〕					
	男性			女性			男性			女性		
	高校卒	専学卒	大学卒	高校卒	専学卒	大学卒	高校卒	専学卒	大学卒	高校卒	専学卒	大学卒
企業規模計	250.3	284.4	295.6	224.6	262.9	269.6	709.0	836.4	922.4	622.2	711.6	746.6
〜19歳	188.2	—	—	182.8	—	—	134.3	—	—	121.5	—	—
20〜24	207.5	213.5	233.7	204.0	221.8	241.4	415.5	403.0	325.6	628.5	390.6	346.5
25〜29	232.0	242.0	257.8	214.3	241.3	259.3	746.7	728.5	995.7	694.9	662.3	859.8
30〜34	255.5	277.6	297.1	242.2	262.2	276.9	711.6	984.7	954.0	655.3	728.7	894.7
35〜39	284.8	326.0	324.1	232.6	261.6	309.0	574.8	892.2	1,059.0	596.1	834.5	992.3
40〜44	327.5	331.4	382.9	252.1	310.1	319.8	781.3	1,139.8	1,318.1	836.0	1,010.7	1,202.3
45〜49	416.5	363.2	413.2	307.4	322.9	394.5	1,473.4	1,426.0	1,371.6	1,158.2	1,136.1	1,651.2
50〜54	428.1	472.4	448.1	331.4	365.4	424.2	1,723.8	1,053.2	1,689.7	1,452.6	1,152.5	1,625.9
55〜59	405.5	316.6	453.9	380.4	387.8	486.5	1,870.1	759.0	1,739.9	1,490.6	1,334.1	1,882.3
60〜64	309.8	355.3	421.2	314.7	318.0	521.5	2,664.1	650.7	1,633.0	860.6	1,200.6	2,210.2
65〜69	186.8	—	602.0	212.2	239.3	649.7	10.0	—	—	456.2	—	2,621.1
70歳〜	—	—	537.6	945.9	—	455.1	—	—	1,611.5	3,992.4	—	451.7
1,000人以上計	343.3	330.8	300.2	278.3	276.8	280.8	1,588.8	900.5	1,039.9	1,001.4	876.1	832.7
〜19歳	170.2	—	—	199.1	—	—	101.8	—	—	166.9	—	—
20〜24	200.0	205.3	237.4	210.5	231.7	250.8	266.9	343.2	371.7	503.1	458.1	424.1
25〜29	209.1	240.4	263.5	209.4	241.4	274.0	430.0	1,019.6	1,176.2	632.3	886.7	947.6
30〜34	258.0	322.1	314.6	261.4	293.6	295.2	973.1	860.2	1,004.8	784.7	681.9	1,059.6
35〜39	—	357.8	337.9	336.0	256.2	330.8	—	986.9	1,295.7	966.4	1,042.3	1,203.2
40〜44	325.1	344.2	388.0	288.5	343.0	332.4	1,369.1	1,274.8	1,577.8	1,340.4	1,589.7	1,350.7
45〜49	441.2	400.9	489.4	329.8	347.4	431.8	1,858.2	1,548.1	1,978.8	1,434.9	1,280.3	1,854.9
50〜54	443.0	899.9	492.7	331.9	375.2	437.8	2,010.2	939.7	1,881.2	1,594.3	1,479.1	2,098.4
55〜59	407.4	429.2	518.7	409.0	461.1	589.1	1,904.8	1,436.7	1,781.9	1,646.5	1,652.5	2,329.2
60〜64	312.3	—	403.7	296.5	252.6	521.5	3,078.8	—	970.6	1,585.4	842.6	2,210.2
65〜69	—	—	—	—	—	—	—	—	—	—	—	—
70歳〜	—	—	—	—	—	—	—	—	—	—	—	—
100〜999人計	226.3	276.0	288.2	216.4	259.9	260.1	478.7	833.2	834.2	561.2	682.6	674.9
〜19歳	184.2	—	—	185.7	—	—	176.0	—	—	138.3	—	—
20〜24	203.6	219.1	233.1	206.7	221.8	232.7	422.2	525.8	322.7	646.2	381.1	281.3
25〜29	236.5	243.7	250.6	218.5	227.0	247.7	614.7	728.6	841.0	748.3	694.3	820.8
30〜34	249.6	265.5	288.7	238.0	252.8	262.2	720.8	966.4	913.4	610.4	787.0	735.3
35〜39	274.7	322.9	318.2	226.0	261.5	299.8	469.1	861.9	919.9	676.8	810.9	843.6
40〜44	328.0	334.2	352.7	229.3	312.1	309.7	675.4	1,061.4	1,088.1	632.3	899.3	1,076.6
45〜49	370.9	381.6	376.0	284.9	331.7	378.7	763.1	1,197.9	1,031.8	747.5	992.3	1,615.5
50〜54	409.5	342.1	408.2	331.6	364.5	421.8	1,667.2	1,257.3	1,511.8	1,237.6	996.8	1,398.0
55〜59	313.9	257.2	431.4	339.9	379.7	433.9	1,364.8	748.1	1,831.4	1,296.0	1,272.8	1,502.7
60〜64	204.8	355.3	422.9	327.4	298.5	—	1,125.2	650.7	1,931.4	355.5	1,224.2	—
65〜69	186.8	—	—	150.1	—	—	10.0	—	—	—	—	—
70歳〜	—	—	551.8	945.9	—	—	—	—	1,176.3	3,992.4	—	—
10〜99人計	240.7	271.3	310.7	214.7	261.0	260.2	624.5	797.3	905.2	559.6	675.8	670.0
〜19歳	205.4	—	—	170.4	—	—	0.0	—	—	64.9	—	—
20〜24	220.2	210.4	224.5	197.2	214.9	232.3	442.3	250.0	193.6	622.2	363.6	246.0
25〜29	232.2	235.8	261.9	203.5	259.4	240.1	966.7	551.8	671.6	557.4	514.2	645.7
30〜34	278.7	286.8	278.9	237.5	265.5	261.4	647.5	1,097.4	985.5	655.7	663.0	892.0
35〜39	318.2	292.6	321.8	242.3	264.5	274.3	921.9	837.2	1,150.1	437.9	815.6	946.4
40〜44	—	299.0	423.2	254.4	274.7	321.2	—	1,278.8	1,332.2	624.5	886.8	1,231.3
45〜49	—	330.7	417.0	302.7	297.6	359.7	—	1,649.9	1,501.9	1,191.7	1,297.3	1,274.8
50〜54	426.2	386.0	399.6	329.3	360.0	400.4	563.0	726.5	1,577.8	1,376.4	1,049.7	1,560.7
55〜59	459.8	312.3	401.9	354.4	365.9	331.0	1,962.5	565.2	1,433.4	1,179.6	1,321.9	1,453.9
60〜64	304.7	—	491.9	—	409.9	—	663.0	—	2,198.9	—	1,248.8	—
65〜69	—	—	602.0	269.2	239.3	649.7	—	—	—	874.4	—	2,621.1
70歳〜	—	—	496.6	—	—	455.1	—	—	2,866.9	—	—	451.7

注「医療，福祉」は、「医療業」「保健衛生」と「社会保険・社会福祉・介護事業」が、その中分類となっている。

(8) サービス業（他に分類されないもの）

規模 年齢	所定内給与額〔千円〕						年間賞与その他特別給与額〔千円〕					
	男性			女性			男性			女性		
	高校卒	専学卒	大学卒	高校卒	専学卒	大学卒	高校卒	専学卒	大学卒	高校卒	専学卒	大学卒
企業規模計	301.5	290.9	337.8	260.4	233.6	257.8	1,088.8	759.5	1,200.9	905.0	539.9	655.9
〜19歳	181.0			175.2			147.0			79.9		
20〜24	206.0	213.1	224.2	194.3	194.8	218.1	571.8	198.6	175.3	404.4	153.9	200.5
25〜29	225.0	256.4	263.1	197.8	240.5	249.0	739.0	492.8	799.9	434.1	371.9	630.7
30〜34	254.7	295.4	300.5	207.9	245.3	276.4	890.4	841.0	1,049.8	693.6	563.7	915.8
35〜39	305.9	317.6	372.5	261.3	227.2	299.8	1,039.4	1,262.8	1,510.7	905.4	653.9	1,088.3
40〜44	326.0	360.0	412.2	298.2	290.4	332.8	1,308.3	1,291.9	1,623.2	1,210.0	701.3	1,189.7
45〜49	388.1	360.2	422.4	325.5	292.1	326.7	1,590.8	1,117.7	1,747.6	1,456.5	1,272.8	1,372.6
50〜54	431.0	412.9	517.1	342.0	286.6	384.8	1,796.5	1,520.2	2,376.6	1,614.0	1,428.4	2,099.1
55〜59	428.9	426.5	503.6	410.4	309.8	424.2	1,821.4	1,767.8	2,212.1	1,915.2	1,338.4	2,151.8
60〜64	296.6	317.9	339.3	234.4	375.4	302.9	1,293.4	876.9	1,815.7	805.7	548.0	725.2
65〜69	287.2	263.9	344.9	296.6		156.7	726.4	671.2	1,012.8	1,703.9		—
70歳〜	239.4	189.6	290.3	—		—	137.6	—	841.4	—		—
1,000人以上計	351.3	325.9	358.8	292.7	228.8	261.0	1,418.3	1,134.0	1,426.5	1,184.5	664.9	817.6
〜19歳	190.5	—	—	175.0	—		234.6			47.6		
20〜24	209.6	218.2	226.2	183.2	187.4	217.8	761.7	321.4	210.3	206.8	38.0	236.4
25〜29	241.2	235.4	272.8	197.1	190.0	244.8	895.5	750.5	1,042.8	254.7	291.7	781.7
30〜34	291.2	286.2	304.2	228.4	253.0	299.0	1,031.4	1,034.0	1,266.7	946.6	356.9	1,235.0
35〜39	336.5	342.4	400.8	272.7	271.7	306.3	1,327.7	1,358.0	1,824.8	1,072.7	1,110.5	1,421.7
40〜44	377.2	361.0	434.9	324.8	194.1	375.1	1,503.2	1,405.4	1,885.4	1,533.1	201.8	1,666.7
45〜49	410.5	378.9	474.7	342.0	268.3	309.4	1,778.8	1,278.2	2,074.1	1,715.2	1,517.6	1,282.6
50〜54	450.8	419.3	584.9	355.4	279.9	357.4	1,876.8	1,651.0	2,879.6	1,842.5	1,671.2	1,943.8
55〜59	456.1	424.1	534.4	461.2	299.9	400.4	1,988.4	1,815.1	2,485.9	2,268.2	1,443.7	2,253.4
60〜64	268.7	219.4	286.0	251.1	375.4	281.3	1,239.8	397.9	1,562.8	139.6	548.0	724.5
65〜69	258.3	—	332.3	261.0		—	1,055.7	—	1,169.2	300.0		—
70歳〜	158.2	—	262.8	—		—	327.9			—		—
100〜999人計	274.3	269.9	310.2	224.7	225.1	250.0	985.5	582.6	960.6	705.8	392.0	479.3
〜19歳	178.4		—	170.7	—		135.7			51.4		
20〜24	206.6	209.3	219.7	188.6	202.3	215.4	576.6	151.1	130.1	641.1	229.8	189.4
25〜29	220.3	261.9	253.4	200.1	238.5	252.9	687.7	432.2	543.5	525.9	306.5	491.0
30〜34	244.1	308.1	299.5	213.2	214.2	262.6	892.2	795.1	915.1	717.5	962.5	673.0
35〜39	298.1	304.2	322.0	243.0	226.0	301.5	960.2	1,559.2	1,132.1	614.5	788.8	704.5
40〜44	288.6	372.0	371.6	252.0	337.4	307.4	1,362.4	1,284.6	1,251.3	1,015.4	1,014.3	1,024.0
45〜49	359.2	346.8	355.9	288.8	269.6	331.3	1,520.2	1,123.6	1,425.6	951.0	1,232.9	1,341.6
50〜54	408.3	401.0	457.0	312.5	253.6	308.5	1,952.4	1,463.9	1,881.0	1,363.7	756.1	1,362.7
55〜59	402.1	435.2	451.8	299.7	335.6	370.3	1,791.1	2,014.4	1,623.9	1,236.0	1,221.9	1,367.9
60〜64	339.8	366.6	370.2	187.4		235.7	1,520.8	1,201.2	2,195.0	752.2		350.3
65〜69	200.1	195.3	347.4	305.0		—	329.9	513.8	998.8	2,034.9		—
70歳〜	—		277.3	—		—	—		1,188.6	—		—
10〜99人計	276.1	297.3	334.4	236.3	252.6	273.8	750.3	657.9	1,050.8	587.7	558.7	765.3
〜19歳	179.8	—	—	181.3	—	—	94.1			150.6		
20〜24	201.9	224.3	230.0	211.9	191.7	227.2	414.3	266.7	185.1	459.4	223.4	139.6
25〜29	210.6	248.3	254.2	196.4	248.7	243.6	612.4	506.5	603.0	445.6	436.2	831.5
30〜34	231.6	285.5	293.5	188.0	241.7	257.8	726.1	677.8	787.1	495.0	754.4	786.5
35〜39	282.3	284.3	358.5	237.2	219.4	265.1	841.0	702.4	1,030.8	573.2	437.7	708.2
40〜44	333.0	329.4	388.5	285.1	279.5	324.7	911.0	917.2	1,216.2	677.8	582.6	927.9
45〜49	384.2	365.6	431.2	312.5	328.8	384.6	1,141.0	924.3	1,540.9	1,117.6	973.5	1,793.5
50〜54	392.5	408.5	450.2	299.7	350.7	489.5	1,117.6	1,039.9	1,983.0	755.5	1,286.5	2,968.4
55〜59	416.2	415.8	510.0	364.4	324.4	514.6	1,395.8	1,143.3	2,451.0	1,537.9	1,129.3	3,210.8
60〜64	292.2	396.0	321.6	261.2		334.9	1,141.6	1,190.6	1,294.3	963.7	—	786.6
65〜69	371.0	370.2	370.8	—		156.7	706.2	915.2	683.8	—		—
70歳〜	249.7	189.6	505.0	—		—	113.5	—	1,995.6	—		—

注 「サービス業（他に分類されないもの）」は、「廃棄物処理業」「自動車整備業」「機械等修理業」「職業紹介・労働者派遣業」「その他の事業サービス業」「政治・経済・文化団体」「宗教」および「その他のサービス業」が、その中分類となっている。

B－6　特定年齢別にみた標準労働者の

性別・学歴			1,000人以上								100		
			25歳	30	35	40	45	50	55	60	25歳	30	35
男性	高校卒	労働者数(十人)	966	803	806	822	1,084	2,056	1,751	1,037	1,368	837	875
		第1・十分位数(千円)	200.5	240.9	271.0	276.6	288.7	320.1	334.4	208.8	188.9	203.5	225.9
		第1・四分位数(千円)	212.8	268.1	295.9	297.6	346.6	355.6	380.3	235.2	204.4	222.5	252.3
		中位数(千円)	233.6	295.4	334.4	346.3	411.0	413.1	451.3	292.1	220.6	245.7	279.6
		第3・四分位数(千円)	256.8	319.9	398.5	407.1	476.4	492.8	509.5	376.4	244.9	267.8	320.1
		第9・十分位数(千円)	289.7	350.3	425.3	482.2	568.1	567.4	606.3	490.4	285.0	301.8	353.4
		十分位分散係数	0.19	0.19	0.23	0.30	0.34	0.30	0.30	0.48	0.22	0.20	0.23
		四分位分散係数	0.09	0.09	0.15	0.16	0.16	0.17	0.14	0.24	0.09	0.09	0.12
	専門学校卒	労働者数(十人)	170	93	145	109	138	329	134	163	406	217	310
		第1・十分位数(千円)	201.1	226.5	260.8	281.2	280.2	307.0	345.4	206.0	197.7	213.2	234.2
		第1・四分位数(千円)	204.8	252.5	302.4	289.3	303.2	354.1	388.0	322.0	207.1	226.2	261.9
		中位数(千円)	215.5	268.7	313.3	374.4	377.2	397.6	525.2	475.8	230.6	257.7	296.4
		第3・四分位数(千円)	258.3	321.8	344.2	417.2	463.1	499.8	585.5	604.8	245.8	293.4	346.8
		第9・十分位数(千円)	286.6	341.0	419.4	491.8	680.6	606.0	616.9	607.9	257.4	481.6	399.9
		十分位分散係数	0.20	0.21	0.25	0.28	0.53	0.38	0.26	0.42	0.13	0.52	0.28
		四分位分散係数	0.12	0.13	0.07	0.17	0.21	0.18	0.19	0.30	0.08	0.13	0.14
	大学卒	労働者数(十人)	4,773	2,985	2,964	2,230	2,024	2,430	3,173	1,233	4,285	2,940	1,930
		第1・十分位数(千円)	213.8	250.5	284.5	320.1	358.0	381.2	341.9	214.8	206.3	235.4	252.4
		第1・四分位数(千円)	228.1	272.6	319.9	360.6	436.3	428.4	432.1	261.6	221.4	258.3	283.3
		中位数(千円)	248.5	304.6	370.1	438.0	520.7	549.5	583.5	314.1	239.8	282.8	329.7
		第3・四分位数(千円)	275.1	349.5	432.4	528.9	618.7	698.8	716.8	467.5	264.5	328.6	372.6
		第9・十分位数(千円)	311.4	404.4	527.7	666.9	760.5	816.5	831.3	692.9	291.8	403.4	469.2
		十分位分散係数	0.20	0.25	0.33	0.40	0.39	0.40	0.42	0.76	0.18	0.30	0.33
		四分位分散係数	0.09	0.13	0.15	0.19	0.18	0.25	0.24	0.33	0.09	0.12	0.14
女性	高校卒	労働者数(十人)	445	118	154	230	230	448	221	159	493	333	396
		第1・十分位数(千円)	186.4	206.7	200.2	243.6	245.6	259.3	251.8	171.0	173.7	189.7	182.4
		第1・四分位数(千円)	198.4	216.9	230.4	253.6	262.7	285.0	302.9	186.7	183.4	201.1	188.8
		中位数(千円)	221.2	235.0	251.6	275.5	289.8	331.7	356.2	222.2	198.3	220.7	222.8
		第3・四分位数(千円)	228.0	281.7	302.6	295.0	328.5	391.3	414.6	253.2	218.1	259.4	236.8
		第9・十分位数(千円)	236.9	327.6	325.7	361.4	365.2	427.8	463.2	258.9	238.6	274.7	269.6
		十分位分散係数	0.11	0.26	0.25	0.21	0.21	0.25	0.30	0.20	0.16	0.19	0.20
		四分位分散係数	0.07	0.14	0.14	0.08	0.11	0.16	0.16	0.15	0.09	0.13	0.11
	専門学校卒	労働者数(十人)	123	37	78	32	54	59	17	2	231	79	202
		第1・十分位数(千円)	175.7	214.0	165.2	203.3	207.8	271.5	341.3	—	191.4	182.2	196.2
		第1・四分位数(千円)	201.2	233.6	210.1	259.0	297.2	336.7	422.4	—	198.0	200.1	212.6
		中位数(千円)	208.8	258.7	302.1	287.7	339.8	372.1	446.9	—	229.4	228.6	229.8
		第3・四分位数(千円)	243.0	265.9	374.7	338.5	424.6	376.8	504.1	—	251.2	251.2	249.2
		第9・十分位数(千円)	249.8	269.9	379.2	514.0	458.5	379.7	581.2	—	302.4	273.5	293.4
		十分位分散係数	0.18	0.11	0.35	0.54	0.37	0.15	0.27	—	0.24	0.20	0.21
		四分位分散係数	0.10	0.06	0.27	0.14	0.19	0.05	0.09	—	0.12	0.11	0.08
	大学卒	労働者数(十人)	4,394	2,157	1,524	628	476	435	491	98	4,226	1,379	905
		第1・十分位数(千円)	203.1	222.9	214.9	239.7	234.4	343.0	295.0	183.0	200.4	172.0	233.4
		第1・四分位数(千円)	224.4	245.2	257.7	288.4	302.3	375.8	402.6	187.4	218.2	215.8	259.3
		中位数(千円)	247.8	284.1	299.0	351.2	372.5	450.4	453.3	268.1	234.8	249.5	293.6
		第3・四分位数(千円)	273.6	332.8	353.3	460.3	474.8	566.8	480.7	589.5	256.4	290.6	327.5
		第9・十分位数(千円)	305.1	390.9	410.1	561.2	556.2	747.0	570.2	875.6	284.5	322.1	393.4
		十分位分散係数	0.21	0.30	0.33	0.46	0.43	0.45	0.30	1.29	0.18	0.30	0.27
		四分位分散係数	0.10	0.15	0.16	0.24	0.23	0.21	0.09	0.75	0.08	0.15	0.12

資料出所　厚生労働省「賃金構造基本統計調査」。

所定内給与に関する分位数（令和4年6月分・産業計）

～999人					10～99人								性別学歴
40	45	50	55	60	25歳	30	35	40	45	50	55	60	
739	1,002	1,584	1,035	558	848	387	391	377	576	386	311	312	男・高卒
237.4	257.8	274.5	300.3	201.1	185.1	208.4	220.5	248.4	251.8	257.9	262.3	184.7	1/十
273.8	287.8	330.0	345.2	229.7	210.3	223.6	244.3	274.0	277.2	301.5	285.0	235.0	1/四
328.1	345.4	390.5	411.0	295.6	223.1	263.0	283.0	330.4	337.1	370.5	382.5	302.6	中
364.6	403.0	468.6	491.5	427.8	251.6	292.3	313.1	361.8	386.5	478.1	457.5	427.0	3/四
408.0	454.4	537.0	582.5	610.5	269.5	329.2	369.3	423.8	425.8	565.3	554.3	524.3	9/十
0.26	0.28	0.34	0.34	0.69	0.19	0.23	0.26	0.27	0.26	0.41	0.38	0.56	十係数
0.14	0.17	0.18	0.18	0.34	0.09	0.13	0.12	0.13	0.16	0.24	0.23	0.32	四係数
137	327	427	141	77	215	161	92	128	171	278	117	34	男・専学卒
248.9	277.3	295.4	318.0	282.0	192.5	178.1	214.8	188.2	276.7	267.6	312.7	—	1/十
281.8	299.6	332.2	369.1	286.2	213.5	225.8	244.2	250.8	317.7	328.7	347.5	—	1/四
314.1	332.5	382.8	476.1	341.5	237.4	249.4	305.3	292.5	359.2	404.5	452.8	—	中
362.0	408.4	487.5	586.1	349.8	250.0	289.1	351.0	326.8	394.8	452.2	505.2	—	3/四
502.2	497.0	604.6	676.0	380.5	288.1	315.4	359.8	378.4	464.6	459.5	540.7	—	9/十
0.40	0.33	0.40	0.38	0.14	0.20	0.28	0.24	0.33	0.26	0.24	0.25	—	十係数
0.13	0.16	0.20	0.23	0.09	0.08	0.13	0.17	0.13	0.11	0.15	0.17	—	四係数
1,734	1,675	2,230	1,413	911	1,461	831	768	734	662	505	359	237	男・大卒
284.2	297.6	336.8	326.4	244.8	202.8	225.4	238.7	275.4	293.3	296.8	345.1	242.5	1/十
324.8	358.0	381.6	428.5	314.2	216.6	243.5	288.4	296.9	328.6	339.4	403.3	281.3	1/四
376.3	425.2	465.3	506.9	417.9	233.6	269.6	315.1	335.4	394.6	438.8	494.4	395.6	中
482.5	500.1	541.5	613.3	566.6	253.4	296.7	329.1	384.4	445.7	489.1	529.6	585.6	3/四
552.4	614.5	657.3	677.5	675.0	273.2	336.5	383.9	468.5	507.3	566.7	645.4	681.4	9/十
0.36	0.37	0.34	0.35	0.51	0.15	0.21	0.23	0.29	0.27	0.31	0.30	0.55	十係数
0.21	0.17	0.17	0.18	0.30	0.08	0.10	0.06	0.13	0.15	0.17	0.13	0.38	四係数
183	153	271	301	82	294	189	47	95	168	121	54	34	女・高卒
197.2	202.2	224.9	229.8	164.5	179.3	144.4	171.7	154.5	192.5	200.7	245.1	152.7	1/十
219.2	228.9	260.3	245.8	175.4	187.0	162.6	180.7	175.1	206.1	227.7	252.7	159.1	1/四
247.3	262.6	290.9	257.5	219.7	203.3	192.6	202.6	214.8	263.8	237.0	258.3	175.2	中
274.9	345.1	326.0	307.6	290.0	211.5	224.8	245.8	268.0	276.6	281.0	304.7	228.2	3/四
298.1	380.1	407.5	359.6	451.9	241.5	267.2	311.7	319.1	316.9	350.6	376.7	263.4	9/十
0.20	0.34	0.31	0.25	0.65	0.15	0.32	0.35	0.38	0.24	0.32	0.25	0.32	十係数
0.11	0.22	0.11	0.12	0.26	0.06	0.16	0.16	0.22	0.13	0.11	0.10	0.20	四係数
98	56	129	27	31	222	84	73	74	33	54	14	10	女・専学卒
252.7	211.5	188.3	—	—	173.7	188.3	214.2	128.9	213.9	240.1	—	—	1/十
258.5	279.3	279.4	—	—	192.5	213.6	227.5	214.6	222.2	263.8	—	—	1/四
313.7	316.1	369.0	—	—	209.4	233.1	249.4	241.9	228.4	312.9	—	—	中
340.0	341.5	404.5	—	—	242.2	255.8	269.6	322.3	249.0	371.8	—	—	3/四
375.9	346.9	407.8	—	—	249.1	267.0	346.2	423.5	287.8	376.7	—	—	9/十
0.20	0.21	0.30	—	—	0.18	0.17	0.26	0.61	0.16	0.22	—	—	十係数
0.13	0.10	0.17	—	—	0.12	0.09	0.08	0.22	0.06	0.17	—	—	四係数
570	447	275	143	45	1,123	461	218	219	126	85	14	7	女・大卒
187.2	245.1	269.7	332.3	183.9	187.8	202.4	210.1	226.5	251.9	204.8	346.1	—	1/十
237.4	278.5	340.2	392.1	230.6	211.0	231.5	233.9	250.5	283.2	274.4	382.3	—	1/四
290.5	348.6	379.0	449.8	237.9	230.6	257.2	268.1	313.8	342.4	356.1	511.3	—	中
343.4	449.9	432.4	489.2	521.8	252.4	291.9	314.3	358.0	379.6	536.4	615.8	—	3/四
382.7	477.6	539.1	547.7	674.6	280.3	329.5	367.3	410.2	448.2	655.7	881.8	—	9/十
0.34	0.33	0.36	0.24	1.03	0.20	0.25	0.29	0.29	0.29	0.63	0.52	—	十係数
0.18	0.25	0.12	0.11	0.61	0.09	0.12	0.15	0.17	0.14	0.37	0.23	—	四係数

注1．四分位数と十分位数については、B―10表の〔解説〕を参照のこと。
　2．標準労働者の定義は、23頁下段注3を参照のこと。

B-7 職階別にみた年齢別

(1) 産業計・男性〔令和3/令和4年分〕

(単位 千円・十人)

職階 年齢	1,000人以上				100～999人				10～99人			
	所定内給与(千円)	年間賞与(千円)	推計年給(千円)	労働者数(十人)	所定内給与(千円)	年間賞与(千円)	推計年給(千円)	労働者数(十人)	所定内給与(千円)	年間賞与(千円)	推計年給(千円)	労働者数(十人)
部長級(計)	737.9	3,296.7	12,151.5	20,968	607.2	2,094.3	9,380.7	29,554	484.5	1,159.1	6,973.1	31,735
高校卒	623.2	2,640.5	10,118.9	2,779	530.1	1,705.6	8,066.8	5,917	441.3	1,077.0	6,372.6	11,218
35～39歳	676.6	952.1	9,071.3	61	390.3	916.6	5,600.2	139	412.2	945.7	5,892.1	523
40～44	541.0	1,812.3	8,304.3	80	480.1	1,094.9	6,856.1	361	424.9	914.5	6,013.3	985
45～49	579.0	2,412.9	9,360.9	561	518.6	1,412.5	7,635.7	1,074	449.6	1,016.8	6,412.0	1,864
50～54	616.4	2,742.9	10,139.7	783	531.3	1,760.4	8,136.0	1,759	452.2	1,290.8	6,717.2	2,644
55～59	660.6	2,909.6	10,836.8	1,113	549.0	1,869.8	8,457.8	1,893	465.4	1,139.3	6,724.1	2,915
60～64	588.2	2,239.3	9,297.7	173	570.2	2,052.2	8,894.6	485	445.7	1,078.4	6,426.8	1,329
大学卒	756.6	3,486.8	12,566.0	12,911	632.5	2,139.1	9,729.1	17,912	517.2	1,282.2	7,488.6	12,707
35～39歳	676.9	2,459.8	10,582.6	270	560.1	1,179.0	7,902.6	663	531.8	1,023.7	7,405.3	658
40～44	741.4	2,841.7	11,738.5	715	572.4	1,632.3	8,501.1	1,460	535.6	1,143.5	7,570.7	1,474
45～49	735.0	3,338.4	12,158.4	2,557	601.5	2,116.5	9,334.5	3,572	507.3	1,315.3	7,402.9	2,464
50～54	748.9	3,588.8	12,575.6	4,654	628.1	2,398.3	9,935.5	4,716	516.2	1,479.0	7,673.4	2,586
55～59	784.0	3,767.0	13,175.0	4,001	672.3	2,451.8	10,519.4	5,201	545.7	1,547.2	8,095.6	2,480
60～64	771.4	3,045.5	12,302.3	617	635.1	1,717.7	9,338.9	1,712	507.8	1,099.8	7,193.4	1,849
課長級(計)	598.7	2,779.8	9,964.2	50,621	469.6	1,698.2	7,333.4	54,428	400.4	1,116.0	5,920.8	39,967
高校卒	535.5	2,295.4	8,721.4	8,319	432.0	1,514.7	6,698.7	12,720	382.5	1,025.0	5,615.0	15,029
30～34歳	357.9	679.0	4,973.8	12	353.6	1,041.3	5,284.5	160	338.2	800.5	4,858.9	371
35～39	431.5	1,417.9	6,595.9	202	357.3	1,002.7	5,290.3	659	362.5	911.8	5,261.8	1,059
40～44	494.5	1,952.6	7,886.6	663	409.6	1,432.1	6,347.3	1,747	373.6	1,062.5	5,545.7	2,102
45～49	520.7	2,244.4	8,492.8	2,273	434.8	1,599.9	6,817.5	3,497	380.9	1,119.0	5,689.8	3,388
50～54	557.9	2,335.1	9,029.1	2,718	447.0	1,551.6	6,915.6	3,709	403.7	1,150.7	5,995.1	3,785
55～59	558.2	2,518.2	9,216.6	2,164	457.2	1,629.9	7,116.3	2,417	398.0	975.9	5,751.9	2,742
60～64	451.4	2,173.6	7,590.4	279	397.2	1,400.8	6,167.2	423	354.9	764.1	5,022.9	1,074
大学卒	610.7	2,913.5	10,241.9	29,619	489.6	1,781.2	7,656.4	28,408	420.9	1,271.6	6,322.4	14,341
30～34歳	569.5	1,951.9	8,785.9	702	385.7	1,224.1	5,852.5	844	363.2	796.6	5,155.0	706
35～39	593.9	3,034.7	10,161.5	2,502	454.8	1,541.0	6,998.6	2,719	397.3	1,141.1	5,908.7	1,681
40～44	584.1	2,786.9	9,796.1	5,728	481.0	1,760.5	7,532.5	5,894	409.8	1,431.6	6,349.2	2,584
45～49	607.3	2,808.9	10,096.5	7,729	486.2	1,821.1	7,655.5	7,804	426.2	1,368.1	6,482.5	3,697
50～54	636.1	3,114.7	10,747.9	7,928	525.5	1,909.3	8,215.3	6,458	443.7	1,321.9	6,646.3	2,811
55～59	631.4	3,065.9	10,642.7	4,475	517.7	1,982.8	8,195.2	3,675	448.8	1,271.7	6,657.3	1,949
60～64	528.0	2,284.6	8,620.6	524	428.7	1,505.4	6,649.8	619	394.7	970.3	5,706.7	695
係長級(計)	427.3	1,798.6	6,926.2	35,896	364.4	1,309.3	5,682.1	44,526	340.9	923.7	5,014.5	28,131
高校卒	424.8	1,702.2	6,799.8	8,704	349.2	1,239.5	5,429.9	12,853	326.6	832.9	4,752.1	11,427
25～29歳	—	—	—	—	335.0	321.0	4,341.0	32	348.1	328.8	4,506.0	89
30～34	357.9	679.0	4,973.8	12	353.6	1,041.3	5,284.5	160	338.2	800.5	4,858.9	371
35～39	431.5	1,417.9	6,595.9	202	357.3	1,002.7	5,290.3	659	362.5	911.8	5,261.8	1,059
40～44	494.5	1,952.6	7,886.6	663	409.6	1,432.1	6,347.3	1,747	373.6	1,062.5	5,545.7	2,102
45～49	520.7	2,244.4	8,492.8	2,273	434.8	1,599.9	6,817.5	3,497	380.9	1,119.0	5,689.8	3,388
50～54	557.9	2,335.1	9,029.1	2,718	447.0	1,551.6	6,915.6	3,709	403.7	1,150.7	5,995.1	3,785
55～59	558.2	2,518.2	9,216.6	2,164	457.2	1,629.9	7,116.3	2,417	398.0	975.9	5,751.9	2,742
60～64	451.4	2,173.6	7,590.4	279	397.2	1,400.8	6,167.2	423	354.9	764.1	5,022.9	1,074
大学卒	429.4	1,845.7	6,998.5	17,048	372.8	1,328.3	5,801.9	20,068	354.3	1,073.9	5,325.5	8,936
25～29歳	485.3	1,160.5	6,984.1	19	384.8	549.5	5,167.1	261	298.5	501.9	4,083.9	25
30～34	569.5	1,951.9	8,785.9	702	385.7	1,224.1	5,852.5	844	363.2	796.6	5,155.0	706
35～39	593.9	3,034.7	10,161.5	2,502	454.8	1,541.0	6,998.6	2,719	397.3	1,141.1	5,908.7	1,681
40～44	584.1	2,786.9	9,796.1	5,728	481.0	1,760.5	7,532.5	5,894	409.8	1,431.6	6,349.2	2,584
45～49	607.3	2,808.9	10,096.5	7,729	486.2	1,821.1	7,655.5	7,804	426.2	1,368.1	6,482.5	3,697
50～54	636.1	3,114.7	10,747.9	7,928	525.5	1,909.3	8,215.3	6,458	443.7	1,321.9	6,646.3	2,811
55～59	631.4	3,065.9	10,642.7	4,475	517.7	1,982.8	8,195.2	3,675	448.8	1,271.7	6,657.3	1,949
60～64	528.0	2,284.6	8,620.6	524	428.7	1,505.4	6,649.8	619	394.7	970.3	5,706.7	695

資料出所 厚生労働省「賃金構造基本統計調査」。所定内給与は令和4年6月分、年間賞与その他特別給与額は令和3年
分。「(1)産業計」は次頁「(2)産業別」で表示している産業以外のすべても含む。
注 1．推計年給は「(所定内給与×12)＋年間賞与等」により算出。
2．各役職の計は中学卒、高専・短大卒も含んだ平均値で、各学歴計と同様に、表示年齢層以外も含む。

所定内給与・年間賞与と推計年給

(2)　産業別・男性〔令和3/令和4年分〕

(単位　千円・十人)

産業 職年	業階齢	1,000人以上				100～999人				10～99人			
		所定内給与(千円)	年間賞与(千円)	推計年給(千円)	労働者数(十人)	所定内給与(千円)	年間賞与(千円)	推計年給(千円)	労働者数(十人)	所定内給与(千円)	年間賞与(千円)	推計年給(千円)	労働者数(十人)
製造業	部長級(計)	758.8	3,654.7	12,760.3	4,964	559.1	2,096.7	8,805.9	6,859	452.0	1,059.1	6,483.1	6,681
	40～44歳	817.0	2,796.3	12,600.3	350	511.4	1,352.1	7,488.9	536	408.4	917.3	5,818.1	679
	45～49	753.0	3,237.5	12,273.5	879	533.0	1,908.5	8,304.5	1,500	459.7	1,219.1	6,735.5	1,151
	50～54	724.7	3,760.3	12,456.7	1,603	562.9	2,255.6	9,010.4	2,205	465.0	1,176.9	6,756.9	1,530
	55～59	786.6	3,958.8	13,398.0	1,824	597.1	2,412.1	9,577.3	2,015	473.4	1,168.1	6,848.9	1,459
	課長級(計)	618.1	3,029.1	10,446.3	11,599	456.1	1,852.7	7,325.9	14,512	388.1	1,032.4	5,698.0	9,928
	35～39歳	594.1	2,436.0	9,565.2	721	403.3	1,457.4	6,297.0	1,317	372.7	1,004.3	5,476.7	988
	40～44	600.3	2,888.1	10,091.7	2,076	434.4	1,817.1	7,029.9	3,190	387.9	1,067.7	5,722.5	1,467
	45～49	590.4	3,113.7	10,198.5	2,692	461.7	1,872.0	7,412.4	3,864	398.4	1,111.2	5,892.0	2,735
	50～54	650.4	3,005.6	10,810.4	3,752	473.9	1,988.8	7,675.6	3,612	403.5	1,132.8	5,974.8	2,151
	55～59	631.0	3,337.6	10,909.6	2,157	495.8	1,965.2	7,914.8	2,093	396.7	937.3	5,697.7	1,433
	係長級(計)	437.0	2,175.0	7,419.0	8,816	354.4	1,401.5	5,654.3	12,878	319.4	866.6	4,699.4	7,787
	30～34歳	387.4	1,823.1	6,471.9	410	303.7	1,196.3	4,840.7	778	299.3	952.7	4,544.3	659
	35～39	402.0	2,028.9	6,852.9	1,841	324.4	1,216.1	5,108.9	2,329	307.7	915.8	4,608.2	1,114
	40～44	419.7	2,150.6	7,187.0	1,633	347.6	1,438.9	5,610.1	2,918	317.6	867.9	4,679.1	1,655
	45～49	452.2	2,245.3	7,671.7	1,833	369.3	1,468.9	5,900.5	3,044	322.5	829.1	4,699.1	1,560
	50～54	458.9	2,277.5	7,784.3	1,842	382.1	1,542.3	6,127.5	2,228	333.1	833.6	4,830.8	1,288
卸売業・小売業	部長級(計)	654.2	3,195.3	11,045.7	4,938	593.2	2,090.1	9,208.5	5,691	481.6	1,217.1	6,996.3	5,973
	40～44歳	530.1	2,527.0	8,888.2	223	525.5	1,479.6	7,785.6	357	461.2	1,042.7	6,577.1	485
	45～49	620.3	2,930.1	10,373.7	1,080	554.5	1,668.9	8,322.9	1,191	475.2	1,193.1	6,895.5	1,082
	50～54	675.7	3,151.2	11,259.6	1,898	607.9	2,221.1	9,515.9	1,793	477.9	1,546.0	7,280.8	1,458
	55～59	682.7	3,664.9	11,857.3	1,421	609.9	2,386.4	9,705.2	1,781	516.9	1,316.9	7,519.7	1,599
	課長級(計)	562.4	2,849.2	9,598.0	12,951	460.5	1,669.6	7,195.6	11,963	398.1	1,129.6	5,906.8	8,140
	35～39歳	582.5	3,767.6	10,757.6	869	404.7	1,355.7	6,212.1	759	351.6	989.3	5,208.5	718
	40～44	522.6	2,562.1	8,833.3	2,247	450.2	1,646.3	7,048.7	2,230	381.3	1,277.6	5,853.2	1,284
	45～49	564.9	2,821.2	9,600.0	3,565	457.8	1,668.3	7,161.9	3,592	403.7	1,235.0	6,079.4	2,149
	50～54	574.6	2,766.6	9,661.8	3,593	479.8	1,684.5	7,442.1	3,180	435.6	1,314.2	6,541.4	1,876
	55～59	587.5	2,973.5	10,023.5	2,035	489.7	1,807.1	7,683.5	1,688	406.7	892.9	5,773.3	1,225
	係長級(計)	401.3	1,643.7	6,459.3	8,284	363.6	1,434.8	5,798.0	10,633	336.8	906.4	4,948.0	4,978
	30～34歳	359.2	1,663.5	5,973.9	570	313.2	1,243.5	5,001.9	1,077	310.2	821.8	4,544.2	597
	35～39	381.3	1,623.2	6,198.8	1,633	344.3	1,457.1	5,588.7	1,816	326.6	1,107.6	5,026.8	804
	40～44	410.1	1,725.1	6,646.3	1,746	372.4	1,383.7	5,852.5	2,296	326.9	1,051.5	4,974.3	954
	45～49	408.9	1,612.9	6,519.7	1,570	372.4	1,245.8	5,714.6	2,157	339.4	777.1	4,849.9	1,126
	50～54	424.9	1,716.9	6,815.7	1,529	374.2	1,390.5	5,880.9	1,905	371.9	889.0	5,351.8	871
金融業・保険業	部長級(計)	837.9	4,539.7	14,594.5	1,581	784.7	4,201.8	13,618.2	962	672.2	3,262.2	11,328.6	444
	40～44歳	772.9	4,616.2	13,891.0	88	845.8	5,647.1	15,796.7	76	965.8	6,088.4	17,678.0	34
	45～49	859.4	4,963.5	15,276.3	400	786.6	5,943.8	15,383.0	155	787.0	4,162.1	13,606.1	75
	50～54	848.2	4,468.9	14,647.3	599	787.7	4,916.3	14,368.7	342	725.7	3,094.0	11,802.4	95
	55～59	822.4	4,175.5	14,044.3	410	689.2	2,803.1	11,073.5	291	613.8	2,343.4	9,709.0	157
	課長級(計)	686.9	3,677.2	11,920.0	4,179	563.5	2,513.4	9,275.4	1,601	525.2	1,772.4	8,074.8	428
	35～39歳	655.2	3,684.4	11,546.8	650	477.8	2,207.3	7,940.9	146	492.7	1,211.6	7,124.0	50
	40～44	710.5	3,846.7	12,372.7	888	560.9	2,402.5	9,133.3	284	547.0	2,351.0	8,915.0	70
	45～49	687.0	3,597.2	11,841.2	908	557.9	2,419.7	9,114.5	402	523.2	1,834.5	8,112.9	80
	50～54	712.8	3,790.9	12,344.5	1,169	626.0	2,830.1	10,342.1	385	558.6	1,795.8	8,499.0	113
	55～59	650.1	3,476.8	11,278.0	460	541.1	2,372.9	8,866.1	293	474.3	1,577.3	7,268.9	86
	係長級(計)	438.8	2,000.2	7,265.8	1,298	388.4	1,400.8	6,061.6	814	409.7	1,526.2	6,442.6	238
	30～34歳	393.4	1,996.1	6,716.9	212	327.0	1,255.9	5,179.9	203	351.6	1,495.5	5,714.7	34
	35～39	445.0	2,054.1	7,394.1	362	350.7	1,419.0	5,627.4	187	349.8	1,496.5	5,694.1	62
	40～44	457.0	1,976.0	7,460.0	147	450.1	1,376.3	6,777.5	150	472.3	1,640.7	7,308.3	44
	45～49	451.5	2,009.7	7,427.7	174	374.6	1,413.6	5,908.8	74	437.9	1,385.4	6,640.2	46
	50～54	472.4	1,968.7	7,637.5	221	411.0	1,381.5	6,313.5	94	463.5	1,972.4	7,534.4	25

注　各役職の計には上記以外の年齢層も含む。その他の注については、前表の注を参照のこと。

B- 8 性・企業規模・雇用形態・学歴及び

(産業計、

(1) 男性

(単位 千円)

区 分	企業規模計 計	正社員・正職員	正社員・正職員以外	1,000人以上 計	正社員・正職員	正社員・正職員以外	100～999人 計	正社員・正職員	正社員・正職員以外	10～99人 計	正社員・正職員	正社員・正職員以外
学 歴 計	342.0	353.6	247.5	386.6	405.2	256.3	331.2	343.2	247.2	308.1	314.3	233.3
	(1,776)	(1,581)	(195)	(574)	(503)	(72)	(651)	(569)	(81)	(550)	(509)	(42)
～19歳	187.7	188.4	172.2	190.4	190.0	198.6	186.3	187.2	165.3	186.4	188.4	148.9
20～24	220.5	221.9	206.1	227.4	229.4	205.5	218.9	219.0	218.4	213.2	215.8	181.9
25～29	259.3	262.2	226.3	274.7	279.8	229.2	253.0	254.5	236.3	246.8	249.7	198.4
30～34	297.0	301.6	233.8	324.8	332.6	245.5	287.2	291.4	227.8	277.1	279.8	218.0
35～39	335.8	341.8	233.3	378.7	390.6	241.5	319.0	323.8	227.4	309.0	311.9	222.1
40～44	363.6	370.7	244.3	411.9	425.4	248.1	352.4	359.4	237.4	326.6	329.1	249.7
45～49	388.1	395.9	240.0	447.8	463.0	243.3	374.9	382.3	234.9	341.1	344.3	241.9
50～54	410.9	421.4	241.0	480.6	497.6	242.7	396.9	408.0	238.3	349.1	353.6	243.0
55～59	416.5	431.0	247.3	483.8	506.6	244.4	409.9	426.7	250.4	350.8	356.6	246.2
60～64	321.8	350.5	283.6	340.2	409.1	293.7	321.9	362.7	281.9	307.3	318.7	265.9
65～69	274.5	309.0	238.0	302.3	435.5	257.9	271.7	335.9	234.9	267.9	284.6	227.2
70歳～	245.9	277.6	209.5	252.2	431.4	218.1	253.1	325.6	210.2	240.7	256.9	205.1
高 校 卒	297.5	307.3	230.3	327.3	343.0	237.8	286.6	297.5	229.8	286.9	292.7	221.9
	(682)	(595)	(87)	(181)	(154)	(27)	(241)	(202)	(39)	(260)	(239)	(21)
～19歳	188.2	188.5	179.8	190.6	190.0	208.7	186.4	187.2	163.2	188.0	188.5	170.7
20～24	211.4	211.2	213.0	216.2	217.1	206.9	210.0	206.8	230.9	208.1	210.5	178.1
25～29	239.2	242.0	216.8	248.4	254.3	213.2	233.8	233.5	236.0	237.7	241.4	184.6
30～34	263.8	268.1	210.4	281.5	289.4	210.7	254.5	258.3	208.7	258.1	260.5	212.4
35～39	287.2	292.5	216.8	308.7	320.2	223.2	275.7	281.2	216.4	283.7	286.6	217.2
40～44	311.2	316.9	234.6	341.5	351.4	242.6	301.3	308.4	225.6	300.0	302.5	239.7
45～49	335.4	341.6	235.2	373.9	385.8	237.5	324.4	331.3	232.2	316.7	319.3	236.7
50～54	346.4	354.1	232.7	393.9	406.3	238.8	336.3	346.0	225.7	321.4	325.0	237.3
55～59	350.3	361.7	226.8	405.7	423.7	227.4	338.5	353.6	225.6	320.1	325.1	228.7
60～64	279.1	296.6	255.2	285.4	317.8	264.5	267.9	287.4	251.9	285.2	294.9	246.2
65～69	241.1	262.6	216.9	236.9	277.2	225.1	233.7	263.8	216.9	247.0	261.5	211.7
70歳～	220.7	237.5	200.7	207.8	239.2	202.4	210.5	233.8	197.7	227.7	238.5	203.4
専 門 学 校 卒	316.0	322.5	241.6	330.0	343.5	229.0	312.8	319.0	249.8	311.0	314.5	242.8
	(192)	(176)	(16)	(43)	(38)	(5)	(80)	(73)	(12)	(69)	(66)	(3)
20～24歳	214.6	216.2	192.0	214.9	217.5	190.4	217.6	219.0	196.9	210.0	211.1	181.7
25～29	244.9	247.7	211.9	245.0	251.0	211.0	245.6	248.1	212.3	243.9	245.6	212.7
30～34	275.0	278.6	225.9	287.3	294.6	216.2	271.7	275.7	225.2	271.5	272.6	243.9
35～39	300.0	303.0	242.7	303.6	310.3	230.3	294.5	296.5	259.5	304.1	306.0	225.1
40～44	324.6	329.0	248.5	342.4	351.9	227.5	318.4	323.8	249.3	319.6	319.7	313.5
45～49	352.4	357.7	238.8	374.0	387.6	235.6	350.3	354.8	239.9	341.5	343.8	244.4
50～54	377.9	387.8	249.1	387.4	404.4	220.7	384.3	394.3	263.1	363.8	369.3	260.9
55～59	387.2	397.1	261.2	410.2	434.6	227.6	394.2	404.1	286.9	367.0	370.8	264.3
60～64	302.7	320.9	273.6	305.3	370.7	262.6	294.9	307.2	281.9	308.9	319.3	270.2
65～69	269.3	304.2	229.3	249.7	275.2	239.6	250.8	284.7	233.1	287.5	313.6	214.8
70歳～	221.3	252.9	192.5	190.7	238.8	184.8	226.0	261.9	203.8	223.3	250.2	186.3
大 学 卒	392.1	400.5	289.0	432.6	443.8	297.2	379.5	387.6	289.7	346.5	351.5	269.8
	(617)	(570)	(47)	(234)	(216)	(18)	(243)	(223)	(20)	(140)	(132)	(9)
20～24歳	235.1	235.8	214.4	241.0	241.4	227.7	232.2	233.0	212.4	226.4	227.6	196.9
25～29	272.8	273.4	260.3	286.4	287.4	267.6	265.7	265.8	265.1	258.5	259.7	220.7
30～34	319.3	321.7	263.2	348.0	350.6	297.2	309.2	311.8	250.6	294.7	297.2	212.8
35～39	375.5	378.5	253.1	418.0	423.0	268.6	357.6	360.3	236.9	337.0	338.4	238.3
40～44	414.8	418.4	273.0	456.5	462.9	266.2	400.8	404.1	268.0	373.1	373.9	313.0
45～49	455.4	460.6	257.3	519.0	527.1	263.3	436.5	440.8	247.9	386.0	389.0	260.2
50～54	500.0	506.9	261.2	563.1	571.9	259.8	475.1	481.5	256.4	410.2	413.9	274.3
55～59	513.8	525.7	293.6	558.3	571.9	283.9	510.4	522.2	303.4	427.2	435.0	293.4
60～64	377.3	420.6	323.4	378.2	455.4	325.8	390.1	443.0	328.2	356.9	374.9	304.1
65～69	332.2	388.6	276.8	367.0	521.6	301.2	331.7	412.1	275.0	318.1	347.5	258.5
70歳～	339.3	415.5	245.3	324.9	584.6	260.5	383.2	533.8	251.4	299.8	327.7	218.4

資料出所 厚生労働省「賃金構造基本統計調査」。
注 1．学歴計欄の（ ）内数値は推計労働者数を示す（単位：万人）。
   2．同調査での雇用形態の区分は一般労働者と短時間労働者の二種類からなり、そのうちの一般労働者の数値を掲載した。

年齢階級別所定内給与（令和4年）

一般労働者の賃金）

(2) 女性

(単位　千円)

区　分	企業規模計			1,000人以上			100～999人			10～99人		
	計	正社員・正職員	正社員・正職員以外	計	正社員・正職員	正社員・正職員以外	計	正社員・正職員	正社員・正職員以外	計	正社員・正職員	正社員・正職員以外
学　歴　計	258.9	276.4	198.9	278.2	307.8	206.0	257.0	273.8	198.0	241.3	251.8	187.6
	(1,015)	(786)	(229)	(314)	(223)	(91)	(399)	(311)	(88)	(302)	(253)	(49)
～19歳	178.4	179.2	168.0	182.2	184.0	165.0	176.5	176.9	170.9	178.2	178.9	166.4
20～24	216.3	220.0	188.2	227.0	232.5	190.8	214.3	217.4	189.6	206.0	208.8	181.3
25～29	240.8	247.1	201.7	255.5	265.7	210.5	236.9	242.4	198.6	225.6	230.1	184.3
30～34	254.0	263.8	202.3	276.8	294.9	208.6	248.8	256.2	204.5	234.8	241.7	186.3
35～39	268.2	283.3	202.2	292.4	319.0	209.0	264.8	278.3	202.0	245.3	254.1	188.1
40～44	275.6	294.2	203.6	299.8	336.0	210.7	276.5	293.8	205.0	250.4	260.6	185.5
45～49	278.5	300.4	201.6	299.5	341.4	210.2	279.4	301.5	196.9	256.9	267.7	191.9
50～54	279.2	307.4	200.0	305.2	360.6	208.4	277.5	305.3	195.9	255.7	269.6	190.0
55～59	280.0	310.4	199.8	299.3	361.1	201.4	284.0	314.3	203.5	257.6	272.2	189.8
60～64	237.3	276.5	199.1	243.2	320.9	201.8	236.0	284.9	199.3	234.2	252.7	194.4
65～69	216.2	258.9	185.8	226.6	306.2	195.3	210.9	267.9	184.2	215.8	242.7	180.1
70歳～	217.8	259.8	177.3	237.9	302.9	186.1	200.5	255.5	172.7	219.1	248.4	176.5
高　校　卒	222.9	238.4	185.7	241.7	268.5	195.3	219.2	235.8	184.5	213.7	223.7	176.1
	(318)	(225)	(93)	(80)	(50)	(29)	(127)	(86)	(41)	(112)	(88)	(23)
～19歳	178.7	179.4	168.2	182.8	184.2	163.6	177.1	177.1	176.5	177.8	178.8	157.0
20～24	193.5	197.0	175.9	200.6	206.1	180.6	192.2	195.1	177.7	189.0	192.6	165.3
25～29	205.3	211.7	185.1	211.2	220.5	196.1	205.2	211.5	184.2	200.4	206.7	162.5
30～34	214.4	221.9	189.1	226.0	238.2	201.3	218.1	225.9	187.7	200.9	206.8	174.6
35～39	220.2	232.0	186.6	231.3	251.1	192.3	220.2	231.6	190.3	212.6	221.7	172.6
40～44	229.2	243.5	188.3	240.4	266.2	197.6	232.3	250.7	187.6	218.5	226.5	174.2
45～49	234.7	251.4	188.8	259.0	286.9	200.1	230.6	250.4	186.9	221.2	230.5	176.8
50～54	240.2	261.9	186.6	266.9	304.0	200.8	236.1	261.8	182.1	225.6	238.2	176.5
55～59	242.1	264.3	188.9	268.9	313.5	197.2	238.4	262.7	187.5	226.6	238.0	179.7
60～64	211.4	239.7	186.5	229.1	287.3	190.5	199.6	227.6	185.6	212.6	227.5	184.0
65～69	197.2	227.4	177.1	223.7	289.4	185.1	185.1	213.9	174.8	194.1	212.0	174.9
70歳～	204.7	238.3	173.3	243.0	298.8	178.3	177.7	199.3	169.6	203.6	226.4	174.1
専門学校卒	269.4	279.9	210.5	286.8	307.9	208.1	271.8	281.7	214.2	254.0	260.1	206.8
	(168)	(143)	(25)	(37)	(30)	(8)	(77)	(66)	(11)	(54)	(48)	(6)
20～24歳	224.1	226.7	195.9	242.7	246.3	190.6	223.5	225.7	203.7	209.5	211.7	186.2
25～29	244.4	249.8	206.6	264.0	276.9	209.1	241.7	246.5	205.3	231.9	234.3	204.1
30～34	248.4	255.7	199.9	263.2	277.4	197.7	249.3	256.2	203.7	236.4	240.7	194.8
35～39	267.2	277.0	197.5	280.7	298.3	199.2	270.2	278.9	199.1	253.8	261.0	193.2
40～44	275.2	287.2	214.4	299.3	326.7	197.9	277.1	285.7	234.1	255.8	265.6	192.6
45～49	291.5	305.2	210.7	312.1	343.6	207.6	293.6	306.2	210.8	274.1	280.9	215.5
50～54	294.4	308.0	220.4	320.4	354.7	216.8	293.4	306.2	217.3	275.8	280.4	233.9
55～59	306.2	322.3	205.9	329.7	368.1	209.2	312.2	327.2	200.9	283.0	291.5	209.3
60～64	271.6	295.5	223.6	255.8	296.5	221.4	282.9	310.0	227.9	261.6	276.1	217.0
65～69	250.7	272.5	221.0	255.6	263.9	252.1	248.2	277.9	214.9	252.3	269.0	214.1
70歳～	254.1	294.0	206.1	203.3	268.6	191.1	280.4	327.4	214.1	256.9	281.2	212.4
大　学　卒	294.0	300.8	234.2	308.2	318.3	235.8	289.3	294.3	241.6	277.7	283.2	213.8
	(262)	(235)	(27)	(100)	(88)	(12)	(104)	(94)	(10)	(57)	(53)	(5)
20～24歳	232.1	232.9	210.2	238.8	239.8	211.9	227.7	228.4	210.2	224.7	225.5	205.9
25～29	255.9	257.9	228.6	268.4	271.0	240.7	249.4	251.3	216.3	242.2	243.8	213.4
30～34	279.2	284.6	220.0	300.7	309.7	227.7	269.7	273.0	220.7	259.7	264.6	200.9
35～39	307.2	316.2	226.9	328.8	341.8	232.7	298.4	306.7	223.5	281.2	285.8	216.4
40～44	327.6	340.4	236.8	353.3	373.9	248.3	321.2	331.3	240.3	300.1	309.9	196.3
45～49	343.4	359.5	223.6	366.1	392.5	226.0	347.6	362.4	228.1	310.2	319.1	209.7
50～54	364.2	387.7	233.8	397.1	440.1	230.0	365.6	387.6	240.7	320.2	329.4	228.3
55～59	375.7	402.0	273.3	401.2	451.6	239.9	389.8	418.1	306.2	329.9	339.2	253.1
60～64	312.4	355.1	256.4	309.1	383.7	257.5	335.6	393.0	269.6	283.8	304.8	221.3
65～69	318.2	360.7	237.0	284.2	413.1	227.8	372.3	421.7	273.1	288.3	309.8	200.7
70歳～	319.6	350.0	256.4	259.5	296.2	223.9	445.5	450.7	430.0	288.9	319.6	214.7

B-9 職種別にみた月あたり定期給与・

職　種	男女計								男　性			
	年齢	勤続年数	所定内実労働時間数	超過実労働時間数	きまって支給する現金給額	所定内給与額	年間賞与その他特別給与額	労働者数	年齢	勤続年数	所定内実労働時間数	超過実労働時間数
	歳	年	時間		千円			十人	歳	年	時間	
管理的職業従事者	50.9	21.8	168	3	547.4	539.1	2,058.4	183,541	51.0	22.1	168	3
研究者	41.1	12.1	165	10	449.1	420.6	1,650.2	13,863	41.8	12.8	166	11
電気・電子・電気通信技術者	42.4	15.1	166	16	418.0	375.6	1,428.5	34,098	42.5	15.2	166	17
機械技術者	42.1	14.1	165	19	390.3	343.0	1,378.5	35,368	42.3	14.4	165	19
輸送用機器技術者	39.3	14.8	166	21	389.4	335.7	1,451.1	14,629	39.3	15.0	167	22
金属技術者	41.4	13.9	162	19	367.6	317.4	1,092.1	3,297	41.9	14.4	162	19
化学技術者	41.0	14.0	163	15	396.0	356.5	1,440.0	7,731	41.8	14.7	163	16
建築技術者	43.0	11.9	172	16	410.2	367.6	1,281.3	33,336	44.3	12.8	173	16
土木技術者	45.4	12.9	168	14	386.3	351.7	1,096.5	35,738	45.8	13.3	169	14
測量技術者	43.3	14.0	169	11	327.4	307.3	943.1	2,291	43.7	14.3	169	11
システムコンサルタント・設計者	40.5	11.1	166	12	452.1	418.9	1,178.8	11,537	41.9	11.9	166	12
ソフトウェア作成者	38.1	10.7	167	12	377.1	348.5	977.0	60,477	38.9	11.3	167	12
医師	44.1	6.2	167	18	1,096.1	970.8	1,135.7	13,055	45.6	6.6	167	18
歯科医師	38.1	5.5	168	2	622.9	614.3	629.3	1,155	38.0	5.1	168	2
獣医師	37.8	7.3	169	14	494.7	464.2	929.8	369	38.4	7.8	169	11
薬剤師	41.1	9.1	164	9	414.6	387.7	858.7	9,246	41.5	9.5	165	11
保健師	42.4	9.4	161	6	333.8	312.9	807.2	1,266	36.7	7.8	157	6
助産師	43.2	10.3	157	8	398.7	345.2	1,057.7	2,002	—	—	—	—
看護師	40.7	9.1	158	6	351.6	318.0	862.1	81,247	37.9	8.2	158	6
准看護師	51.2	12.2	160	3	296.2	274.0	627.3	12,772	45.6	11.1	159	2
診療放射線技師	41.5	13.7	163	9	368.7	334.0	1,013.0	5,128	43.5	15.2	164	9
臨床検査技師	39.8	11.2	164	11	347.3	314.2	921.6	8,706	40.1	12.5	162	13
理学療法士など	34.7	7.3	161	5	300.7	289.1	698.4	22,296	35.4	7.4	162	5
歯科衛生士	36.5	7.5	168	6	282.7	271.3	432.3	3,764	32.5	7.7	167	15
歯科技工士	42.0	11.9	183	11	328.7	286.7	354.3	1,822	44.5	13.3	183	12
栄養士	38.4	8.5	165	6	264.2	252.7	620.3	11,083	36.5	7.9	166	3
保育士	38.8	8.8	167	4	266.8	260.8	712.1	28,420	31.7	6.5	166	3
介護支援専門員（ケアマネージャー）	51.6	10.5	166	4	284.5	274.2	643.9	8,937	46.6	10.9	167	6
法務従事者	47.2	11.0	155	5	565.5	549.8	2,927.9	703	48.0	11.4	155	5
公認会計士，税理士	42.4	9.8	157	13	476.8	439.0	1,744.8	2,242	42.0	9.6	156	14
幼稚園教員，保育教諭	37.5	9.0	171	3	267.4	262.7	785.9	17,149	42.9	10.2	171	2
小・中学校教員	42.5	11.4	174	4	464.6	453.6	1,822.0	3,315	43.2	11.7	173	5
高等学校教員	43.5	13.7	171	3	432.9	426.1	1,580.2	7,886	44.5	14.5	171	3
大学教授（高専含む）	57.5	16.2	167	1	660.7	658.6	2,728.2	6,644	57.7	16.8	167	1
大学准教授（高専含む）	48.5	11.4	168	1	544.3	539.2	2,068.8	4,041	48.0	11.9	168	1
大学講師・助教（高専含む）	42.0	6.9	168	5	479.4	453.2	1,219.5	5,638	41.6	7.3	168	7
宗教家	45.7	15.1	164	2	339.4	334.1	900.5	1,119	45.5	16.0	165	2
著述家，記者，編集者	41.6	13.9	161	13	468.1	419.3	1,359.0	4,792	44.1	16.7	159	12
美術家，写真家，映像撮影者	39.2	11.6	165	17	326.3	286.2	751.2	1,508	42.1	13.7	164	18
デザイナー	38.3	8.7	170	6	347.8	329.6	632.8	10,047	41.3	11.0	171	8
音楽家，舞台芸術家	33.0	7.1	167	14	360.3	328.2	572.6	5,972	36.1	9.2	170	14
個人教師	36.9	8.4	169	5	284.6	273.9	422.4	3,570	36.8	9.0	170	6
庶務・人事事務員	43.7	12.5	164	9	320.2	298.0	1,064.6	80,083	45.5	14.9	165	11
企画事務員	41.1	12.3	164	12	410.5	374.2	1,377.1	40,232	43.2	13.9	164	13
受付・案内事務員	39.7	9.1	163	7	251.0	238.0	449.0	8,926	46.1	13.0	165	12
秘書	42.1	11.5	164	11	350.6	320.9	993.2	1,464	42.8	12.5	160	13
電話応接事務員	41.0	7.7	160	9	276.5	257.6	374.7	17,462	41.6	9.6	162	11
総合事務員	43.6	12.7	162	10	325.0	301.5	999.5	115,999	44.7	14.8	162	13
会計事務従事者	43.3	12.5	164	7	303.2	288.1	861.7	46,627	43.5	13.7	165	9
生産関連事務従事者	44.3	15.7	164	9	316.4	290.0	1,005.7	49,522	45.3	17.4	165	11
営業・販売事務従事者	42.0	12.5	166	9	317.7	297.0	901.7	76,471	44.0	14.5	168	11
外勤事務従事者	48.1	12.8	162	7	297.4	278.8	975.6	1,724	47.5	13.4	165	8
運輸・郵便事務従事者	46.0	15.0	163	15	336.8	297.1	806.2	21,082	47.1	16.3	164	17
事務用機器操作員	41.0	8.3	167	7	274.1	259.9	417.6	8,809	42.2	9.8	169	9
販売店員	42.6	11.3	163	9	259.2	243.3	466.7	125,303	42.0	12.9	167	11
販売類似職業従事者	39.5	8.7	167	12	379.1	353.9	1,094.3	9,065	39.3	9.3	170	12
自動車営業職業従事者	39.4	14.3	164	9	363.3	335.7	1,041.2	10,243	40.3	15.1	164	14
機器器具・通信・システム営業職	42.5	14.1	165	10	408.7	383.0	1,641.1	28,739	43.4	15.4	166	11
金融営業職業従事者	37.9	13.1	160	17	379.8	338.4	1,513.3	18,544	38.0	13.4	162	18
保険営業職業従事者	46.2	11.1	149	2	324.1	319.8	580.3	25,049	43.6	11.6	160	5

資料出所　厚生労働省「賃金構造基本統計調査」。39頁まで同じ。

所定内給与額等（産業計・企業規模計）〔令和4年6月分〕

労 働 者				女 性 労 働 者								職　　種
きまって支給する現金給与額	所定内給与額	年間賞与その他特別給与額	労働者数	年齢	勤続年数	所定内実労働時間数	超過実労働時間数	きまって支給する現金給与額	所定内給与額	年間賞与その他特別給与額	労働者数	
千円			十人	歳	年	時間		千円			十人	
553.5	545.4	2,103.6	166,024	50.0	19.1	166	3	488.9	478.8	1,630.5	17,517	管理的職業従事者
473.8	443.8	1,806.1	10,270	39.2	10.3	161	8	378.5	354.4	1,204.6	3,593	研究者
427.4	383.3	1,467.2	30,997	41.4	14.5	163	11	324.9	298.6	1,041.8	3,102	電気・電子・電気通信技術者
397.3	348.4	1,410.3	32,724	39.2	10.9	163	12	303.7	276.6	985.4	2,644	機械技術者
394.4	338.8	1,472.0	13,545	38.8	12.3	164	13	325.5	296.0	1,189.8	1,083	輸送用機器技術者
376.1	323.7	1,128.0	2,962	36.8	9.7	158	14	290.4	259.8	763.3	324	金属技術者
412.5	369.4	1,500.9	6,150	38.1	11.5	161	11	331.8	306.1	1,203.5	1,581	化学技術者
422.3	378.6	1,347.6	28,984	34.8	6.4	169	15	329.7	294.5	838.8	4,352	建築技術者
392.5	357.7	1,118.4	33,227	39.4	7.9	161	13	304.5	273.4	807.7	2,511	土木技術者
334.2	313.5	957.1	2,068	39.6	11.5	165	7	264.4	250.2	813.6	224	測量技術者
465.2	430.6	1,227.3	8,837	35.8	8.4	165	11	409.2	380.5	1,019.9	2,700	システムコンサルタント・設計者
390.3	360.7	1,036.1	49,204	34.3	8.2	165	11	319.7	295.5	719.4	11,273	ソフトウェア作成者
1,160.9	1,028.5	1,217.3	10,076	39.1	4.7	166	15	877.0	775.5	859.7	2,979	医師
620.7	615.5	489.4	927	38.6	7.1	169	3	631.9	609.6	1,198.4	228	歯科医師
528.9	502.3	1,007.7	260	36.4	6.1	167	19	413.8	374.2	745.6	110	獣医師
450.8	416.3	961.1	4,126	40.9	8.8	162	7	385.4	364.7	776.2	5,119	薬剤師
380.3	356.9	684.2	78	42.8	9.5	161	6	330.7	310.1	815.2	1,188	保健師
－	－	－	－	43.2	10.3	157	8	398.7	345.2	1,057.7	2,002	助産師
359.9	323.7	908.4	8,574	41.1	9.2	159	4	350.6	317.3	856.6	72,673	看護師
300.2	277.5	667.9	1,363	36.8	12.4	161	4	295.7	273.6	622.5	11,409	准看護師
380.8	344.6	1,071.4	3,912	35.1	9.0	159	8	329.7	300.1	824.9	1,216	診療放射線技師
387.0	346.8	965.9	3,000	39.6	10.6	164	10	326.5	297.1	898.4	5,705	臨床検査技師
313.7	301.6	713.6	11,615	34.0	7.1	160	5	286.7	275.5	682.0	10,682	理学療法士など
273.8	245.7	492.2	9	36.6	7.5	168	4	282.7	271.4	432.1	3,754	歯科衛生士
351.0	304.7	355.0	1,409	33.7	7.4	181	7	252.5	225.3	351.9	413	歯科技工士
296.8	278.2	681.6	948	38.6	8.5	165	4	261.1	250.3	614.6	10,135	栄養士
277.9	270.0	708.2	1,632	39.2	8.9	167	4	266.1	260.2	712.3	26,787	保育士
305.7	291.6	702.9	2,322	53.4	10.4	166	4	277.0	268.0	623.2	6,615	介護支援専門員（ケアマネージャー）
563.5	547.3	2,948.8	542	44.6	9.8	157	4	572.2	558.2	2,857.3	160	法務従事者
504.1	461.2	1,886.8	1,711	43.9	10.3	159	10	388.6	367.5	1,287.1	531	公認会計士，税理士
352.8	348.3	1,071.1	1,143	37.1	8.9	171	3	261.3	256.6	765.5	16,006	幼稚園教員，保育教諭
488.1	475.6	2,066.6	2,019	41.5	10.9	175	3	428.1	419.3	1,441.1	1,297	小・中学校教員
449.6	442.1	1,684.0	5,485	41.4	12.1	172	2	394.5	389.7	1,342.8	2,401	高等学校教員
669.4	667.0	2,792.1	5,330	57.0	13.5	166	0	625.6	624.2	2,469.1	1,315	大学教授（高専含む）
554.4	548.6	2,115.0	2,968	50.0	10.2	165	1	516.3	513.0	1,940.9	1,073	大学准教授（高専含む）
503.4	467.7	1,305.3	3,754	42.8	6.2	167	1	431.5	424.3	1,048.5	1,883	大学講師・助教（高専含む）
359.3	352.8	993.6	908	46.4	11.3	160	0	254.3	254.0	501.7	212	宗教家
520.3	469.1	1,621.0	2,888	37.8	9.6	164	14	388.9	343.8	961.7	1,904	著述家，記者，編集者
345.1	298.7	866.1	1,109	31.2	6.0	168	12	274.2	251.4	432.2	399	美術家，写真家，映像撮影者
404.4	379.3	788.2	4,625	35.6	6.7	169	4	299.4	287.1	500.3	5,423	デザイナー
403.0	371.8	781.1	3,411	28.7	4.4	164	15	303.5	270.2	294.9	2,561	音楽家，舞台芸術家
303.8	291.8	450.2	2,304	37.7	7.3	165	4	249.7	241.3	371.7	1,266	個人教師
383.2	353.4	1,286.1	28,852	42.7	11.2	164	8	284.7	266.8	939.8	51,231	庶務・人事事務員
460.9	417.1	1,663.4	22,584	38.5	10.2	163	10	345.9	319.4	1,010.6	17,648	企画事務員
313.5	286.4	573.0	1,707	38.1	8.2	162	5	236.2	226.6	419.7	7,219	受付・案内事務員
398.9	365.8	1,366.5	178	42.0	11.4	165	11	343.9	314.7	941.5	1,286	秘書
308.6	283.2	544.3	5,419	40.7	6.9	159	4	262.4	246.1	298.4	12,042	電話応接事務員
394.4	361.3	1,344.1	47,701	42.9	11.3	162	4	276.6	259.8	758.9	68,298	総合事務員
365.8	342.2	1,135.9	15,447	43.1	12.0	163	4	272.2	260.3	725.8	31,180	会計事務従事者
359.7	325.8	1,212.1	28,665	42.9	12.0	163	6	257.0	240.8	722.1	20,858	生産関連事務従事者
382.2	355.2	1,114.8	30,976	40.7	11.1	164	8	273.7	257.3	756.7	45,496	営業・販売事務従事者
317.5	296.2	1,133.0	1,329	50.2	10.7	154	4	229.8	220.2	445.8	395	外勤事務従事者
359.0	313.4	884.5	16,434	42.5	10.2	160	9	258.2	239.6	529.3	4,649	運輸・郵便事務従事者
312.1	291.8	559.7	4,069	40.0	6.9	165	5	241.5	232.6	295.6	4,740	事務用機器操作員
302.1	279.5	662.9	61,575	43.2	9.8	160	4	217.8	208.3	277.1	63,728	販売店員
411.7	386.3	1,226.3	6,279	39.8	7.4	163	8	305.6	281.1	796.7	2,785	販売類似職業従事者
371.4	343.0	1,068.7	9,315	30.5	6.7	162	10	282.5	262.9	764.8	928	自動車営業職業従事者
417.4	391.2	1,714.1	25,648	35.9	8.2	163	10	336.4	315.0	1,035.9	3,092	機械器具・通信・システム営業職
419.3	372.8	1,705.6	11,398	37.8	12.5	157	14	316.8	283.6	1,206.5	7,146	金融営業職業従事者
495.7	484.5	917.0	5,017	46.8	11.0	146	2	281.2	278.6	496.1	20,032	保険営業職業従事者

職　種	男女計								男性			
	年齢	勤続年数	所定内実労働時間数	超過実労働時間数	きまって支給する現金給与額	所定内給与額	年間賞与その他特別給与額	労働者数	年齢	勤続年数	所定内実労働時間数	超過実労働時間数
	歳	年	時間		千円			十人	歳	年	時間	
介護職員（医療・福祉施設等）	44.2	7.9	163	4	257.5	242.2	539.3	109,769	41.3	7.8	164	5
訪問介護従事者	49.1	8.6	165	7	260.8	245.5	402.3	6,808	42.5	6.6	165	10
看護助手	49.1	9.0	157	3	219.4	206.2	456.8	10,390	44.7	8.5	158	1
理容・美容師	33.6	8.1	175	5	267.5	258.9	91.4	4,592	33.2	8.6	178	5
美容サービス・浴場従事者	35.3	6.2	166	10	253.5	238.5	186.0	2,106	46.2	9.0	167	7
クリーニング職，洗張職	48.1	11.3	162	11	210.2	193.7	148.2	3,407	46.2	11.1	167	14
飲食物調理従事者	45.8	9.6	168	13	260.6	237.4	268.0	44,367	44.5	10.5	174	16
飲食物給仕従事者	40.3	8.9	167	12	255.4	234.0	234.9	20,029	39.7	9.3	171	14
航空機客室乗務員	33.2	9.1	148	2	356.1	347.2	223.7	1,005	34.3	9.6	145	6
身の回り世話従事者	41.8	7.8	167	7	248.2	233.6	169.2	7,937	43.3	8.9	169	8
娯楽場等接客員	39.2	9.4	162	6	265.9	252.2	315.9	19,096	39.9	10.2	165	6
居住施設・ビル等管理人	55.4	7.4	160	7	245.4	230.2	371.2	5,100	56.0	7.4	159	7
警備員	51.1	9.5	170	22	255.0	216.5	282.7	24,089	51.6	9.6	170	23
農林漁業従事者	45.6	10.7	169	10	264.2	247.1	436.3	3,756	45.8	11.2	170	10
製銑・製鋼・非鉄金属製錬従事者	41.8	14.5	163	21	344.0	283.8	894.6	14,194	42.1	15.2	163	22
鋳物製造・鍛造従事者	42.7	14.9	167	20	334.0	283.7	791.8	5,862	42.5	15.1	167	21
金属工作機械作業従事者	41.0	13.9	168	20	325.3	281.2	846.2	34,246	41.1	14.3	168	20
金属プレス従事者	42.6	13.6	169	15	298.3	263.0	701.9	8,135	42.5	13.9	169	16
鉄工，製缶従事者	42.7	14.4	167	21	324.9	275.5	803.8	5,833	42.9	14.5	168	22
板金従事者	44.3	11.7	171	20	304.0	264.6	554.9	3,736	44.4	12.2	171	21
金属彫刻・表面処理従事者	39.1	11.5	165	19	305.6	267.7	831.5	6,310	39.1	11.9	165	20
金属溶接・溶断従事者	42.0	12.5	171	19	310.8	272.6	750.5	8,774	41.9	12.7	171	19
化学製品製造従事者	41.2	13.9	160	15	337.2	293.2	1,057.3	17,867	41.0	14.4	160	16
窯業・土石製品製造従事者	43.7	13.5	166	15	300.6	264.3	770.0	8,672	43.4	13.8	166	16
食料品・飲料・たばこ製造従事者	43.6	10.9	165	17	251.6	219.7	428.9	67,410	42.7	12.1	167	18
紡織・衣服・繊維製品製造従事者	46.2	13.6	171	9	215.8	201.0	284.2	11,474	48.1	15.6	172	10
木・紙製品製造従事者	43.9	13.6	167	15	290.1	253.8	677.8	15,727	44.0	14.2	168	17
印刷・製本従事者	43.5	16.0	169	17	311.2	271.9	500.4	10,951	44.0	16.9	169	18
ゴム・プラスチック製品製造従事者	41.8	12.7	165	15	296.7	259.9	736.5	27,856	41.9	13.5	166	16
はん用・生産用・業務用機械器具組立	42.1	13.8	167	16	320.4	282.3	961.1	10,479	41.6	14.0	168	16
電気機械器具組立従事者	43.3	13.9	164	16	283.8	246.5	721.7	35,577	42.9	14.8	164	18
自動車組立従事者	40.0	13.4	162	18	339.0	286.2	944.8	23,960	40.3	14.4	163	19
機械器具整備・修理従事者	42.1	14.8	164	17	339.8	297.5	1,074.3	15,395	42.1	15.1	164	17
自動車整備・修理従事者	39.9	13.5	165	17	320.1	284.6	851.4	19,922	39.9	13.6	165	18
製品検査従事者（金属製品）	43.6	12.4	166	16	281.5	249.9	742.5	11,728	44.1	14.3	167	18
製品検査従事者（金属製品を除く）	42.7	12.2	165	11	274.4	251.0	667.4	10,188	42.9	14.0	166	15
機械検査従事者	42.8	14.3	165	13	300.5	271.2	875.0	7,507	43.4	15.6	166	15
画工，塗装・看板制作従事者	40.6	10.9	163	13	329.5	296.8	663.8	5,580	41.2	11.4	164	13
鉄道運転従事者	41.3	20.1	149	16	398.5	333.0	1,149.4	3,069	41.8	20.7	150	16
バス運転者	53.4	13.0	165	28	293.3	234.0	467.5	9,732	53.4	13.0	165	28
タクシー運転者	58.3	10.8	165	21	294.1	241.7	84.1	17,930	59.0	10.9	165	21
乗用自動車運転者(タクシー除く)	60.9	8.6	163	13	250.1	225.8	275.2	2,217	61.4	8.7	164	13
営業用大型貨物自動車運転者	50.2	12.4	175	39	366.4	286.1	376.9	41,316	50.3	12.5	175	40
営業用貨物自動車運転者	47.8	11.6	174	36	329.8	263.3	421.8	50,699	48.0	11.9	174	37
自家用貨物自動車運転者	50.0	11.4	173	16	295.1	263.9	418.1	5,856	50.1	11.6	173	16
航空機操縦士	42.1	13.7	150	2	1,305.3	1,285.4	339.5	774	42.3	13.9	150	2
車掌	37.5	15.7	145	12	350.6	312.6	988.7	1,730	38.3	16.9	145	12
発電員，変電員	39.2	19.1	158	18	413.5	352.1	1,384.2	2,585	43.1	19.2	158	18
クレーン・ウインチ運転従事者	47.8	15.0	172	27	365.5	308.1	747.2	2,082	48.0	15.1	172	27
建設・さく井機械運転従事者	47.3	12.5	173	11	323.9	299.3	504.5	3,023	47.3	12.5	173	11
建設躯体工事従事者	41.4	9.3	176	11	328.6	306.3	366.6	10,724	41.4	9.3	176	11
大工	43.2	12.8	180	9	307.6	274.6	375.4	1,384	44.5	13.4	180	7
配管従事者	44.4	13.8	175	12	338.8	312.0	787.2	8,325	44.5	13.8	175	12
電気工事従事者	42.2	12.9	168	16	344.3	305.2	936.3	19,448	42.2	13.0	168	16
土木従事者，鉄道線路工事従事者	46.0	10.5	173	10	310.9	285.8	440.2	22,917	46.1	10.6	173	11
ダム・トンネル掘削従事者，採掘従事者	50.8	11.7	173	24	411.6	350.5	591.5	1,042	51.1	11.8	173	24
船内・沿岸荷役従事者	42.8	15.8	162	29	344.6	316.2	884.7	3,295	42.8	15.9	162	29
ビル・建物清掃員	54.7	8.1	162	6	214.8	203.9	217.7	15,818	52.5	8.1	163	7
清掃，廃棄物処理従事者	48.2	10.4	166	8	276.3	258.0	504.7	10,939	47.6	10.6	167	8
包装従事者	45.8	9.8	165	11	232.9	213.5	363.2	6,313	45.3	10.6	167	13

労　働　者				女　性　労　働　者								職　　種
きまって支給する現金給与額	所定内給与額	年間賞与その他特別給与額	労働者数	年齢	勤続年数	所定内実労働時間数	超過実労働時間数	きまって支給する現金給与額	所定内給与額	年間賞与その他特別給与額	労働者数	
千円			十人	歳	年	時間		千円			十人	
274.0	255.9	616.9	39,100	45.8	7.9	163	4	248.5	234.6	496.3	70,669	介護職員（医療・福祉施設等）
286.4	264.3	427.4	1,501	51.0	9.2	165	6	253.6	240.2	395.2	5,307	訪問介護従事者
223.5	208.7	490.3	1,505	49.9	9.1	157	3	218.8	205.8	451.1	8,885	看護助手
297.6	287.4	112.4	1,430	33.9	7.8	173	4	253.9	246.0	81.9	3,161	理容・美容師
249.1	235.7	175.1	392	32.8	5.5	165	10	254.5	239.2	188.5	1,714	美容サービス・浴場従事者
240.9	219.9	175.7	1,649	50.0	11.5	157	9	181.3	169.2	122.3	1,758	クリーニング職，洗張職
304.5	272.8	299.7	25,053	47.4	8.4	161	8	203.7	191.6	226.8	19,314	飲食物調理従事者
302.1	274.0	353.7	8,158	40.8	8.6	164	10	223.4	205.5	153.3	11,870	飲食物給仕従事者
398.7	379.1	154.3	74	33.2	9.1	148	1	352.7	344.7	229.3	931	航空機客室乗務員
273.2	255.4	192.9	3,820	40.4	6.8	165	7	225.1	213.3	147.1	4,117	身の回り世話従事者
296.2	279.5	411.0	10,791	38.4	8.3	158	5	226.6	216.7	192.3	8,305	娯楽場等接客員
248.3	232.8	372.5	4,585	49.9	7.7	162	7	219.8	207.7	359.0	515	居住施設・ビル等管理人
256.8	217.5	287.8	22,814	41.7	7.6	168	16	221.8	199.0	192.9	1,275	警備員
274.4	256.5	478.8	3,183	44.5	8.3	165	10	207.6	194.6	200.1	573	農林漁業従事者
356.3	291.2	952.8	12,700	39.1	9.2	166	10	239.5	220.6	400.2	1,494	製銑・製鋼・非鉄金属製錬従事者
339.3	287.5	814.8	5,561	45.7	9.7	165	14	236.2	213.1	366.5	301	鋳物製造・鍛造従事者
332.6	286.4	875.1	31,972	39.2	8.1	164	9	223.2	207.6	439.3	2,274	金属工作機械作業従事者
306.6	269.1	734.4	7,318	43.9	11.3	168	8	224.1	208.3	410.5	817	金属プレス従事者
326.4	277.0	807.0	5,673	35.8	10.9	164	20	271.6	225.3	692.0	160	鉄工，製缶従事者
311.9	271.1	588.6	3,412	44.0	6.8	164	17	221.0	196.1	199.9	324	板金従事者
315.5	275.2	863.6	5,698	39.2	8.3	166	11	213.7	198.0	532.7	612	金属彫刻・表面処理従事者
313.8	274.9	761.7	8,484	44.0	6.5	166	12	224.4	205.3	425.2	290	金属溶接・溶断従事者
352.9	304.3	1,121.5	15,169	42.2	11.4	161	9	248.9	231.0	696.4	2,699	化学製品製造従事者
309.0	270.8	810.0	7,741	46.3	11.3	164	12	230.9	210.6	437.5	931	窯業・土石製品製造従事者
288.7	249.1	595.3	37,733	44.8	9.5	163	15	204.6	182.4	217.3	29,677	食料品・飲料・たばこ製造従事者
265.9	245.4	450.5	4,071	44.3	12.5	170	9	188.3	176.6	192.7	7,403	紡織・衣服・繊維製品製造従事者
304.7	263.9	730.8	13,365	43.5	10.3	165	7	207.7	196.6	378.0	2,362	木・紙製品製造従事者
327.8	284.8	544.1	8,744	41.3	12.5	169	13	245.5	220.9	327.1	2,208	印刷・製本従事者
318.2	276.1	828.6	22,029	41.8	9.7	165	10	215.6	198.3	388.1	5,827	ゴム・プラスチック製品製造従事者
332.0	291.1	1,006.5	9,044	42.5	12.7	165	12	247.0	226.8	675.0	1,435	はん用・生産用・業務用機械器具組立
317.8	271.5	898.9	22,945	44.1	12.3	163	9	222.3	201.2	399.7	12,632	電気機械器具組立従事者
355.2	297.8	1,030.9	20,031	38.6	8.7	161	13	256.3	227.0	506.2	3,929	自動車組立従事者
344.4	300.9	1,097.3	14,760	40.4	7.7	164	9	233.9	217.8	539.1	635	機械器具整備・修理従事者
321.4	285.5	857.3	19,650	33.9	6.2	162	9	230.9	215.4	422.5	272	自動車整備・修理従事者
331.4	288.7	962.0	6,390	43.1	10.2	165	13	221.8	203.5	479.9	5,338	製品検査従事者（金属製品）
323.9	290.6	872.6	4,594	42.6	10.7	163	8	233.6	218.6	498.8	5,594	製品検査従事者（金属製品を除く）
336.3	300.5	1,014.4	5,214	41.3	11.5	164	9	219.0	204.5	558.1	2,292	機械検査従事者
335.1	300.5	704.8	5,062	34.0	5.7	159	7	274.5	260.7	261.8	517	画工，塗装・看板制作従事者
401.4	334.9	1,160.7	2,907	33.1	10.4	146	13	347.0	298.6	946.7	162	鉄道運転従事者
294.1	234.3	471.0	9,554	49.9	8.4	166	20	252.2	218.5	278.9	177	バス運転者
295.8	242.9	86.5	16,986	45.0	7.8	165	19	263.4	221.2	41.3	944	タクシー運転者
252.0	226.6	275.4	2,079	52.8	6.5	151	6	221.0	213.0	272.8	139	乗用自動車運転者(タクシー除く)
367.5	286.7	380.2	40,368	46.5	6.4	173	28	321.1	259.0	232.2	948	営業用大型貨物自動車運転者
331.8	264.6	429.7	48,200	43.7	6.3	171	32	292.6	238.5	270.3	2,499	営業用貨物自動車運転者
297.2	265.6	427.6	5,659	47.3	8.1	170	15	237.7	213.3	145.8	198	自家用貨物自動車運転者
1,320.7	1,300.8	329.0	756	34.0	6.8	153	7	663.2	645.8	780.3	18	航空機操縦士
362.4	321.3	1,056.3	1,449	33.6	9.8	146	8	289.9	266.5	640.2	281	車掌
416.5	353.9	1,399.7	2,486	37.8	16.4	157	11	337.3	304.5	991.8	98	発電員，変電員
367.1	309.1	749.6	2,053	34.7	13.6	158	10	250.9	237.6	574.1	29	クレーン・ウインチ運転従事者
324.3	299.7	503.9	3,009	47.7	7.2	167	7	233.0	219.3	613.6	14	建設・さく井機械運転従事者
329.3	306.9	367.9	10,638	43.7	12.1	162	2	238.9	235.2	209.1	85	建設躯体工事従事者
301.7	280.5	400.0	1,286	26.5	5.3	182	29	383.5	197.8	54.6	99	大工
339.2	312.4	787.1	8,251	34.0	6.4	166	18	303.8	273.3	801.8	74	配管従事者
346.4	307.0	946.3	19,030	39.6	6.8	166	13	249.6	225.3	480.2	418	電気工事従事者
313.6	287.9	443.4	22,260	41.6	6.9	178	3	218.0	213.0	330.1	658	土木従事者，鉄道線路工事従事者
415.3	353.6	599.2	1,023	39.3	6.5	177	23	218.4	189.5	187.2	20	ダム・トンネル掘削従事者，採掘従事者
415.6	316.7	886.1	3,266	39.9	9.8	153	15	295.4	255.0	733.3	29	船内・沿岸荷役従事者
233.0	219.9	274.6	8,673	57.4	8.1	161	6	192.7	184.6	148.7	7,145	ビル・建物清掃員
287.1	267.4	535.0	9,717	52.8	8.7	159	5	190.3	183.0	263.9	1,222	清掃，廃棄物処理従事者
264.6	238.2	505.8	2,840	46.2	9.1	163	9	206.9	193.4	246.6	3,473	包装従事者

B-10　企業規模別にみた学歴別初任給及び分布特性値

（令和4年・産業計）

（単位　千円）

規模	男性労働者						女性労働者					
	学歴計	高校卒	専門学校卒	高専・短大卒	大学卒	大学院修士課程修了	学歴計	高校卒	専門学校卒	高専・短大卒	大学卒	大学院修士課程修了
初任給額												
企業規模計	218.0	183.4	207.0	204.1	229.7	271.9	215.9	177.6	216.6	201.8	227.2	256.9
1,000人以上	228.3	186.2	209.5	205.4	234.9	280.6	227.5	184.0	226.8	204.4	233.9	266.8
100～999人	214.4	182.9	208.2	204.3	228.8	252.9	212.1	175.4	216.2	197.1	223.0	242.2
10～99人	203.8	180.8	202.8	201.4	218.8	239.5	205.5	176.0	204.1	203.8	221.3	243.4
初任給の分布特性値												
企業規模計　第1・十分位数	—	160.0	172.8	172.6	193.9	213.8	—	154.5	173.9	173.2	190.1	215.0
第1・四分位数	—	169.2	186.1	184.6	206.6	236.9	—	164.4	192.4	184.3	205.4	228.4
中位数	—	179.0	205.2	200.2	222.4	256.2	—	174.6	217.1	198.2	221.6	247.0
第3・四分位数	—	196.2	226.2	220.6	243.1	290.9	—	188.4	237.3	217.7	243.0	266.8
第9・十分位数	—	214.0	239.6	237.0	267.5	348.6	—	205.5	255.2	233.7	262.8	300.0
十分位分散係数	—	0.2	0.2	0.2	0.2	0.3	—	0.2	0.2	0.2	0.2	0.2
四分位分散係数	—	0.1	0.1	0.1	0.1	0.1	—	0.1	0.1	0.1	0.1	0.1
1,000人以上　第1・十分位数	—	167.7	177.4	169.2	197.6	212.2	—	163.1	182.3	180.9	193.2	218.2
第1・四分位数	—	170.6	187.6	185.2	211.0	230.2	—	169.5	208.3	190.1	209.5	237.5
中位数	—	179.5	206.1	205.6	224.8	246.6	—	179.5	225.4	203.0	226.8	249.2
第3・四分位数	—	199.1	225.4	220.6	246.8	266.6	—	191.0	247.3	217.6	249.7	278.8
第9・十分位数	—	214.0	254.3	248.6	276.8	315.6	—	223.6	272.7	224.9	272.8	328.0
十分位分散係数	—	0.1	0.2	0.2	0.2	0.2	—	0.2	0.2	0.1	0.2	0.2
四分位分散係数	—	0.1	0.1	0.1	0.1	0.1	—	0.1	0.1	0.1	0.1	0.1
100～999人　第1・十分位数	—	159.4	173.5	177.8	192.4	212.2	—	153.7	175.1	169.5	187.7	202.4
第1・四分位数	—	169.5	187.2	184.0	206.3	230.2	—	163.2	192.8	180.4	203.5	219.8
中位数	—	178.6	207.1	199.4	222.6	246.6	—	172.9	216.6	190.6	220.2	233.5
第3・四分位数	—	193.7	228.8	218.7	241.4	266.6	—	185.9	233.7	213.9	240.2	252.7
第9・十分位数	—	212.4	243.3	236.1	268.4	315.6	—	198.7	252.1	233.2	255.8	272.5
十分位分散係数	—	0.2	0.2	0.2	0.2	0.2	—	0.1	0.2	0.2	0.2	0.2
四分位分散係数	—	0.1	0.1	0.1	0.1	0.1	—	0.1	0.1	0.1	0.1	0.1
10～99人　第1・十分位数	—	148.9	168.4	175.8	188.4	194.8	—	148.5	163.4	177.7	186.3	181.7
第1・四分位数	—	164.0	181.0	185.3	200.8	216.4	—	161.3	185.3	185.6	201.3	224.2
中位数	—	177.9	201.3	191.8	213.6	235.7	—	175.3	201.5	202.4	219.6	248.9
第3・四分位数	—	198.5	220.7	222.4	235.7	260.3	—	192.5	225.1	219.3	238.2	252.1
第9・十分位数	—	211.6	236.7	234.1	257.7	264.0	—	201.6	247.3	237.8	255.2	298.5
十分位分散係数	—	0.2	0.2	0.2	0.2	0.2	—	0.2	0.2	0.2	0.2	0.2
四分位分散係数	—	0.1	0.1	0.1	0.1	0.1	—	0.1	0.1	0.1	0.1	0.1

資料出所　厚生労働省「賃金構造基本統計調査」。

〔解説〕　分位数とは、分布の形を示す値である。具体的には、全労働者を賃金の低い者から高い者へと一列に並べて、全労働者の所定の何番目かに該当する者の賃金である。図示すれば下図のとおりである。

○第1・十分位数……低い方から数えて全体の10分の1番目に該当する者の賃金

▼第1・十分位数
低 ——————————————— 高

○第1・四分位数……低い方から数えて全体の4分の1番目に該当する者の賃金

▼第1・四分位数
低 ——————————————— 高

○中　位　数……低い方（あるいは高い方）から数えて全体の2分の1番目に該当する者の賃金

▼中位数
低 ——————————————— 高

○第3・四分位数……高い方から数えて全体の4分の1番目に該当する者の賃金

第3・四分位数▼
低 ——————————————— 高

○第9・十分位数……高い方から数えて全体の10分の1番目に該当する者の賃金

第9・十分位数▼
低 ——————————————— 高

分散係数とは、次の算式で計算された数値が小さいほど分布の広がりの程度の小さいことを示す。

$$\text{○十分位分散係数} = \frac{\text{第9・十分位数} - \text{第1・十分位数}}{2 \times \text{中位数}}$$

$$\text{○四分位分散係数} = \frac{\text{第3・四分位数} - \text{第1・四分位数}}{2 \times \text{中位数}}$$

B-11　一般・パートの労働時間・賃金・労働者数

(1)　労働時間・賃金（調査産業計・令和4年1ヵ月平均）

就業形態・事業所規模		出勤日数（日）	実労働時間数(時間)			現金給与額（千円）				
			総実労働時間	所定内労働時間	所定外労働時間	現金給与総額	定期給与	所定内給与	超過給与	特別給与
一般労働者	5人以上計	19.4	162.3	148.5	13.8	429.1	345.2	318.8	26.4	83.8
	1,000人以上	18.6	158.9	142.0	16.9	595.1	442.1	395.4	46.7	153.0
	500〜999人	18.7	158.5	143.8	14.7	512.0	395.5	358.5	37.0	116.5
	100〜499人	19.0	161.5	146.3	15.2	459.7	362.4	329.7	32.7	97.2
	30〜99人	19.3	163.8	148.9	14.9	411.8	333.0	309.3	23.7	78.7
	5〜29人	19.9	163.4	152.0	11.4	367.4	310.6	293.1	17.5	56.8
パートタイム労働者	5人以上計	13.8	79.6	77.4	2.2	102.1	99.0	96.1	2.8	3.1
	1,000人以上	14.1	92.0	88.0	4.0	145.5	140.3	132.5	7.8	5.2
	500〜999人	14.5	90.2	86.5	3.7	135.0	130.1	123.7	6.3	5.0
	100〜499人	14.7	90.6	87.1	3.5	122.8	118.8	114.1	4.8	3.9
	30〜99人	14.3	82.2	80.5	2.2	106.3	102.5	99.9	2.6	3.7
	5〜29人	13.3	74.0	72.4	1.6	90.6	88.1	86.2	1.9	2.4

資料出所　厚生労働省「毎月勤労統計調査」。(2)表は日本生産性本部で加工計算したもの。一般・パートともに常用労働者のみを対象。パートタイム労働者とは、一般労働者と比べて1日の所定労働時間が短い者、又は1日の所定労働時間が同じでも1週の所定労働日数が少ない者をいう。

(2)　常用労働者数（令和4年平均）

事業所規模・産業		合計（千人）(A)+(B)	一般労働者数（千人）(A)			パートタイム労働者（千人）(B)			パートタイム労働者比率(%) (B)/((A)+(B))		
			計	男性	女性	計	男性	女性	計	男性	女性
事業所規模別	5人以上計	51,343	35,120	22,375	12,745	16,223	4,545	11,677	31.6	16.9	47.8
	1,000人以上	3,227	2,826	1,892	934	401	120	281	12.4	6.0	23.1
	500〜999人	3,373	2,786	1,654	1,133	587	170	417	17.4	9.3	26.9
	100〜499人	10,545	8,062	5,265	2,796	2,483	692	1,791	23.6	11.6	39.1
	30〜99人	12,172	8,452	5,461	2,991	3,720	1,086	2,635	30.6	16.6	46.8
	5〜29人	22,026	12,994	8,103	4,891	9,032	2,479	6,553	41.0	23.4	57.3
産業別	鉱業, 採石業, 砂利採取業	12	12	10	2	*	*	*	*	*	*
	建設業	2,733	2,568	2,162	406	165	62	104	6.0	2.8	20.4
	製造業	7,695	6,651	5,143	1,508	1,044	251	793	13.6	4.7	34.5
	電気・ガス・熱供給・水道業	244	232	204	27	12	7	6	4.9	3.3	18.2
	情報通信業	1,594	1,486	1,087	399	108	22	87	6.8	2.0	17.9
	運輸業, 郵便業	3,041	2,553	2,163	390	488	219	269	16.1	9.2	40.8
	卸売業, 小売業	9,550	5,515	3,658	1,857	4,035	1,016	3,020	42.3	21.7	61.9
	金融業, 保険業	1,359	1,208	561	647	151	14	136	11.1	2.4	17.4
	不動産業, 物品賃貸業	847	658	442	216	189	73	116	22.3	14.2	34.9
	学術研究, 専門・技術サービス業	1,562	1,399	990	408	163	47	115	10.4	4.5	22.0
	宿泊業, 飲食サービス業	5,125	1,189	702	487	3,936	1,262	2,674	76.8	64.3	84.6
	生活関連サービス業, 娯楽業	1,620	854	465	389	766	235	531	47.3	33.6	57.7
	教育, 学習支援業	3,315	2,186	1,134	1,052	1,129	419	709	34.1	27.0	40.3
	医療, 福祉	7,881	5,224	1,440	3,784	2,657	463	2,194	33.7	24.3	36.7
	複合サービス事業	399	328	216	113	71	19	52	17.8	8.1	31.5
	サービス業(他に分類されないもの)	4,363	3,056	1,996	1,059	1,307	436	871	30.0	17.9	45.1

B-12　パート女性労働者時間当り所定内給与四分位数　（令和4年6月）　(単位　円)

規模	産業計			製造業			卸売業, 小売業			金融業, 保険業			宿泊業, 飲食サービス業			サービス業(他に分類されないもの)		
	第1・四分位数	中位数	第3・四分位数	第1・四分位数	中位数	第3・四分位数	第1・四分位数	中位数	第3・四分位数	第1・四分位数	中位数	第3・四分位数	第1・四分位数	中位数	第3・四分位数	第1・四分位数	中位数	第3・四分位数
10人以上計	982	1,085	1,284	955	1,034	1,165	962	1,047	1,166	1,085	1,288	1,662	965	1,039	1,140	987	1,126	1,371
1,000人以上	1,000	1,096	1,274	1,031	1,151	1,418	984	1,068	1,184	1,084	1,276	1,664	980	1,052	1,149	1,047	1,238	1,514
100〜999人	982	1,095	1,317	972	1,058	1,178	951	1,030	1,160	1,117	1,390	1,618	955	1,026	1,129	977	1,081	1,259
10〜99人	961	1,058	1,273	931	1,001	1,102	928	1,017	1,122	1,052	1,275	1,861	941	1,017	1,123	958	1,048	1,226

資料出所　厚生労働省「賃金構造基本統計調査」。
注　四分位数については、40頁B−10表〔解説〕を参照のこと。

B-13　年齢階級別にみたパートタイム労働者

〔産業計〕

性別年齢	1時間当たり所定内給与額〔円〕				年間賞与その他特別給与額〔千円〕				労働者数		
	企業規模計	1,000人以上	100～999人	10～99人	企業規模計	1,000人以上	100～999人	10～99人	企業規模計	1,000人以上	100～999人
男女計	1,367	1,307	1,493	1,339	45.4	46.2	51.8	39.1	1,156,256	469,419	306,926
～19歳	1,054	1,064	1,050	1,037	1.4	2.1	0.8	0.3	106,192	62,011	16,514
20～24	1,147	1,165	1,157	1,108	7.7	10.4	6.1	3.7	135,328	71,409	24,696
25～29	1,339	1,302	1,505	1,269	37.7	30.9	61.7	29.4	44,326	19,651	10,424
30～34	1,628	1,499	1,880	1,586	73.2	76.1	104.6	43.1	54,376	22,691	14,403
35～39	1,581	1,447	1,811	1,543	92.6	128.9	92.2	55.3	78,721	29,126	21,576
40～44	1,510	1,480	1,693	1,399	73.8	83.2	87.3	53.3	92,800	34,683	25,638
45～49	1,432	1,384	1,559	1,385	51.5	51.3	54.9	48.9	113,864	45,488	31,326
50～54	1,379	1,332	1,472	1,365	44.0	47.6	46.2	37.2	115,378	49,051	30,414
55～59	1,421	1,355	1,529	1,414	45.9	48.4	45.3	42.8	101,258	42,845	27,682
60～64	1,393	1,352	1,498	1,342	73.1	85.1	69.5	61.6	102,229	39,883	30,947
65～69	1,397	1,381	1,475	1,341	47.9	37.4	52.2	52.6	102,493	30,765	33,958
70歳～	1,363	1,301	1,391	1,369	31.9	25.4	26.6	39.3	109,290	21,816	39,348
男性	1,624	1,458	1,950	1,575	39.2	36.4	48.9	35.2	316,221	129,510	81,780
～19歳	1,057	1,064	1,054	1,044	2.7	4.2	0.9	0.3	44,747	26,652	7,000
20～24	1,147	1,160	1,161	1,115	7.9	11.2	6.1	2.4	66,259	36,506	11,181
25～29	1,417	1,300	1,804	1,319	22.7	20.6	35.4	16.3	15,735	8,020	3,503
30～34	2,171	1,695	3,066	2,145	34.2	36.8	41.6	24.4	12,991	5,782	3,192
35～39	2,438	1,784	3,315	2,632	47.3	49.6	66.5	29.8	13,034	5,574	3,215
40～44	2,435	2,302	3,167	2,024	50.6	55.3	66.5	33.5	13,151	5,042	3,503
45～49	2,331	2,042	2,966	2,084	50.5	48.1	66.9	38.2	13,950	5,326	4,157
50～54	2,093	1,790	2,522	2,072	38.3	53.5	42.3	16.3	15,106	5,869	4,382
55～59	2,277	2,164	2,782	2,018	55.8	50.1	81.1	42.6	14,071	5,111	3,803
60～64	1,873	1,828	2,113	1,665	139.3	202.8	119.6	92.7	23,358	7,944	7,961
65～69	1,680	1,800	1,786	1,507	67.8	59.4	74.6	67.1	37,655	9,640	13,147
70歳～	1,577	1,504	1,615	1,575	39.2	31.4	30.8	48.7	46,166	8,045	16,735
女性	1,270	1,249	1,327	1,250	47.7	49.9	52.8	40.6	840,034	339,909	225,146
～19歳	1,052	1,063	1,047	1,032	0.5	0.5	0.7	0.3	61,446	35,359	9,514
20～24	1,147	1,171	1,154	1,102	7.6	9.7	6.0	5.0	69,069	34,903	13,515
25～29	1,296	1,303	1,354	1,249	45.9	38.0	75.0	34.9	28,591	11,631	6,922
30～34	1,457	1,432	1,543	1,416	85.4	89.6	122.5	48.8	41,386	16,909	11,211
35～39	1,411	1,368	1,548	1,349	101.6	147.7	96.6	59.9	65,687	23,553	18,361
40～44	1,358	1,340	1,460	1,295	77.7	88.0	90.5	56.5	79,650	29,640	22,135
45～49	1,307	1,296	1,343	1,289	51.6	51.7	53.0	50.4	99,914	40,162	27,169
50～54	1,272	1,269	1,295	1,255	44.9	46.8	46.8	40.4	100,272	43,182	26,032
55～59	1,282	1,246	1,330	1,292	44.3	48.2	39.6	42.9	87,187	37,734	23,879
60～64	1,251	1,234	1,286	1,242	53.5	55.8	52.2	51.9	78,871	31,939	22,985
65～69	1,234	1,191	1,278	1,234	36.4	27.4	38.1	43.2	64,838	21,126	20,811
70歳～	1,207	1,182	1,225	1,205	26.6	21.9	23.6	31.7	63,124	13,771	22,613

資料出所　厚生労働省「賃金構造基本統計調査」。

の時間当たり所定内給与・年間賞与等

（令和3・令和4年）

〔十人〕	1人平均勤続年数〔年〕				1カ月当たり実労働日数〔日〕				1日当たり所定内実労働時間数〔時間〕				性　別
10～99人	企 業規模計	1,000人以上	100～999人	10～99人	企 業規模計	1,000人以上	100～999人	10～99人	企 業規模計	1,000人以上	100～999人	10～99人	年　齢
379,911	6.5	6.4	6.8	6.5	14.9	14.8	15.3	14.6	5.2	5.2	5.4	5.1	男 女 計
27,667	1.0	1.0	1.0	1.1	9.6	9.8	9.3	9.4	4.4	4.3	4.5	4.4	～19
39,224	1.9	1.9	1.9	1.9	10.7	10.9	10.7	10.3	4.9	4.9	5.1	4.9	20/24
14,251	3.1	3.3	3.0	2.9	14.9	15.2	15.5	14.0	5.6	5.7	5.8	5.5	25/29
17,282	4.5	5.0	4.4	4.0	15.6	15.9	15.8	15.0	5.7	5.7	5.8	5.4	30/34
28,019	5.4	6.1	5.2	4.7	15.8	16.4	15.9	15.1	5.5	5.6	5.6	5.4	35/39
32,480	6.0	6.9	5.7	5.4	16.0	16.3	16.1	15.5	5.5	5.5	5.6	5.3	40/44
37,050	6.8	7.6	6.4	6.2	16.2	16.4	16.2	15.9	5.4	5.5	5.5	5.2	45/49
35,914	7.7	8.4	7.2	7.3	16.2	16.6	16.2	15.6	5.4	5.5	5.5	5.2	50/54
30,730	9.1	9.8	8.7	8.3	16.4	16.9	16.0	16.0	5.4	5.5	5.4	5.1	55/59
31,399	10.4	11.6	9.6	9.6	16.7	17.0	16.6	16.3	5.4	5.4	5.5	5.2	60/64
37,770	10.2	11.2	9.8	9.7	16.3	16.8	16.2	16.0	5.2	5.2	5.4	5.1	65/69
48,126	10.5	10.8	9.8	10.9	16.1	16.9	16.3	15.7	4.9	4.9	5.0	4.8	70～
104,931	5.6	4.7	6.3	6.1	13.7	13.3	14.2	13.9	5.2	5.1	5.4	5.1	男 性
11,094	1.0	0.9	0.9	1.1	10.1	10.3	9.7	9.7	4.4	4.3	4.5	4.4	～19
18,572	1.9	1.9	1.9	1.9	10.9	11.2	11.0	10.3	4.9	4.9	5.1	4.9	20/24
4,212	3.3	3.5	2.9	3.2	14.5	15.0	15.0	13.0	5.6	5.6	5.6	5.5	25/29
4,017	4.3	4.9	4.0	3.7	14.3	15.3	13.4	13.5	5.6	5.8	5.6	5.3	30/34
4,246	5.7	6.4	5.4	5.1	14.3	15.5	13.4	13.4	5.4	5.6	5.4	5.2	35/39
4,605	6.5	7.6	6.0	5.6	14.3	14.8	13.5	14.5	5.4	5.6	5.5	5.1	40/44
4,466	7.0	7.9	6.6	6.3	14.9	15.1	14.4	15.3	5.1	5.3	5.3	4.8	45/49
4,855	7.1	7.5	6.5	7.3	15.3	15.4	15.7	14.6	5.1	5.1	5.6	4.8	50/54
5,156	7.2	8.2	6.9	6.4	15.6	15.5	14.6	16.3	5.1	5.3	5.1	5.0	55/59
7,453	9.5	11.1	8.2	9.2	16.4	16.3	16.4	16.6	5.7	5.6	5.8	5.5	60/64
14,868	8.9	9.5	8.9	8.6	15.9	16.1	15.5	16.1	5.7	5.7	5.9	5.7	65/69
21,386	9.9	9.1	9.5	10.5	15.9	16.1	15.9	15.8	5.4	5.4	5.6	5.3	70～
274,980	6.9	7.1	7.0	6.6	15.3	15.3	15.7	14.9	5.2	5.3	5.3	5.1	女 性
16,572	1.0	1.0	1.0	1.1	9.3	9.5	9.0	9.2	4.3	4.3	4.5	4.4	～19
20,652	1.9	2.0	1.9	1.9	10.4	10.5	10.4	10.3	5.0	4.9	5.2	4.9	20/24
10,039	3.0	3.2	3.1	2.8	15.1	15.3	15.8	14.4	5.7	5.7	5.9	5.5	25/29
13,265	4.6	5.0	4.5	4.0	16.0	16.2	16.5	15.5	5.7	5.7	5.9	5.5	30/34
23,773	5.3	6.1	5.2	4.6	16.1	16.6	16.3	15.4	5.5	5.6	5.7	5.4	35/39
27,874	6.0	6.8	5.7	5.3	16.2	16.5	16.5	15.7	5.5	5.5	5.5	5.3	40/44
32,584	6.7	7.5	6.3	6.1	16.3	16.6	16.4	16.0	5.4	5.6	5.5	5.3	45/49
31,058	7.8	8.5	7.3	7.3	16.3	16.7	16.2	15.8	5.4	5.6	5.5	5.3	50/54
25,574	9.4	10.0	9.0	8.7	16.5	17.1	16.3	15.9	5.4	5.6	5.4	5.1	55/59
23,947	10.6	11.7	10.1	9.8	16.7	17.1	16.7	16.3	5.3	5.3	5.4	5.1	60/64
22,902	10.9	11.9	10.4	10.5	16.5	17.1	16.6	15.9	5.0	4.9	5.1	4.8	65/69
26,740	10.9	11.8	10.0	11.2	16.3	17.3	16.6	15.6	4.6	4.5	4.6	4.5	70～

注　年間賞与は令和3年分、その他項目は調査時点（令和4年6月）。

B-14 産業・都道府県・雇用形態別

| 都道府県 | 一般労働者 月あたり所定内賃金（千円）〔令和4年6月〕 | | | | | | | | | | |
| | 男　性 | | | | | | 女　性 | | | | |
	産業計	建設業	製造業	卸売業,小売業	金融業,保険業	宿泊業,飲食サービス	産業計	建設業	製造業	卸売業,小売業	金融業,保険業
全 国 計	342.0	350.9	326.3	351.0	480.6	291.4	258.9	251.0	229.3	246.4	287.8
北 海 道	297.7	311.6	278.9	294.1	433.3	249.5	223.6	204.6	182.0	205.2	257.0
青　　森	267.4	254.8	259.9	268.7	386.4	229.2	219.1	190.4	181.5	208.3	251.7
岩　　手	275.5	277.5	263.8	287.5	396.6	240.0	215.0	215.0	195.5	201.6	268.6
宮　　城	311.4	338.1	298.6	343.6	456.3	266.5	235.5	258.2	195.0	224.8	277.6
秋　　田	288.3	311.6	250.1	258.8	397.2	238.9	220.8	254.5	176.5	185.2	256.3
山　　形	282.4	287.9	276.1	280.8	418.2	229.3	211.4	220.5	200.3	191.1	251.6
福　　島	296.1	320.5	290.8	276.4	436.1	259.9	226.2	231.4	200.9	202.7	278.7
茨　　城	331.4	348.4	330.2	293.5	433.7	262.6	245.7	253.9	231.3	223.0	269.8
栃　　木	326.7	347.1	325.8	327.5	413.6	263.4	241.4	254.2	229.0	210.3	272.1
群　　馬	312.2	326.7	313.0	322.0	418.5	268.5	234.2	238.8	220.0	217.5	263.7
埼　　玉	330.6	372.2	320.1	342.1	439.0	287.7	257.4	255.6	229.5	235.8	270.7
千　　葉	336.7	354.9	331.7	337.1	436.1	280.7	258.3	257.1	232.6	237.5	294.9
東　　京	412.8	412.0	412.8	424.8	548.0	364.4	311.2	307.1	319.0	297.2	323.7
神 奈 川	366.6	356.4	400.7	363.0	472.2	305.7	276.5	235.2	273.1	266.5	291.9
新　　潟	299.0	292.2	291.7	283.7	428.3	249.1	235.0	226.6	207.4	208.4	244.1
富　　山	308.7	341.2	300.6	311.0	461.2	275.7	238.8	231.4	220.0	210.7	293.9
石　　川	312.3	349.5	300.9	303.1	424.7	288.0	240.0	242.6	216.9	210.3	266.2
福　　井	313.3	329.2	299.7	299.0	436.4	266.8	235.3	232.2	209.2	206.1	272.5
山　　梨	316.3	344.0	323.0	275.7	402.2	266.3	238.9	242.4	221.2	197.4	253.6
長　　野	312.1	328.8	305.4	308.0	474.2	273.7	235.6	269.0	217.9	214.8	273.2
岐　　阜	319.9	349.6	310.6	300.5	411.8	275.9	237.3	231.8	214.5	206.5	264.3
静　　岡	323.4	311.1	325.5	318.7	462.1	267.9	241.1	185.8	230.3	230.7	263.1
愛　　知	338.9	351.0	328.2	361.0	450.8	286.7	251.4	243.6	225.0	253.4	285.5
三　　重	324.2	362.6	336.1	313.3	453.4	266.5	238.7	237.1	223.3	218.1	273.9
滋　　賀	331.8	343.0	323.7	317.8	416.2	294.3	249.6	246.6	227.4	219.9	273.1
京　　都	335.1	333.8	340.0	348.3	443.5	283.6	257.5	236.8	250.4	236.0	279.2
大　　阪	363.0	404.4	344.6	373.1	510.5	297.9	276.4	266.5	247.3	265.5	292.8
兵　　庫	344.2	374.7	338.7	346.4	452.4	285.7	258.4	265.0	232.4	235.7	277.4
奈　　良	337.8	404.2	320.5	316.1	427.3	286.0	271.0	545.4	231.6	219.6	276.9
和 歌 山	312.7	366.4	305.9	294.1	418.8	259.7	243.6	218.1	212.1	213.0	282.8
鳥　　取	287.0	301.4	268.6	267.3	437.5	249.2	229.8	242.1	195.5	185.7	257.6
島　　根	287.8	312.1	264.9	276.2	396.8	230.9	225.8	206.9	191.5	198.8	264.0
岡　　山	312.0	332.6	301.5	314.5	416.8	269.7	235.7	242.2	213.3	210.2	277.2
広　　島	322.3	339.5	308.8	356.9	450.4	280.9	245.8	245.0	224.7	226.8	269.6
山　　口	305.7	292.1	310.9	300.4	439.7	283.1	242.7	206.3	226.5	210.2	264.8
徳　　島	301.9	333.6	303.2	290.6	420.6	262.8	241.2	250.6	220.9	199.5	288.4
香　　川	312.0	363.9	292.0	303.6	461.4	274.2	228.5	262.4	205.4	204.1	281.2
愛　　媛	291.9	297.7	289.4	294.1	415.9	242.6	224.2	229.1	198.3	198.4	254.3
高　　知	290.5	288.2	273.1	271.4	426.3	247.4	233.1	263.2	195.7	202.5	269.4
福　　岡	323.7	378.0	293.5	334.3	413.7	262.2	253.2	259.7	207.5	237.1	272.0
佐　　賀	285.4	277.1	280.9	297.2	396.7	254.2	227.7	217.9	193.9	212.4	263.4
長　　崎	294.5	279.1	304.4	277.2	463.0	244.0	226.0	192.8	187.4	197.2	269.6
熊　　本	302.1	339.2	289.7	279.7	431.0	247.8	226.3	225.6	204.4	198.1	265.9
大　　分	300.1	302.3	286.1	293.6	404.6	235.0	233.2	218.4	202.6	191.0	275.9
宮　　崎	276.3	294.2	262.7	295.1	388.1	237.0	215.7	208.1	181.5	202.4	287.9
鹿 児 島	284.0	275.4	267.3	280.2	420.3	257.8	218.9	186.9	180.9	205.7	249.6
沖　　縄	273.8	293.1	248.9	262.9	391.1	245.5	222.2	207.0	189.0	198.3	261.5

資料出所　厚生労働省「賃金構造基本調査」「中央最低賃金審議会答申」。
　　注１．産業計は掲載以外の産業も含み、16大産業での平均値となっている。
　　　２．最低賃金の時間額は、毎月払われる基本的なものに限られ、賞与や時間外・休日・深夜手当、精勤手当及
　　　　び家族手当等は対象外となる。全国計は加重平均によるものである。
　　　３．派遣労働者の場合の最低賃金額は、派遣元ではなく、派遣先の所在地都道府県のものが適用される。
　　　４．地域別最低賃金は最低賃金額答申状況による。

の賃金と地域別最低賃金の状況

短時間労働者　時間あたり所定内賃金（円）〔令和4年6月〕											地域別最低賃金（時間あたり：円）		都道府県
宿泊業,飲食サービス	男　性					女　性					令和4年度	令和5年度	
	産業計	建設業	製造業	卸売業,小売業	宿泊業,飲食サービス	産業計	建設業	製造業	卸売業,小売業	宿泊業,飲食サービス			
216.1	1,624	1,605	1,387	1,168	1,115	1,270	1,272	1,122	1,126	1,100	961	1,002	全
169.0	1,271	1,501	1,194	1,119	1,001	1,119	882	1,072	1,040	1,005	919	959	北
188.7	1,356	1,339	1,030	1,085	992	1,058	982	937	995	1,006	852	891	青
189.0	1,308	932	1,207	1,181	1,122	1,099	925	1,050	1,023	1,030	851	890	岩
219.0	1,211	1,265	1,334	1,013	969	1,138	1,401	1,126	1,024	1,012	883	923	宮
189.7	1,196	1,852	1,073	1,090	941	1,030	997	920	961	940	852	891	秋
193.0	1,277	1,129	1,190	1,004	938	1,051	1,033	980	990	952	852	891	山
189.5	1,239	1,353	1,495	1,036	1,028	1,157	975	1,046	1,059	999	858	898	福
194.6	1,502	1,297	1,255	1,026	1,060	1,164	1,597	1,126	1,071	1,062	910	950	茨
208.2	1,249	1,882	1,305	1,197	1,038	1,199	1,381	1,142	1,062	1,056	913	953	栃
214.6	1,391	1,065	1,216	1,263	1,018	1,226	1,398	1,087	1,174	1,022	895	935	群
213.0	1,667	1,306	1,325	1,144	1,112	1,245	1,416	1,101	1,128	1,088	987	1,028	埼
222.6	1,567	1,326	1,371	1,178	1,094	1,233	1,209	1,127	1,137	1,088	984	1,025	千
285.4	2,035	1,910	2,142	1,336	1,266	1,530	1,533	1,469	1,354	1,235	1,072	1,113	東
223.7	1,841	1,750	2,278	1,404	1,151	1,405	1,401	1,293	1,218	1,152	1,071	1,112	神
191.8	1,350	2,189	1,165	1,024	982	1,138	1,310	1,037	1,064	976	889	929	新
198.3	1,323	1,423	1,271	1,130	1,254	1,179	1,236	1,052	1,083	1,157	908	948	富
209.4	1,299	2,166	1,405	1,027	1,105	1,171	1,176	1,060	1,028	1,155	891	931	石
195.6	1,342	1,252	1,271	1,267	1,061	1,153	1,081	1,049	1,080	1,035	888	928	福
209.0	1,467	2,032	1,456	1,374	1,104	1,189	1,408	1,025	1,077	1,029	897	937	山
216.1	1,350	1,423	1,425	1,183	1,097	1,170	1,104	1,143	1,092	1,142	908	948	長
201.0	1,310	1,331	1,273	1,096	1,035	1,174	1,260	1,078	1,070	1,041	910	950	岐
208.7	1,454	1,347	1,160	1,051	1,130	1,229	1,200	1,097	1,106	1,061	944	984	静
213.2	1,660	1,737	1,311	1,171	1,107	1,325	1,334	1,190	1,129	1,145	986	1,027	愛
202.5	1,432	1,475	1,240	1,130	1,075	1,189	1,437	1,093	1,087	1,076	933	973	三
199.3	1,435	1,569	1,209	1,026	1,019	1,151	1,211	1,080	1,062	1,024	927	967	滋
225.8	1,674	2,170	1,395	1,168	1,064	1,356	1,205	1,084	1,107	1,238	968	1,008	京
225.9	1,769	2,052	1,509	1,170	1,172	1,355	1,236	1,188	1,231	1,114	1,023	1,064	大
210.8	1,840	1,317	1,443	1,115	1,074	1,280	1,607	1,088	1,096	1,067	959	999	兵
205.2	1,359	1,808	924	1,108	1,051	1,165	1,074	976	1,023	1,035	896	936	奈
197.8	1,540	1,228	1,467	1,090	1,021	1,137	1,129	986	1,006	1,013	889	929	和
207.7	1,106	1,364	1,187	981	980	1,069	1,120	1,016	962	1,039	851	890	鳥
186.2	1,343	1,505	1,091	1,012	962	1,072	1,309	1,043	996	966	854	894	島
195.4	1,677	2,107	1,220	1,112	986	1,127	1,207	1,084	1,083	981	892	932	岡
225.5	1,439	1,594	1,245	1,083	1,084	1,220	1,291	1,070	1,051	1,105	930	970	広
205.1	1,353	1,242	1,552	1,066	1,026	1,087	984	1,072	988	979	887	927	山
186.1	1,250	2,404	1,545	1,053	967	1,231	1,044	1,027	996	975	854	894	徳
202.1	1,220	1,614	1,294	1,062	1,033	1,101	1,101	1,012	1,015	1,017	878	918	香
185.6	1,123	1,315	1,328	954	972	1,066	1,049	1,040	962	977	851	891	愛
188.6	1,262	1,505	1,597	1,082	1,015	1,122	1,095	1,280	1,008	974	850	889	高
197.9	1,473	2,081	1,187	1,029	1,002	1,119	1,280	1,043	1,010	997	900	940	福
187.4	1,384	2,214	1,137	1,154	1,103	1,129	1,020	999	1,016	1,052	851	890	佐
181.1	1,178	1,241	1,164	1,006	1,032	1,053	1,144	1,148	941	986	851	890	長
181.6	1,296	1,148	1,147	981	982	1,104	1,074	1,007	1,000	984	851	890	熊
187.1	1,341	1,403	1,266	1,003	1,003	1,055	1,091	947	982	1,045	852	891	大
178.0	1,193	2,557	1,122	1,090	980	1,030	886	934	960	971	851	890	宮
183.6	1,516	1,456	1,079	1,146	1,028	1,175	940	1,005	967	938	851	890	鹿
203.0	1,299	1,522	1,340	1,024	998	1,118	1,273	1,176	1,039	1,073	850	889	沖

〔参考〕　最低賃金制とは、最低賃金法に基づき国が最低賃金の最低限度を定め、使用者は、その最低賃金額以上の賃金を労働者に支払わなければならないとされている制度である。仮に最低賃金額より低い賃金を労使合意の上で定めても、それは法律により無効とされ、最低賃金額と同額の定めをしたものとみなされる。最低賃金制には、①地域別最低賃金、②特定（産業別）最低賃金の2種類が存在する。①は産業や職種にかかわりなく、すべての労働者と使用者に適用され各都道府県ごとに計47が定められる。②は、特定の産業の関係労使が、その産業の基幹的労働者について地域別最低賃金より高い最低賃金を必要と認める場合に、その労使の申し出に基づき決定するもので、各都道府県ごとに計225（令和5年1月末）が定められているが、それと別途に全国設定の産業別最低賃金として、全国非鉄金属鉱業最低賃金（日額5,772円）が1種類定められている。

B-15(1)　学歴・職種別にみたモデル

年齢		大学卒、事務・技術労働者								短大・高専卒、事務・技術労働者							
		総合職相当				一般職相当				総合職相当				一般職相当			
		勤続年数(年)	扶養家族(人)	所定内賃金(千円)	集計社数(社)	勤続年数(年)	扶養家族(人)	所定内賃金(千円)	集計社数(社)	勤続年数(年)	扶養家族(人)	所定内賃金(千円)	集計社数(社)	勤続年数(年)	扶養家族(人)	所定内賃金(千円)	集計社数(社)
調査産業計		(集計社数　146社)				(集計社数　28社)				(集計社数　47社)				(集計社数　30社)			
	18歳	—	—	—	—	—	—	—	—	—	—	—	—	—	—	—	—
	20	—	—	—	—	—	—	—	—	0	0	200.8	35	0	0	183.4	23
	22	0	0	225.4	140	0	0	200.1	25	2	0	216.5	35	2	0	195.7	22
	25	3	0	255.1	143	3	0	219.9	25	5	0	244.1	36	5	0	212.2	22
	30	8	2	325.4	140	8	0	254.0	24	10	2	307.1	34	10	0	249.1	21
	35	13	3	392.4	131	13	0	289.0	23	15	3	373.3	39	15	0	270.0	20
	40	18	3	462.7	100	18	0	302.1	20	20	3	400.2	28	20	0	290.3	19
	45	23	3	540.8	83	23	0	330.0	18	25	3	440.9	29	25	0	312.5	18
	50	28	2	589.9	85	28	0	357.0	19	30	2	455.1	29	30	0	332.6	22
	55	33	1	612.2	79	33	0	382.0	19	35	1	491.2	26	35	0	334.5	18
	60	38	1	579.3	54	38	0	333.1	13	40	1	451.7	14	40	0	300.3	13
うち製造業		(集計社数　89社)				(集計社数　14社)				(集計社数　31社)				(集計社数　19社)			
	18歳	—	—	—	—	—	—	—	—	—	—	—	—	—	—	—	—
	20	—	—	—	—	—	—	—	—	0	0	198.8	21	0	0	184.9	13
	22	0	0	225.1	86	0	0	203.0	11	2	0	214.9	21	2	0	193.8	12
	25	3	0	253.9	88	3	0	219.9	11	5	0	239.3	21	5	0	210.1	13
	30	8	2	321.6	84	8	0	264.8	11	10	2	305.2	19	10	0	252.5	12
	35	13	3	384.2	78	13	0	318.6	10	15	3	368.5	25	15	0	273.0	11
	40	18	3	451.1	55	18	0	338.8	8	20	3	397.4	16	20	0	298.7	11
	45	23	3	518.2	43	23	0	369.6	9	25	3	427.4	17	25	0	322.5	10
	50	28	2	560.8	44	28	0	407.6	9	30	2	424.4	17	30	0	340.1	14
	55	33	1	569.7	41	33	0	433.0	10	35	1	472.1	15	35	0	363.8	12
	60	38	1	571.8	27	38	0	391.4	5	40	1	422.7	7	40	0	327.1	7

〈参考〉各種賃金にみる賃金格差 (調査産業計)〔令和4年6月〕

(単位　千円)

学歴・職種	18歳	20歳	22歳	25歳	30歳	35歳	40歳	45歳	50歳	55歳	60歳
(1)モデル所定内賃金(千円)											
大学卒　事務・技術　総合職相当	—	—	225.4	255.1	325.4	392.4	462.7	540.8	589.9	612.2	579.3
高校卒　事務・技術　総合職相当	179.5	192.5	207.7	233.1	293.0	346.8	380.9	423.0	462.0	486.5	445.1
高校卒　生　産	177.1	187.4	199.5	220.2	266.5	312.2	351.1	382.1	399.9	408.5	389.4
年齢間格差(22歳=100.0)											
大学卒　事務・技術　総合職相当	—	—	100.0	113.2	144.4	174.1	205.3	239.9	261.7	271.6	257.0
高校卒　事務・技術　総合職相当	86.4	92.7	100.0	112.2	141.1	167.0	183.4	203.7	222.4	234.2	214.3
高校卒　生　産	88.8	93.9	100.0	110.4	133.4	156.5	176.0	191.5	200.5	204.8	195.2
学歴間格差(大学卒=100.0)											
大学卒　事務・技術　総合職相当	—	—	100.0	100.0	100.0	100.0	100.0	100.0	100.0	100.0	100.0
高校卒　事務・技術　総合職相当	—	—	92.1	91.4	90.0	88.4	82.3	78.2	78.3	79.5	76.8
高校卒　生　産	—	—	88.5	86.3	81.9	79.6	75.9	70.7	67.8	66.7	67.2
(2)実在者平均所定内賃金(千円)											
大学卒　事務・技術　男性	—	—	225.5	251.4	313.5	390.9	448.0	501.2	554.6	568.8	525.7
高校卒　事務・技術　男性	176.2	185.6	201.0	222.2	269.7	317.9	373.0	390.8	415.9	440.5	409.4
高校卒　生　産　男性	178.1	188.8	202.2	218.9	261.9	302.0	327.8	359.4	383.2	390.8	367.5
年齢間格差(22歳=100.0)											
大学卒　事務・技術　男性	—	—	100.0	111.5	139.0	173.3	198.7	222.3	245.9	252.2	233.1
高校卒　事務・技術　男性	87.7	92.3	100.0	110.5	134.2	158.2	185.6	194.4	206.9	219.2	203.7
高校卒　生　産　男性	88.1	93.4	100.0	108.3	129.5	149.4	162.1	177.7	189.5	193.3	181.8
学歴間格差(大学卒=100.0)											
大学卒　事務・技術　男性	—	—	100.0	100.0	100.0	100.0	100.0	100.0	100.0	100.0	100.0
高校卒　事務・技術　男性	—	—	89.1	88.4	86.0	81.3	83.3	78.0	75.0	77.4	77.9
高校卒　生　産　男性	—	—	89.7	87.1	83.5	77.3	73.2	71.7	69.1	68.7	69.9

所定内賃金（中労委）〔令和4年6月〕

高校卒、事務・技術労働者								高校卒、生産労働者				年齢
総合職相当				一般職相当								
勤続年数(年)	扶養家族(人)	所定内賃金(千円)	集計社数(社)	勤続年数(年)	扶養家族(人)	所定内賃金(千円)	集計社数(社)	勤続年数(年)	扶養家族(人)	所定内賃金(千円)	集計社数(社)	
（集計社数　62社）				（集計社数　52社）				（集計社数　66社）				
0	0	179.5	54	0	0	175.3	43	0	0	177.1	60	18歳
2	0	192.5	53	2	0	184.4	43	2	0	187.4	63	20
4	0	207.7	53	4	0	195.7	42	4	0	199.5	62	22
7	0	233.1	53	7	0	212.5	41	7	0	220.2	60	25
12	2	293.0	53	12	2	245.9	41	12	2	266.5	61	30
17	3	346.8	53	17	3	282.2	41	17	3	312.2	60	35
22	3	380.9	49	22	3	310.3	40	22	3	351.1	58	40
27	3	423.0	48	27	3	343.1	39	27	3	382.1	55	45
32	2	462.0	48	32	3	365.9	40	32	2	399.9	56	50
37	1	486.5	42	37	0	384.7	41	37	1	408.5	52	55
42	1	445.1	28	42	0	352.3	27	42	1	389.4	29	60
（集計社数　42社）				（集計社数　35社）				（集計社数　66社）				
0	0	179.2	36	0	0	175.9	29	0	0	176.7	49	18歳
2	0	190.4	35	2	0	184.4	29	2	0	186.0	51	20
4	0	205.4	34	4	0	195.7	28	4	0	198.3	50	22
7	0	228.6	34	7	0	214.7	28	7	0	219.0	49	25
12	2	287.7	35	12	2	250.4	29	12	2	266.1	51	30
17	3	336.5	36	17	3	289.8	28	17	3	311.7	50	35
22	3	373.8	34	22	3	320.2	26	22	3	348.6	48	40
27	3	414.1	33	27	3	350.9	26	27	3	381.8	44	45
32	2	452.9	33	32	3	372.9	27	32	3	400.1	44	50
37	1	476.0	28	37	0	407.3	26	37	1	403.0	41	55
42	1	468.0	19	42	0	382.3	16	42	1	390.7	21	60

資料出所　中央労働委員会事務局「賃金事情等総合調査－賃金事情調査－」。
　　　　　参考表も同じ。

注　1．資本金5億円以上、労働者1,000人以上の民間企業。令和4年調査では 380社を
　　　　対象。回答があった企業は220社（回答率57.9%）、集計対象は航空・病院・農協
　　　　団体などを除く213社。
　　2．ここでの所定内賃金には、時間外給与・通勤手当・交替手当を除く。
　　3．モデル賃金・一時金とは、学校を卒業後（大学卒は22歳、短大・高専卒は20歳、
　　　　高校卒は18歳）、直ちに入社して同一企業に継続勤務し、標準的に昇進した者の
　　　　うち、設定されたモデル条件（性、職種、学歴、年齢、勤続年数、扶養家族数）
　　　　に該当する者の所定内賃金・一時金。
　　4．60歳定年制の場合、満60歳到達日を退職日としている場合は満59歳時の賃金で
　　　　ある。
　　5．モデル賃金と実在者賃金の関係は、活用労働統計の「用語の解説」18項を参照。

〈参考〉つづき

学歴・職種			20歳	22歳	25歳	30歳	35歳	40歳	45歳	50歳	55歳	60歳
(3)モデル一時金(千円)〔年間計〕												
大学卒	事務・技術	総合職相当	—	—	1,262	1,683	2,060	2,636	3,116	3,371	3,600	3,237
高校卒	事務・技術	総合職相当	865	962	1,062	1,330	1,672	1,975	2,215	2,439	2,666	2,257
高校卒	生　産		868	958	1,091	1,266	1,533	1,823	1,937	2,089	2,153	1,996
年齢間格差(25歳=100.0)												
大学卒	事務・技術	総合職相当	—	—	100.0	133.4	163.2	208.9	246.9	267.1	285.3	256.5
高校卒	事務・技術	総合職相当	81.5	90.6	100.0	125.2	157.4	186.0	208.6	229.7	251.0	212.5
高校卒	生　産		79.6	87.8	100.0	116.0	140.5	167.1	177.5	191.5	197.3	183.0
学歴間格差(大学卒=100.0)												
大学卒	事務・技術	総合職相当	—	—	100.0	100.0	100.0	100.0	100.0	100.0	100.0	100.0
高校卒	事務・技術	総合職相当	—	—	84.2	79.0	81.2	74.9	71.1	72.4	74.1	69.7
高校卒	生　産		—	—	86.5	75.2	74.4	69.2	62.2	62.0	59.8	61.7

B-15(2) 実在者モデル一時金

年齢	大学卒、事務・技術労働者						短大・高専卒、事務・技術労働者					
	総合職相当			一般職相当			総合職相当			一般職相当		
	勤続年数(年)	扶養家族(人)	一時金(千円)	勤続年数(年)	扶養家族(人)	一時金(千円)	勤続年数(年)	扶養家族(人)	一時金(千円)	勤続年数(年)	扶養家族(人)	一時金(千円)
調査産業計	(集計社数 128社)			(集計社数 23社)			(集計社数 41社)			(集計社数 26社)		
18歳	—	—	—	—	—	—	—	—	—	—	—	—
20	—	—	—	—	—	—	—	—	—	—	—	—
22	—	—	—	—	—	—	2	0	1,032	2	0	998
25	3	0	1,262	3	0	1,240	5	0	1,144	5	0	1,097
30	8	2	1,683	8	0	1,395	10	2	1,493	10	0	1,267
35	13	3	2,060	13	0	1,596	15	3	1,720	15	0	1,389
40	18	3	2,636	18	0	1,749	20	3	2,055	20	0	1,577
45	26	3	3,116	26	0	1,811	25	3	2,185	25	0	1,656
50	28	2	3,371	28	0	2,029	30	2	2,295	30	0	1,703
55	33	1	3,600	33	0	2,181	35	1	2,522	35	0	1,696
60	38	1	3,237	38	0	1,950	40	1	2,188	40	0	1,561
うち製造業	(集計社数 80社)			(集計社数 11社)			(集計社数 28社)			(集計社数 17社)		
18歳	—	—	—	—	—	—	—	—	—	—	—	—
20	—	—	—	—	—	—	—	—	—	—	—	—
22	—	—	—	—	—	—	2	0	1,093	2	0	1,026
25	3	0	1,243	3	0	1,132	5	0	1,242	5	0	1,097
30	8	2	1,658	8	0	1,316	10	2	1,665	10	0	1,273
35	13	3	2,039	13	0	1,546	15	3	1,804	15	0	1,404
40	18	3	2,493	18	0	1,730	20	3	2,219	20	0	1,658
45	26	3	2,999	26	0	1,804	25	3	2,327	25	0	1,766
50	28	2	3,244	28	0	2,159	30	2	2,407	30	0	1,733
55	33	1	3,424	33	0	2,336	35	1	2,705	35	0	1,933
60	38	1	3,378	38	0	2,483	40	1	2,483	40	0	1,821

資料出所 中央労働委員会事務局「賃金事情等総合調査－賃金事情調査－」。

B-16 実在者平均

年齢	大学卒、事務・技術労働者				短大・高専卒、事務・技術労働者			
	男性		女性		男性		女性	
	平均所定内賃金(千円)	平均勤続年数(年)	平均所定内賃金(千円)	平均勤続年数(年)	平均所定内賃金(千円)	平均勤続年数(年)	平均所定内賃金(千円)	平均勤続年数(年)
調査産業計	(集計社数 108社)		(集計社数 105社)		(集計社数 81社)		(集計社数 81社)	
18歳	—	—	—	—	—	—	—	—
20	—	—	—	—	194.8	0.3	191.3	0.3
22	225.5	0.3	220.6	0.3	209.5	1.8	206.6	2.0
25	251.4	1.9	245.2	2.4	231.5	4.6	219.9	4.5
30	313.5	6.0	288.9	6.5	289.5	9.2	259.6	9.0
35	390.9	10.5	338.0	11.1	349.8	13.0	267.7	13.5
40	448.0	13.9	371.8	14.1	394.0	17.3	288.3	15.8
45	501.2	18.5	380.3	17.1	422.2	20.7	320.8	21.1
50	554.6	23.6	407.9	23.1	478.4	26.0	344.5	26.6
55	568.8	29.8	455.8	29.0	497.8	31.5	370.8	29.5
60	525.7	32.8	436.4	26.8	478.2	34.6	318.9	33.3
うち製造業	(集計社数 60社)		(集計社数 57社)		(集計社数 50社)		(集計社数 47社)	
18歳	—	—	—	—	—	—	—	—
20	—	—	—	—	197.6	0.3	189.3	0.3
22	221.0	0.3	221.6	0.3	208.8	1.6	205.0	2.1
25	246.1	1.6	245.2	2.1	231.6	4.4	224.9	4.5
30	307.1	5.6	296.2	5.9	284.5	9.0	261.0	9.2
35	375.7	9.9	339.9	10.1	351.4	13.0	303.8	12.6
40	421.5	12.7	369.4	12.7	394.3	15.3	317.8	15.8
45	473.8	17.2	394.4	15.7	450.2	18.4	328.2	21.5
50	507.5	21.5	398.2	20.9	466.1	25.9	349.2	26.7
55	507.2	29.3	439.3	28.2	487.8	32.1	375.3	31.0
60	513.3	32.6	493.2	33.6	480.3	36.4	341.8	37.1

資料出所 中央労働委員会事務局「賃金事情等総合調査－賃金事情調査－」。
注1. B-15(1)表の注に同じ。

（令和３年年末・令和４年夏季合計）（中労委）

高校卒、事務・技術労働者						高校卒、生産労働者			年齢
総合職相当			一般職相当						
勤続年数(年)	扶養家族(人)	一時金(千円)	勤続年数(年)	扶養家族(人)	一時金(千円)	勤続年数(年)	扶養家族(人)	一時金(千円)	
（集計社数　52社）			（集計社数　47社）			（集計社数　58社）			産業計 18歳
—	—	—	—	—	—	—	—	—	
2	0	865	2	0	851	2	0	868	20
4	0	962	4	0	923	4	0	958	22
7	0	1,062	7	0	1,012	7	0	1,091	25
12	2	1,330	12	0	1,176	12	2	1,266	30
17	3	1,672	17	0	1,377	17	3	1,533	35
22	3	1,975	22	0	1,568	22	3	1,823	40
27	3	2,215	27	0	1,597	27	3	1,937	45
32	2	2,439	32	0	1,825	32	2	2,089	50
37	1	2,666	37	0	1,930	37	1	2,153	55
42	1	2,257	42	0	1,742	42	1	1,996	60
（集計社数　37社）			（集計社数　33社）			（集計社数　47社）			製造業 18歳
—	—	—	—	—	—	—	—	—	
2	0	887	2	0	873	2	0	868	20
4	0	993	4	0	934	4	0	946	22
7	0	1,088	7	0	1,044	7	0	1,075	25
12	2	1,341	12	0	1,200	12	2	1,252	30
17	3	1,692	17	0	1,401	17	3	1,505	35
22	3	2,023	22	0	1,634	22	3	1,796	40
27	3	2,279	27	0	1,672	27	3	1,960	45
32	2	2,493	32	0	1,911	32	2	2,095	50
37	1	2,716	37	0	2,115	37	1	2,120	55
42	1	2,493	42	0	1,886	42	1	2,074	60

所定内賃金（中労委）〔令和４年６月〕

高校卒、事務・技術労働者				高校卒、生産労働者				年齢
男　性		女　性		男　性		女　性		
平均所定内賃金(千円)	平均勤続年数(年)	平均所定内賃金(千円)	平均勤続年数(年)	平均所定内賃金(千円)	平均勤続年数(年)	平均所定内賃金(千円)	平均勤続年数(年)	
（集計社数　91社）		（集計社数　87社）		（集計社数　49社）		（集計社数　39社）		産業計 18歳
176.2	0.3	174.7	0.3	178.1	0.3	179.5	0.3	
185.6	2.0	183.0	2.1	188.8	1.9	191.3	1.8	20
201.0	3.8	196.8	3.9	202.2	3.7	201.5	3.7	22
222.2	6.2	212.9	6.5	218.9	6.3	215.5	5.9	25
269.7	10.5	240.5	10.1	261.9	10.5	240.5	10.6	30
317.9	13.7	255.4	13.0	302.0	14.5	269.7	15.3	35
373.0	18.3	286.0	17.6	327.8	18.0	268.2	17.0	40
390.8	22.9	307.8	21.3	359.4	23.4	289.7	21.4	45
415.9	30.1	323.6	27.3	383.2	29.9	317.6	29.1	50
440.5	35.1	336.3	31.7	390.8	33.5	314.6	33.4	55
409.4	40.1	317.5	37.7	367.5	38.5	284.5	38.3	60
（集計社数　52社）		（集計社数　48社）		（集計社数　38社）		（集計社数　31社）		製造業 18歳
176.4	0.3	174.5	0.3	178.7	0.3	179.8	0.3	
183.1	2.1	181.0	2.2	187.7	1.9	189.7	1.8	20
200.3	4.0	195.3	4.2	200.3	3.7	202.1	3.7	22
225.1	6.7	209.6	7.0	217.4	6.4	216.9	6.1	25
269.5	11.3	233.6	10.6	262.4	10.6	241.6	10.6	30
308.9	14.1	239.3	15.5	303.8	14.7	270.9	15.6	35
339.5	18.6	275.4	18.4	328.5	18.3	270.7	17.8	40
361.1	21.9	294.5	20.3	355.5	23.4	295.5	22.7	45
405.9	29.2	326.5	29.0	378.4	29.9	318.8	29.4	50
413.8	33.8	336.6	33.5	385.2	33.6	314.4	33.1	55
410.3	40.5	324.6	39.7	366.4	38.7	—	—	60

B-17　主要企業における

(1)　賃金構成比の推移

(%)

年	所定内賃金計	基本給						奨励給	職務関連手当	生活関連手当	その他の手当
		計	年齢・勤続給	職務・能力給	業績・成果給	総合判断	(区分不明)				
平成22年	100.0	89.4	11.7	41.2	4.1	32.4	―	1.6	2.8	5.9	0.3
23	100.0	91.0	6.8	37.9	7.1	39.1	―	0.5	2.8	5.4	0.3
24	100.0	89.3	11.9	40.7	5.9	41.5	―	1.3	3.0	6.1	0.3
25	100.0	90.0	12.9	28.1	4.4	44.4	―	1.3	2.9	5.5	0.3
26	100.0	90.2	7.7	31.7	4.6	46.2	―	0.1	3.6	5.9	0.3
27	100.0	91.0	8.7	30.6	3.4	48.3	―	0.1	3.4	5.1	0.5
28	100.0	89.8	9.4	30.9	3.9	45.5	―	1.2	3.3	5.4	0.3
29	100.0	89.6	8.8	33.2	2.5	45.2	―	1.2	3.3	5.5	0.4
30	100.0	89.3	10.0	37.3	2.9	49.8	―	1.5	3.1	5.7	0.4
令和元年	100.0	88.9	8.7	34.4	3.3	42.5	―	1.4	3.4	5.7	0.4
2	100.0	89.2	7.8	32.8	4.5	44.1	―	1.6	3.0	5.5	0.6
3	100.0	91.5	9.5	32.7	6.3	43.1	―	0.1	3.2	4.5	0.5
4	100.0	91.5	9.7	34.5	6.4	40.9	―	0.1	3.3	4.6	0.5

資料出所　中央労働委員会事務局「賃金事情等総合調査」。(以下、(4)まで同じ)
　　注　　平成22年調査より基本給の質問項目を見直し「区分不明」をなくした。

(2)　家族手当制度の有無、上限の有無、上限人数、平均支給額

年	集計社数	制度がある企業(社)（集計178社＝100％）	支給対象人数または額に上限がある企業(社)（制度がある企業147社＝100％）	人数に上限がある場合の上限人数(社)（上限がある企業39社＝100％）			家族別支給額(千円)			
				3人まで	4人まで	5人まで	配偶者	第1子	第2子	第3子
平成15年	288	251	123	44	34	38	18.7	6.5	5.9	4.1
18	238	192	88	29	18	24	18.0	7.7	6.5	5.9
20	228	186	72	22	22	16	17.5	8.1	7.2	6.5
22	225	181	71	16	25	14	17.7	8.3	7.0	6.5
24	215	172	62	16	21	12	16.3	8.4	7.2	6.8
27	218	179	58	16	23	10	17.4	9.8	9.2	6.5
令和2年	178	147 (82.6)	31 (17.4)	12 (30.8)	12 (30.8)	5 (12.8)	16.3	11.6	11.2	11.7

(3)　住宅手当制度の有無、扶養の有無・住宅の種類別支給額の決め方及び平均支給額（令和3年）

産業	集計社数	制度の有無		扶養の有無で支給が異なる場合(扶養あり)									扶養の		
				借家・借間			自宅			その他			借家・借間		
		あり	なし	社数	定額の場合の支給額	幅がある場合の最高額	社数	定額の場合の支給額	幅がある場合の最高額	社数	定額の場合の支給額	幅がある場合の最高額	社数	定額の場合の支給額	幅がある場合の最高額
調査産業計	171	93	78	51	25.7	44.0	41	19.3	27.6	12	20.2	18.2	45	14.2	27.8
鉱業	3	3	―	2	―	27.0	2	―	19.5	―	―	―	2	―	19.4
製造業	102	57	45	30	30.1	43.8	22	16.4	30.3	4	―	16.1	28	17.1	26.8
建設	10	6	4	2	―	39.5	3	―	26.0	―	―	―	2	―	10.0
銀行・保険	5	3	2	2	46.0	40.0	2	46.0	40.0	2	46.0	40.0	―	―	―
私鉄・バス	15	8	7	6	15.6	―	7	15.7	―	4	11.6	22.6	6	10.4	―
貨物運送	1	*	*	*	*	*	*	*	*	*	*	*	*	*	*
海運・倉庫	2	2	―	―	―	―	―	―	―	―	―	―	―	―	―
電力	7	3	4	3	28.0	9.0	3	25.5	9.0	―	―	―	3	15.3	5.4
ガス	3	―	3	―	―	―	―	―	―	―	―	―	―	―	―
百貨店・スーパー	2	1	1	1	*	*	―	―	―	―	―	―	1	*	*
商事	9	2	7	1	*	*	1	*	*	1	*	*	1	*	*
新聞・放送	4	2	2	―	―	―	―	―	―	―	―	―	―	―	―
ホテル・旅行	1	*	*	*	*	*	*	*	*	*	*	*	*	*	*
情報サービス	2	2	―	1	*	*	―	―	―	―	―	―	1	*	*
飲食・娯楽	2	2	―	2	―	67.5	―	―	―	―	―	―	2	―	45.0
その他の産業	2	2	―	―	―	―	―	―	―	―	―	―	―	―	―

注　1．制度の区分中、「社宅・寮」「その他」についての回答は割愛している（集計社数、制度の有無の集計数には含む）。
　　2．「―」は対象社がないため、また「＊」はサンプル数が少ないためデータを公表していない。

諸手当制度

(4) 地域手当（都市手当）制度の有無、地域区分数、平均支給額（率）及び支給額の決め方（令和4年）

産　業	集計社数	制度の有無 あり	制度の有無 なし	地域区分数	無支給地域のある社数	定額の場合 社数	定額の場合 最高額(千円)	定額の場合 最低額(千円)	支給額に幅がある場合 社数	最高額のうち 最も高い地域(千円)	最高額のうち 最も低い地域(千円)	最低額のうち 最も高い地域(千円)	最低額のうち 最も低い地域(千円)	率で定めている場合 社数	率で定めている場合 最高率(%)	率で定めている場合 最低率(%)
調査産業計	172	64	108	4.0	47	28	22.1	10.5	31	27.5	13.1	12.7	6.2	13	8.3	4.1
鉱　業	2	2	—	2.0		1	*	*	—					—	—	—
製　造　業	101	35	66	3.3	29	14	17.5	7.2	17	25.3	11.5	11.6	5.4	12	8.6	4.4
建　設	13	7	6	4.3	7	3	51.7	12.8	3	29.0	9.2	12.4	4.5	1	*	*
銀行・保険	5	2	3	2.5	1	1	*	*	—					—	—	—
私鉄・バス	15	1	14	3.0	1	—			1	*	*	*	*	—	—	—
貨物運送	1	*	*	*	*	*	*	*	*	*	*	*	*	*	*	*
海運・倉庫	4	3	1	2.3	1	1	*	*	2	25.6	12.4	15.3	6.9	—	—	—
電　力	7	6	1	4.5	4	3	18.3	11.5	5	26.7	16.7	10.8	7.8	—	—	—
ガ　ス	3	2	1	1.5	1				1	*	*	*	*	—	—	—
百貨店・スーパー	3	—	3	—												
商　事	7	—	7	—												
新聞・放送	4	1	3	2.0		1	*	*	1	*	*	*	*	—	—	—
ホテル・旅行	2	1	1	4.0		1	*	*	—					—	—	—
情報サービス	2	—	2	—												
飲食・娯楽	2	2	—	4.0	2	1	*	*	1	*	*	*	*	—	—	—
その他のサービス	1	*	*	*	*	*	*	*	*	*	*	*	*	*	*	*

注　1. 支給額の決め方のうち「額で定めている」社について、定額とする地域と支給額に幅がある地域がある社の場合は「定額の場合」と「支給額に幅がある場合」の両方の項目で集計した。
　　2. 支給額の集計について、「定額の場合」で支給対象地域が1つのみ、または地域間の差がない場合の当該額は「最高額」として集計した。「支給額に幅がある場合」で支給対象地域が1つのみ、または地域間の差がない場合の当該支給額は「最高地域の（最高額、最低額）」として集計した。各項目の社数は「最高額」の社数である。
　　3. 「率＋額で定めている」とは、額に率で算出した額を上乗せして支給するもの（例えば、5千円＋基本給の5％等）をいう。
　　4. 支給地域や職種別に「額で定めている」場合と「率で定めている」場合がある社の場合、「額で定めている社数」と「率で定めている社数」の両方の項目で集計した。

有無で支給が異なる場合(扶養なし) 自宅 社数	定額の場合の支給額	幅がある場合の最高額	その他 社数	定額の場合の支給額	幅がある場合の最高額	扶養の有無には無関係の場合 借家・借間 社数	定額の場合の支給額	幅がある場合の最高額	自宅 社数	定額の場合の支給額	幅がある場合の最高額	その他 社数	定額の場合の支給額	幅がある場合の最高額	産　業
35	10.7	17.3	10	9.7	9.1	32	15.9	32.0	27	14.2	17.4	6	25.3	22.0	調　査　産　業　計
2	—	15.8	1	*	*	1	*	*	—			—			鉱　　　　　業
20	9.5	19.1	4	—	10.3	24	14.2	30.2	21	12.4	16.1	3	—	22.0	製　　造　　業
2	—	8.5	—			2	—	34.0	2	—	23.5	—			建　　　　　設
			—			1	*	*	1	*	*	—			銀　行・保　険
7	10.6	—	4	9.7											私　鉄・バ　ス
*	*	*	*	*	*	*	*	*	*	*	*	*	*	*	貨　物　運　送
						1	*	*	1	*	*	1	*	*	海　運・倉　庫
3	13.3	5.4													電　　　　　力
—															ガ　　　　　ス
						1	*	*	—			—			百貨店・スーパー
1	*	*	1	*	*										商　　　　　事
						2	32.0	70.0	1	*	*	1	*	*	新　聞・放　送
*	*	*	*	*	*	*	*	*	*	*	*	*	*	*	ホテル・旅　行
												1	*	*	情報サービス
									1	*	*	—			飲　食・娯　楽
—															その他の産業

B-18　中途採用者の
（令和4年10月～

(1)　全国計：男性労働者

（単位　千円）

職業・産業・規模		年齢計	19歳以下	20～24歳	25～29歳	30～34歳	35～39歳	40～44歳	45～49歳	50～54歳	55～59歳	60歳以上
職業別	職業計	277	196	219	258	288	303	313	312	305	298	239
	専門的・技術的職業	310	192	225	279	322	343	356	354	352	356	291
	管理的職業	406	207	235	290	362	415	444	465	479	478	370
	事務的職業	357	193	239	298	351	390	417	427	434	427	305
	販売の職業	272	187	221	252	278	297	313	318	314	300	240
	サービスの職業	255	187	214	246	267	278	288	285	274	256	210
	保安の職業	197	190	200	208	214	212	215	211	207	201	180
	農林漁業の職業	216	183	196	208	216	224	237	236	235	221	203
	輸送・機械運転の職業	251	207	232	245	254	257	262	265	261	251	222
	生産工程の職業	227	190	202	218	231	241	246	248	246	242	206
	職業計・東京地域	342	211	241	301	355	388	409	405	392	381	287
産業別	農林漁業	216	183	197	206	215	226	233	238	233	223	201
	鉱業・採石・砂利採取業	265	*197	221	236	257	299	279	280	278	283	245
	建設業	262	204	222	245	258	273	289	300	301	295	254
	製造業	263	187	203	232	260	281	296	301	311	315	242
	電気・ガス・熱供給業・水道業	329	178	226	252	319	358	368	374	380	356	315
	情報通信業	375	214	246	311	389	444	480	495	484	482	382
	運輸業	254	207	229	246	257	262	266	267	265	258	226
	卸売，小売業	283	184	213	251	285	309	325	333	330	325	249
	金融，保険業	379	186	246	300	379	423	456	445	476	424	320
	不動産業	293	195	232	260	290	316	338	345	354	336	264
	学術研究・専門・技術	353	206	245	317	366	396	422	429	421	410	315
	宿泊，飲食サービス業	259	188	214	236	257	273	288	298	297	281	239
	生活関連，娯楽業	252	182	204	236	262	276	287	295	289	269	220
	教育，学習支援業	292	191	214	253	288	325	353	360	356	320	247
	医療，福祉	263	180	212	266	290	279	276	267	260	255	225
	複合サービス事業	234	175	200	217	227	242	256	258	264	272	219
	サービス業(他に分類されないもの)	258	201	218	249	275	285	296	288	280	270	209
	公務	320	174	219	269	313	347	398	425	390	373	278
規模別	29人以下	259	198	218	245	265	278	287	288	284	273	232
	30～99人	270	191	216	249	275	290	300	302	298	290	241
	100～299人	280	191	217	255	286	303	316	319	319	314	247
	300人以上	315	196	227	283	328	354	371	367	363	359	260

資料出所　厚生労働省職業安定局労働市場センター業務室総括係。
注　「＊」は対象者が10人未満、「－」は対象者がいないことを示している。

〔付表1〕　勤続1年未満労働者の所定内給与額（産業計・男性労働者）

〔令和2年・令和3年・令和4年6月〕

（単位　千円）

年次・学歴・規模			～19歳	20～24歳	25～29歳	30～34歳	35～39歳	40～44歳	45～49歳	50～54歳	55～59歳	60～64歳
令和2年6月	学歴別	学歴・規模計	182	215	246	282	300	314	312	318	324	269
		高校卒	180	200	215	224	232	250	243	250	241	225
		専門学校卒	－	202	226	270	271	292	269	290	220	237
		大学・大学院卒	－	224	278	334	354	394	431	497	463	335
	規模別	1,000人以上	181	223	262	306	335	349	327	352	361	281
		100～999人	184	214	245	296	308	319	325	353	342	266
		10～99人	180	202	229	241	259	282	291	271	279	263
令和3年6月	学歴別	学歴・規模計	183	217	246	286	292	303	303	305	311	295
		高校卒	182	202	217	232	239	247	252	254	247	250
		専門学校卒	－	203	222	237	248	257	283	280	270	220
		大学卒	－	226	266	332	351	367	380	407	418	349
	規模別	1,000人以上	185	224	269	334	322	362	320	321	295	309
		100～999人	181	216	238	286	302	278	312	327	340	294
		10～99人	183	208	228	245	260	288	286	279	300	281
令和4年6月	学歴別	学歴・規模計	184	221	256	294	310	313	303	322	316	286
		高校卒	185	206	223	240	238	255	251	269	252	228
		専門学校卒	－	207	233	254	261	278	289	255	292	286
		大学卒	－	228	271	335	375	399	377	425	398	346
	規模別	1,000人以上	188	230	283	340	351	353	354	364	292	297
		100～999人	183	219	247	287	313	310	289	340	331	295
		10～99人	183	211	238	266	277	292	294	292	311	266

資料出所　厚生労働省「賃金構造基本統計調査」。付表2も同じ。

採用時賃金

令和5年3月）

(2)　全国計：女性労働者

（単位　千円）

職業・産業・規模		年齢計	19歳以下	20〜24歳	25〜29歳	30〜34歳	35〜39歳	40〜44歳	45〜49歳	50〜54歳	55〜59歳	60歳以上
職業別	職業計	228	178	205	236	244	239	236	232	227	222	195
	専門的・技術的職業	258	183	223	262	278	270	267	264	259	254	234
	管理的職業	292	181	218	262	306	321	324	325	323	310	255
	事務的職業	238	179	208	240	254	249	244	240	239	241	205
	販売の職業	204	174	195	216	217	213	209	205	193	185	173
	サービスの職業	211	179	202	221	223	219	216	215	211	207	187
	保安の職業	190	187	195	201	201	195	188	189	189	188	170
	農林漁業の職業	177	174	182	185	179	178	178	180	172	172	149
	輸送・機械運転の職業	221	178	208	218	220	219	226	231	232	217	192
	生産工程の職業	180	173	183	187	185	184	182	179	174	168	153
	職業計・東京地域	275	193	228	270	298	305	305	298	280	267	219
産業別	農林漁業	177	177	182	184	178	178	177	184	169	168	150
	鉱業・採石・砂利採取業	215	*190	177	247	240	225	212	220	200	213	*190
	建設業	212	189	203	214	213	211	214	217	218	216	198
	製造業	205	170	187	210	215	216	216	211	204	194	166
	電気・ガス・熱供給業・水道業	269	*210	209	237	296	301	319	281	258	*325	*198
	情報通信業	301	199	236	284	325	342	350	346	338	330	249
	運輸業	210	183	200	213	218	215	217	215	213	201	180
	卸売，小売業	221	174	195	223	236	236	233	229	225	220	187
	金融，保険業	221	179	189	225	235	229	235	230	217	197	175
	不動産業	235	194	216	237	247	245	243	246	234	228	203
	学術研究・専門・技術	269	189	224	270	289	293	286	278	275	268	222
	宿泊，飲食サービス業	200	173	197	206	211	206	208	210	198	190	166
	生活関連，娯楽業	206	180	198	212	216	214	210	210	205	200	183
	教育，学習支援業	233	180	206	232	245	243	240	242	238	236	226
	医療，福祉	231	181	214	242	242	231	232	233	233	231	213
	複合サービス事業	199	179	196	210	210	205	197	201	186	183	173
	サービス業(他に分類されないもの)	227	186	211	233	247	240	238	234	221	212	179
	公務	265	*213	218	256	294	297	314	273	253	244	173
規模別	29人以下	215	176	200	221	225	220	219	219	217	213	192
	30〜99人	225	177	203	230	237	234	231	230	225	221	199
	100〜299人	230	180	206	234	244	239	240	237	232	223	198
	300人以上	249	180	213	256	276	271	264	254	243	238	198

〔調査期間中に、厚生労働省労働市場センター業務室に報告のあった雇用保険被保険者資格取得データのうち、雇用形態が常用の者（新規学卒者を除く）を対象とした採用時賃金を集計したもの。賃金は雇用保険被保険者資格取得届の賃金月額欄（毎月きまって支払われる各種の手当及び現物給与は含むが、超過勤務手当、賞与及びその他の臨時の給与は含まない。税・社会保険料込み）に記入された賃金額を基礎として算出された平均値（百円単位四捨五入）〕。

〔付表2〕　勤続1年未満労働者の所定内給与額（産業計・女性労働者）

〔令和2年・令和3年・令和4年6月〕

（単位　千円）

年次・学歴・規模			〜19歳	20〜24歳	25〜29歳	30〜34歳	35〜39歳	40〜44歳	45〜49歳	50〜54歳	55〜59歳	60〜64歳
令和2年6月	学歴別	学歴・規模計	172	209	225	230	231	232	223	226	235	216
		高校卒	173	186	193	194	192	188	199	192	196	188
		専門学校卒	—	206	219	231	231	244	232	254	241	236
		大学・大学院卒	—	221	247	258	266	274	294	292	420	265
	規模別	1,000人以上	176	218	237	241	244	242	224	224	265	218
		100〜999人	171	208	227	231	236	236	230	234	226	224
		10〜99人	171	195	205	215	209	215	214	216	218	204
令和3年6月	学歴別	学歴・規模計	176	211	229	236	232	230	224	225	228	221
		高校卒	175	188	195	191	193	202	198	199	200	209
		専門学校卒	—	206	236	231	240	238	248	248	261	240
		大学卒	—	222	247	272	266	252	262	282	285	252
	規模別	1,000人以上	181	220	239	245	239	242	235	219	214	231
		100〜999人	177	212	228	234	230	230	225	230	239	216
		10〜99人	169	198	218	226	227	217	212	225	228	216
令和4年6月	学歴別	学歴・規模計	177	217	233	252	247	239	237	236	226	223
		高校卒	177	191	198	196	197	200	202	195	193	193
		専門学校卒	—	217	233	230	240	248	253	261	237	265
		大学卒	—	227	252	280	308	294	276	293	272	251
	規模別	1,000人以上	181	227	247	291	278	249	235	230	227	246
		100〜999人	176	215	233	240	251	245	250	244	236	223
		10〜99人	176	205	216	229	214	221	222	233	216	208

B-19　民間主要企業春季賃上げ状況

(1)　年次推移

年	主 要 企 業					(参考) 中 小 企 業		
	現行ベース	妥結額	名目賃上げ率	実質賃上げ率	分散係数	現行ベース	妥結額	賃上げ率
昭和40年	29,635	3,150	10.6	3.95	0.16	22,325	2,704	12.1
45	49,503	9,166	18.5	10.44	0.06	37,170	7,390	19.9
50	116,783	15,279	13.1	2.46	0.16	91,494	12,886	14.1
55	173,320	11,679	6.74	△ 0.80	0.06	136,438	10,069	7.38
60	215,998	10,871	5.03	3.07	0.09	173,703	8,246	4.75
平成2年	252,752	15,026	5.94	2.56	0.08	199,668	11,050	5.53
7	296,006	8,376	2.83	2.93	0.10	229,919	6,184	2.69
12	315,347	6,499	2.06	2.57	0.14	242,489	3,789	1.56
17	316,723	5,661	1.71	1.81	0.16	244,449	3,359	1.37
22	303,151	5,516	1.82	2.64	0.17	—	—	—
23	303,453	5,555	1.83	1.83	0.17	—	—	—
24	303,238	5,400	1.78	1.68	0.18	—	—	—
25	304,330	5,478	1.80	1.29	0.17	—	—	—
26	306,469	6,711	2.09	△ 1.08	0.18	—	—	—
27	309,431	7,367	2.38	0.97	0.22	—	—	—
28	310,671	6,639	2.14	0.93	0.20	—	—	—
29	311,022	6,570	2.11	1.00	0.19	—	—	—
30	311,183	7,033	2.26	1.14	0.20	—	—	—
令和元年	311,255	6,790	2.18	1.07	0.19	—	—	—
2	315,051	6,286	2.00	1.19	0.20	—	—	—
3	314,357	5,854	1.86	1.45	0.20	—	—	—
4	313,728	6,898	2.20	1.29	0.22	—	—	—
5	312,640	11,245	3.60	2.12	0.30	—	—	—

資料出所　厚生労働省労使関係担当参事官室。(2)表も同じ。
注1．集計対象は、平成15年までは、原則として東証又は大証の1部上場企業のうち、資本金20億円以上、かつ従業員1,000人以上の労働組合がある企業である。平成16年以降の集計対象企業は、原則として資本金10億円以上かつ従業員1,000人以上の労働組合のある企業。令和5年は364社である。(2)表も同じ。
　　2．実質賃上げ率は、名目賃上げ率を当該年度の閣議決定された経済見通しの政府消費者物価（総合）上昇率で除したもの。日本生産性本部試算。
　　3．分散係数は妥結額の企業間四分位分散係数で、右記の式により算出した。数値が低いほど分散度合いが低いことをあらわす。

$$四分位分散係数 = \frac{第3・四分位数 - 第1・四分位数}{2 \times 中位数}$$

　　4．中小企業の調査は平成21年より廃止された。

(2)　令和5年産業別要求・妥結状況

産業	集計企業数(社)	平均年齢(歳)	現行ベース(円)	要求額(円)	妥結額(円)	賃上げ率(%)	(参考)令和4年		
							社数(社)	妥結額(円)	賃上率(%)
建　　設　　業	26	35.5	354,258	11,878	11,913	3.36	30	9,334	2.75
食料品・たばこ	26	38.2	315,254	10,772	8,614	2.73	32	5,615	1.84
繊　　　　　維	12	41.0	325,181	15,885	15,027	4.62	12	8,317	2.63
紙・パルプ	5	41.8	301,023	6,092	5,201	1.73	4	5,337	1.80
化　　　　　学	38	38.3	341,930	14,484	13,929	4.07	37	7,805	2.26
石　　　　　油	—	—	—	—	—	—	—	—	—
ゴ　ム　製　品	9	39.7	302,376	9,444	9,161	3.03	7	5,737	1.88
窯　　業	8	38.8	292,887	12,611	10,470	3.57	6	3,979	1.39
鉄　　　鋼　　業	11	35.3	296,430	6,569	8,062	2.72	15	8,900	3.04
非　鉄　金　属	10	39.8	305,470	9,323	11,325	3.71	8	3,920	1.28
機　　械　　器	27	39.1	314,137	15,194	13,593	4.33	21	7,291	2.31
電　気　機　器	16	39.8	321,866	14,284	13,424	4.17	14	6,250	1.93
造　　船　　器	8	38.7	337,626	19,294	18,144	5.37	7	7,321	2.18
精　密　機　器	5	39.8	347,038	21,233	17,070	4.92	5	9,511	2.78
自　　動　　車	46	39.4	319,326	13,289	12,225	3.83	42	6,576	2.07
そ の 他 製 造	8	40.9	303,744	13,788	9,392	3.09	9	5,447	1.79
電　力・ガ　ス	11	39.6	287,839	4,494	2,410	0.84	9	4,942	1.49
運　　輸　　業	7	43.4	297,642	13,649	8,097	2.72	8	7,562	2.60
卸　売・小　売	70	40.1	291,366	14,371	11,166	3.83	70	6,275	2.09
金　融・保　険	3	39.0	315,680	17,154	13,092	4.15	9	8,983	2.99
サ　ー　ビ　ス	18	39.8	301,368	15,028	11,692	3.88	17	5,480	1.81
平　　　　　均	364	39.4	312,640	13,247	11,245	3.60	358	6,898	2.20

注1．妥結額（定昇込み賃上げ額）等を把握できた364社について集計（加重平均）。これ以外で集計に必要な数値を把握できなかった企業は除外している。
　　2．要求額については、具体的な要求額が把握できた344社について算出した。
　　3．妥結額は、原則として定昇込みの平均賃上げ額を用いたが、一部に年齢ポイント（30歳、35歳等）での妥結額（定昇込み）を含む。
　　4．集計企業数が1社の産業は、全産業の平均には算入するが産業別の集計結果は公表しない。

B-20　職種別民間給与の実態

(1)　職種別所定内給与（規模・学歴計：令和4年4月）

職種	平均年齢（歳）	平均所定内給与月額（円）	職種	平均年齢（歳）	平均所定内給与月額（円）
事務・技術関係職種　支店長	54.0	739,471	海事関係職種　沿海・平水　船長・機関長	53.5	529,321
事務部長	53.0	695,046	一等航海士・機関士	42.7	377,120
事務部次長	51.8	648,927	二等航海士・機関士	34.6	335,763
事務課長	49.5	572,958	三等航海士・機関士	27.7	303,209
事務課長代理	46.6	487,674	甲板長・操機長	53.8	405,674
事務係長	45.0	411,092	甲板手・操機手	38.7	312,055
事務主任	42.2	342,194	甲板員・機関員	27.7	250,289
事務係員	36.9	284,616	教育関係職種　大学学長	64.7	898,106
工場長	54.4	716,449	大学副学長	63.0	773,353
技術部長	53.4	710,256	大学学部長	59.5	786,986
技術部次長	51.8	656,339	大学教授	56.8	682,635
技術課長	49.2	572,780	大学准教授	48.7	553,953
技術課長代理	46.5	493,780	大学講師	44.1	473,206
技術係長	45.0	408,960	大学助教	38.2	417,322
技術主任	42.6	358,156	高等学校校長	60.6	750,863
技術係員	35.4	292,879	高等学校教頭	54.9	614,023
技能・労務関係職種　電話交換手	40.3	253,197	高等学校主幹教諭	48.1	488,086
自家用乗用自動車運転手	54.1	325,598	高等学校教諭	44.0	462,745
守衛	48.3	302,153	研究関係職種　研究所長	54.7	846,641
用務員	54.4	249,264	研究部（課）長	50.5	684,943
海事関係職種　遠洋　船長・機関長	49.2	1,051,977	研究室（係）長	48.4	582,379
一等航海士・機関士	39.0	629,205	主任研究員	44.1	500,735
二等航海士・機関士	30.8	485,263	研究員	35.7	364,060
三等航海士・機関士	24.9	419,802	研究補助員	34.2	277,864
甲板長・操機長	—	—	医療関係職種　病院長	61.7	1,751,788
甲板手・操機手	—	—	副院長	57.8	1,459,988
近海　船長・機関長	54.8	700,363	医科長	51.7	1,268,834
一等航海士・機関士	44.4	472,737	医師	43.7	973,203
二等航海士・機関士	35.7	405,963	歯科医師	45.6	753,302
三等航海士・機関士	29.1	371,277	薬局長	50.2	503,863
甲板長・操機長	53.7	504,838	薬剤師	37.0	368,365
甲板手・操機手	41.3	391,972	診療放射線技師	40.0	390,485
甲板員・機関員	23.7	267,637	臨床検査技師	40.3	350,499
			栄養士	36.7	282,303
			理学療法士	33.4	302,021
			作業療法士	33.1	289,111
			総看護師長	55.0	539,846
			看護師長	47.9	431,007
			看護師	38.1	359,618
			准看護師	46.2	303,451

資料出所　人事院「令和4年職種別民間給与実態調査」。(2)表も同じ。集計対象は企業規模50人以上でかつ事業所規模50人以上の全国民間事業所11,841ヵ所。調査人員は433,725人（別に初任給関係27,856人）で、母集団の推定数は3,352,731人。また、病院は調査対象から除外されているため、医療関係職種は令和元年の値。

(2)　令和4年度新卒初任給（令和4年4月）

（単位　円）

職種	学歴	規模計	500人以上	500人未満	100人未満	職種	学歴	規模計	500人以上	500人未満	100人未満
事務員	大学卒	207,878	211,512	205,707	200,341	技術者	大学卒	210,758	216,070	207,549	206,871
	短大卒	183,878	187,819	181,522	178,215		短大卒	190,616	191,650	189,863	189,345
	高校卒	168,820	171,541	167,795	164,796		高校卒	172,085	172,862	170,900	173,561

注　1.　金額は決まって支給する給与から時間外手当、家族手当、通勤手当等特定の者にのみ支給される給与を除き、公務員の調整手当に相当する額を含む。
　　2.　「500人以上」とは、企業規模500人以上で、かつ事業所規模50人以上の事業所を、「500人未満」とは、企業規模100人以上500人未満で、かつ事業所規模50人以上の事業所をいう。「100人未満」は企業・事業所ともに50人以上100人未満のものをいう。

B-21　産業別・学歴別生涯

企業規模 産　業	55歳になるまでの生涯賃金						60歳になる		
	大　学　卒			高　校　卒			大　学　卒		
	所定内 給　与	賞　与	計	所定内 給　与	賞　与	計	所定内 給　与	賞　与	計
企業規模計									
産業計	15,862	5,524	21,387	13,917	4,364	18,281	19,178	6,799	25,978
建設業	16,081	6,472	22,553	14,924	5,039	19,963	19,574	7,981	27,555
製造業	14,987	5,238	20,225	13,489	4,427	17,916	18,288	6,541	24,829
情報通信業	16,153	5,369	21,523	14,638	4,877	19,515	19,438	6,540	25,978
卸売業，小売業	15,482	5,364	20,846	13,761	3,957	17,719	18,678	6,601	25,279
金融業，保険業	18,821	7,763	26,584	*14,524	*4,536	*19,061	22,198	9,081	31,279
宿泊業，飲食サービス	13,590	2,606	16,196	12,660	1,223	13,882	16,067	2,850	18,917
医療，福祉	13,586	3,828	17,414	*13,395	*3,315	*16,710	16,379	4,713	21,092
1,000人以上									
産業計	17,151	6,538	23,688	14,871	4,991	19,862	20,647	7,966	28,612
建設業	17,740	8,397	26,137	16,083	6,911	22,993	21,600	10,292	31,892
製造業	16,347	6,558	22,904	14,427	5,173	19,600	19,894	8,086	27,981
情報通信業	17,610	6,182	23,792	*15,702	*6,162	*21,864	20,898	7,384	28,282
卸売業，小売業	16,384	6,273	22,657	14,325	4,497	18,822	19,689	7,651	27,339
金融業，保険業	19,852	8,509	28,361	—	—	—	23,361	9,929	33,290
宿泊業，飲食サービス	13,939	2,288	16,227	*13,416	*1,859	*15,275	*17,055	*2,779	*19,834
医療，福祉	14,523	4,515	19,038				17,557	5,380	22,937
100～999人									
産業計	14,691	4,716	19,407	13,230	4,128	17,358	17,826	5,854	23,680
建設業	14,863	4,972	19,835	14,825	5,266	20,091	18,116	6,215	24,331
製造業	14,157	4,772	18,929	12,996	4,156	17,152	17,218	5,871	23,089
情報通信業	15,562	5,161	20,723	*14,139	*4,813	*18,951	18,851	6,323	25,174
卸売業，小売業	14,649	4,578	19,227	13,283	3,494	16,777	17,773	5,701	23,474
金融業，保険業	15,685	5,484	21,169	*14,307	*4,165	*18,472	18,703	6,508	25,211
宿泊業，飲食サービス	12,860	1,575	14,435	12,379	1,147	13,526	*15,404	*1,797	*17,201
医療，福祉	13,018	3,415	16,432	*12,880	*2,712	*15,592	*15,636	*4,308	*19,944
10～99人									
産業計	13,665	3,546	17,211	12,904	3,172	16,076	16,448	4,311	20,759
建設業	13,737	3,965	17,702	13,820	3,374	17,194	16,663	4,849	21,512
製造業	12,859	2,716	15,575	12,299	3,034	15,333	15,492	3,366	18,859
情報通信業	13,693	3,918	17,611	*13,442	*3,260	*16,702	16,673	4,789	21,462
卸売業，小売業	13,475	3,306	16,781	12,603	3,054	15,657	16,090	3,843	19,933
金融業，保険業	15,470	5,237	20,707	—	—	—	18,504	6,332	24,837
宿泊業，飲食サービス	*12,932	*3,911	*16,843	11,572	*363	*11,934	14,374	*3,928	*18,303
医療，福祉	*13,295	*3,706	*17,001	—	—	—	*15,707	*4,423	*20,129

資料出所：厚生労働省「賃金構造基本調査」をもとに推計。
　　注1．表項目の「○歳になるまで」とは、一般的に定年年齢が満年齢を指すことから、例えば「55歳になるまでの」
　　　　とは、54歳までの所定内給与と賞与を積算した。60歳、65歳についても同様の考え方で集計している。
　　　2．年齢によっては、サンプル数がデータ集計に満たずに当該年齢のデータが公表されていない年齢があった
　　　　ため、年齢階級データを利用して試算している。該当データには「*」を付した。さらに、年齢階級データも
　　　　掲載されていない産業項目については試算を行っていない（「－」を記した項目）。

賃金の推計値〔男性・退職金を含まず〕（令和4年）

(単位　万円)

までの生涯賃金　高校卒			(参考)65歳になるまでの生涯賃金　大学卒			高校卒			企業規模 産業
所定内給与	賞与	計	所定内給与	賞与	計	所定内給与	賞与	計	
									企業規模計
16,575	5,275	21,850	21,431	7,489	28,921	18,485	5,826	24,311	産業計
17,604	5,992	23,595	22,558	8,909	31,467	19,960	6,622	26,582	建設業
16,072	5,345	21,417	20,452	7,260	27,711	17,845	5,887	23,732	製造業
17,612	6,036	23,648	21,502	6,984	28,486	19,047	6,549	25,595	情報通信業
16,359	4,815	21,174	20,834	7,214	28,048	18,172	5,408	23,580	卸売業, 小売業
*17,233	*5,414	*22,647	23,930	9,574	33,504	*18,877	*5,829	*24,706	金融業, 保険業
14,907	1,553	16,460	17,842	2,983	20,825	17,407	1,775	19,182	宿泊業, 飲食サービス
*16,027	*4,335	*20,362	18,556	5,295	23,851	*18,059	*5,456	*23,515	医療, 福祉
									1,000人以上
17,681	6,014	23,695	22,812	8,702	31,514	19,469	6,651	26,120	産業計
19,144	8,178	27,322	24,551	11,332	35,883	21,023	8,904	29,928	建設業
17,192	6,234	23,426	22,077	9,009	31,086	18,996	6,907	25,903	製造業
*18,751	*7,345	*26,096	22,759	7,838	30,598	*20,147	*7,876	*28,023	情報通信業
17,013	5,471	22,485	21,854	8,358	30,212	18,739	6,107	24,846	卸売業, 小売業
—	—	—	25,089	10,425	35,514	—	—	—	金融業, 保険業
*15,802	*2,244	*18,046	*18,980	*2,917	*21,897	*17,220	*2,372	*19,592	宿泊業, 飲食サービス
—	—	—	19,721	5,834	25,555	—	—	—	医療, 福祉
									100～999人
15,759	4,957	20,716	20,186	6,542	26,727	17,761	5,459	23,220	産業計
17,641	6,262	23,903	21,161	7,032	28,193	20,152	6,786	26,938	建設業
15,436	4,956	20,393	19,404	6,474	25,878	17,085	5,394	22,479	製造業
*16,905	*5,898	*22,802	21,080	6,679	27,758	—	—	—	情報通信業
15,890	4,311	20,200	19,986	6,251	26,237	17,819	4,960	22,779	卸売業, 小売業
*17,048	*4,954	*22,002	20,472	6,996	27,469	*18,717	*5,318	*24,035	金融業, 保険業
14,706	1,365	16,072	*17,105	*1,945	*19,050	17,633	1,656	19,289	宿泊業, 飲食サービス
*14,763	*3,395	*18,158	*18,173	*5,274	*23,447	*15,992	*3,957	*19,949	医療, 福祉
									10～99人
15,180	3,757	18,937	18,655	4,830	23,486	17,177	4,186	21,362	産業計
16,135	4,087	20,222	19,404	5,674	25,078	18,535	4,780	23,316	建設業
14,446	3,563	18,008	17,561	3,677	21,238	16,354	3,867	20,221	製造業
*16,474	*4,371	*20,845	*17,703	*4,789	*22,492	—	—	—	情報通信業
14,830	3,576	18,406	18,252	4,250	22,502	16,594	3,893	20,487	卸売業, 小売業
—	—	—	20,233	6,780	27,013	—	—	—	金融業, 保険業
*13,193	*518	*13,711	17,109	*4,023	*21,132	*15,036	*518	*15,553	宿泊業, 飲食サービス
—	—	—	*18,658	*5,522	*24,180	—	—	—	医療, 福祉

〔生涯賃金の試算について〕

(1) 本表における生涯賃金は、標準労働者の年齢各歳別賃金をベースとし、学卒時の年齢から定年年齢までの就労期間に得られるであろう所定内給与・賞与の累積値である。なお、所定外給与は対象外としている。

(2) 数値は「令和4年賃金構造基本統計調査」における「標準労働者の年齢各歳別所定内給与額及び年間賞与その他特別給与」の数値を集約したものである。所定内給与は各年齢の所定内給与を額を12倍し、それに年齢各歳別の年間賞与その他特別給与を合算して、各年齢の年収を算出したものをもとに試算している。なお所定内給与は令和4年6月、賞与は令和3年の年間数値となることに留意されたい（令和3年賃金構造基本統計調査報告では、所定内給与額は令和3年6月、賞与は令和2年年間平均の値が掲載される）。

(3) 上表と中労委「退職金・年金および定年制事情調査」（令和3年6月）のモデル退職金の集計結果を用いて、産業計・規模1000人以上・大学卒・60歳定年退職者の、生涯賃金に退職金を加えた額を試算すると以下のようになる。
　　（生涯賃金）　　　　　（退職金）
　　2億8,612万円　　＋　　2,564万円　　＝　　3億1,176万円

B-22　学歴・職種別にみたモデル退職金総額(中労委)〔令和3年・6月〕

勤続(年)	年齢(歳)	大学卒事務・技術労働者　総合職相当 会社都合 退職金総額(千円)	月収換算(月)	自己都合 退職金総額(千円)	月収換算(月)	年齢(歳)	短大・高専卒事務・技術労働者　総合職相当 会社都合 退職金総額(千円)	月収換算(月)	自己都合 退職金総額(千円)	月収換算(月)	年齢(歳)	短大・高専卒事務・技術労働者　一般職相当 会社都合 退職金総額(千円)	月収換算(月)	自己都合 退職金総額(千円)	月収換算(月)
調査産業計		(集計社数 92社)		(83社)			(集計社数 20社)		(20社)			(集計社数 16社)		(15社)	
3年	25	690	2.8	323	1.3	23	475	2.2	327	1.5	23	485	2.4	223	1.1
5	27	1,180	4.3	594	2.2	25	1,086	4.5	592	2.5	25	793	3.8	377	1.8
10	32	3,102	8.8	1,799	5.1	30	2,514	8.5	1,555	5.3	30	1,873	7.8	1,093	4.6
15	37	5,779	13.7	3,873	9.3	35	4,208	12.7	3,064	9.1	35	3,850	14.0	2,273	8.3
20	42	9,531	18.8	7,265	14.5	40	7,267	17.0	6,173	14.4	40	7,655	25.2	4,863	16.0
25	47	13,938	24.7	11,431	20.4	45	9,492	24.2	8,752	22.4	45	10,882	32.9	6,825	20.7
30	52	19,154	32.0	17,067	28.8	50	13,483	31.9	12,436	29.4	50	13,429	36.4	10,187	27.6
35	57	23,649	39.3	21,634	35.3	55	16,323	36.6	15,903	35.6	55	14,912	41.4	12,326	34.2
38	60	25,280	44.6	22,692	39.9	—					—				
40/42	—					60	12,431	28.6	12,431	28.6	60	17,236	54.6	14,293	45.3
定年	—	25,463	42.6				13,553	39.2				23,439	72.6		
うち製造業		(集計社数 57社)		(53社)			(集計社数 11社)		(11社)			(集計社数 10社)		(10社)	
3年	25	786	3.2	347	1.4	23	626	3.0	390	1.8	23	524	2.6	234	1.2
5	27	1,430	5.1	705	2.5	25	1,381	6.0	730	3.2	25	954	4.6	495	2.4
10	32	3,554	10.4	1,969	5.8	30	3,145	10.9	1,897	6.6	30	2,124	8.7	1,377	5.6
15	37	6,473	15.7	4,123	9.9	35	5,295	15.7	3,714	11.0	35	4,603	16.5	2,960	10.6
20	42	9,858	20.5	7,529	15.3	40	7,755	19.4	6,181	15.5	40	6,784	21.9	5,886	19.0
25	47	14,512	27.3	12,201	22.4	45	9,232	26.3	8,051	23.0	45	9,365	27.2	8,215	23.9
30	52	19,631	34.6	17,674	30.5	50	14,434	38.6	12,838	34.3	50	12,845	31.1	12,179	29.5
35	57	24,097	40.4	22,209	36.9	55	17,202	39.3	17,150	39.1	55	14,880	35.7	14,096	33.8
38	60	26,064	45.7	24,678	42.9	—					—				
40/42	—					60	14,369	41.3	14,369	41.3	60	17,768	49.4	17,768	49.4
定年	—	23,421	40.3									19,862	55.2		

資料出所　中央労働委員会事務局「賃金事情等総合調査－退職金、年金および定年制事情調査－」。C−43も同じ。

注　1．退職一時金又は退職年金（両制度併用の企業を含む）を採用している企業のうち、本項目に回答があった企業分を集計している。
　　2．退職金総額は、注1による両制度併用での年金分はその年金現価額とし、労働者の拠出に係る部分を除くものである。
　　3．月収換算は、退職時の所定内賃金に対する倍率である。
　　4．一部にサンプル数の少ない年齢があり、留意されたい。

勤続(年)	年齢(歳)	高校卒事務・技術労働者　総合職相当 会社都合 退職金総額(千円)	月収換算(月)	自己都合 退職金総額(千円)	月収換算(月)	年齢(歳)	高校卒事務・技術労働者　一般職相当 会社都合 退職金総額(千円)	月収換算(月)	自己都合 退職金総額(千円)	月収換算(月)	年齢(歳)	高校卒　生産労働者 会社都合 退職金総額(千円)	月収換算(月)	自己都合 退職金総額(千円)	月収換算(月)
調査産業計		(集計社数 29社)		(28社)			(集計社数 29社)		(29社)			(集計社数 39社)		(36社)	
3年	21	522	2.7	314	1.6	21	470	2.5	228	1.2	21	549	2.9	220	1.1
5	23	894	4.2	522	2.5	23	833	4.2	437	2.2	23	950	4.7	430	2.1
10	28	2,142	8.0	1,378	5.1	28	2,187	9.5	1,329	5.7	28	2,401	9.9	1,257	5.2
15	33	4,035	12.6	2,890	9.0	33	3,696	14.1	2,523	9.6	33	4,224	14.7	2,634	9.2
20	38	6,647	18.9	5,573	15.7	38	7,080	23.7	5,162	17.3	38	6,909	21.4	5,082	15.7
25	43	10,050	24.8	8,628	20.5	43	10,263	31.5	8,165	25.1	43	10,187	28.9	8,397	23.7
30	48	13,679	31.1	11,970	27.0	48	12,355	35.1	10,824	30.8	48	13,653	35.3	12,055	31.0
35	53	16,694	36.5	15,462	33.8	53	16,657	43.8	14,741	38.8	53	17,269	43.5	15,451	38.7
42	60	19,252	39.8	16,789	34.3	60	17,994	52.8	16,059	46.6	60	16,577	43.2	15,722	40.8
定年	—	19,712	42.6			—	19,862	56.9			—	18,397	45.9		
うち製造業		(集計社数 19社)		(18社)			(集計社数 18社)		(18社)			(集計社数 29社)		(27社)	
3年	23	627	3.2	332	1.7	21	515	2.8	266	1.4	21	567	3.0	243	1.3
5	25	1,053	5.0	572	2.7	23	912	4.7	525	2.7	23	1,015	5.0	484	2.4
10	30	2,441	9.2	1,471	5.6	28	2,314	9.9	1,474	6.3	28	2,580	10.5	1,395	5.7
15	35	4,519	14.6	3,036	9.9	33	4,155	15.7	3,013	11.4	33	4,485	15.5	2,854	9.9
20	40	7,336	21.0	5,701	16.3	38	6,746	22.7	5,763	19.4	38	7,127	22.1	5,297	16.3
25	45	10,750	26.6	8,828	21.8	43	9,481	29.3	8,557	26.4	43	10,364	29.2	8,547	23.9
30	50	14,077	32.7	12,066	27.9	48	12,488	35.3	11,976	33.9	48	14,090	36.1	12,460	31.6
35	55	16,941	38.0	15,420	34.6	53	16,367	43.2	15,824	41.8	53	17,592	44.6	15,932	40.1
42	60	19,349	39.7	17,258	35.1	60	18,100	51.4	18,368	51.2	60	16,604	42.6	16,871	42.6
定年	—	18,753	39.3			—	20,287	57.3			—	18,244	45.4		

〔参考〕 費目別・世帯人員別標準生計費（全国・各年4月）

費　目		標　準　生　計　費　（円）					〈参考〉生計費換算乗数			
		1人	2人	3人	4人	5人	2人	3人	4人	5人
平成29年4月	食料費	25,350	44,690	52,320	59,960	67,590	0.567	0.664	0.761	0.858
	住居関係費	46,690	57,620	49,200	40,780	32,360	1.142	0.975	0.808	0.641
	被服・履物費	2,640	6,620	8,620	10,620	12,620	0.426	0.554	0.682	0.811
	雑費Ⅰ	33,300	45,020	62,030	79,060	96,070	0.321	0.442	0.563	0.684
	雑費Ⅱ	8,580	24,990	27,090	29,200	31,300	0.394	0.427	0.460	0.494
	合　計	116,560	178,940	199,260	219,620	239,940	―	―	―	―
平成30年4月	食料費	25,490	40,770	50,640	60,510	70,380	0.513	0.638	0.762	0.886
	住居関係費	47,720	52,300	47,030	41,750	36,480	0.974	0.876	0.778	0.679
	被服・履物費	2,580	9,010	10,350	11,690	13,020	0.601	0.690	0.780	0.869
	雑費Ⅰ	32,860	29,680	55,050	80,430	105,800	0.209	0.388	0.567	0.745
	雑費Ⅱ	8,280	18,930	23,450	27,970	32,480	0.299	0.371	0.442	0.514
	合　計	116,930	150,690	186,520	222,350	258,160	―	―	―	―
平成31年4月	食料費	26,020	41,010	50,770	60,530	70,300	0.502	0.622	0.742	0.861
	住居関係費	48,300	38,750	41,730	44,720	47,700	0.755	0.814	0.872	0.930
	被服・履物費	2,430	6,850	7,620	8,380	9,140	0.476	0.529	0.582	0.635
	雑費Ⅰ	35,120	31,160	52,940	74,700	96,490	0.217	0.369	0.520	0.672
	雑費Ⅱ	8,320	19,520	23,710	27,900	32,090	0.301	0.366	0.430	0.495
	合　計	120,190	137,290	176,770	216,230	255,720	―	―	―	―
令和2年4月	食料費	24,360	39,000	50,660	62,330	74,000	0.483	0.628	0.772	0.917
	住居関係費	49,360	53,220	47,870	42,520	37,170	0.976	0.878	0.780	0.682
	被服・履物費	1,130	3,630	4,120	4,610	5,110	0.507	0.575	0.644	0.713
	雑費Ⅰ	28,830	37,120	50,200	63,270	76,350	0.286	0.387	0.488	0.588
	雑費Ⅱ	6,930	20,070	23,380	26,690	30,010	0.402	0.468	0.535	0.601
	合　計	110,610	153,040	176,230	199,420	222,640	―	―	―	―
令和3年4月	食料費	30,060	48,180	56,270	64,360	72,460	0.579	0.676	0.773	0.870
	住居関係費	44,700	54,430	46,870	39,310	31,750	0.964	0.830	0.696	0.562
	被服・履物費	5,160	5,800	7,270	8,740	10,200	0.464	0.581	0.698	0.815
	雑費Ⅰ	23,600	50,950	63,150	75,350	87,570	0.344	0.426	0.508	0.591
	雑費Ⅱ	11,200	32,990	32,260	31,540	30,810	0.563	0.550	0.538	0.526
	合　計	114,720	192,350	205,820	219,300	232,790	―	―	―	―
令和4年4月	食料費	31,020	39,320	50,360	61,390	72,430	0.469	0.600	0.732	0.863
	住居関係費	44,710	79,300	63,280	47,260	31,240	1.332	1.063	0.794	0.525
	被服・履物費	5,780	3,990	6,240	8,490	10,740	0.285	0.446	0.607	0.768
	雑費Ⅰ	22,620	37,190	53,470	69,760	86,030	0.258	0.371	0.484	0.598
	雑費Ⅱ	10,350	19,130	22,740	26,340	29,950	0.324	0.385	0.446	0.507
	合　計	114,480	178,930	196,090	213,240	230,390	―	―	―	―

資料出所　人事院「給与勧告参考資料」。原データは「家計調査」（総務省統計局）等による。
注　1．上記費目は次の通り「家計調査」等の大分類項目に対応している。食料費：食料。住居関係費：住居、光熱・水道、家具、家事用品。被服・履物費：被服及び履物。雑費Ⅰ：保健医療、交通・通信、教育、教養娯楽。雑費Ⅱ：その他の消費支出（諸雑費、こづかい、交際費、仕送り金）。
　　2．費目別・世帯人員別標準生計費の算定：2人〜5人世帯については、家計調査（全国・勤労者世帯）における各年4月の費目別平均支出金額（日数365日に、世帯人員を4人に調整したもの）に、費目別、世帯員別生計費換算乗数を乗じて算定した。なお、1人世帯については、「全国消費実態調査」（総務省）の勤労者単身世帯について、並数階層の費目別支出金額を求め、これに消費者物価、消費水準の変動分を加味して、各年4月の費目別標準生計費を算定した。
（参考）費目別、世帯人員別生計費換算乗数とは、生計費表示年前年1月〜12月の家計調査の調査世帯（全国・勤労者世帯）のうち、就業人員が1人で夫婦のみ又は夫婦とその子で構成される標準世帯について、世帯人員別に並数階層の費目別支出金額を求め、これをそれぞれ4人世帯の費目別平均支出金額で除して費目別・世帯人員別生計費換算乗数を求めたものである。

C-1　労働生産性・賃金

	年	製造業	食料品	繊維工業	木材・木製品	パルプ・紙・紙加工品	印刷・同関連業	化学工業	プラスチック製品	ゴム製品	窯業・土石製品	鉄鋼業	非鉄金属工業	金属製品工業	電子部品デバイス	電気機械
労働生産性指数	平成28年	106.4	103.0	112.8	109.6	109.0	108.2	109.6	106.8	114.5	109.8	117.7	111.9	110.4	85.2	102.4
	29	108.7	101.3	112.9	108.1	109.2	105.4	112.8	106.9	114.0	112.8	117.8	110.9	110.4	90.3	107.0
	30	108.9	99.9	111.7	103.9	109.3	102.5	112.4	106.2	115.4	113.3	117.2	111.3	106.2	99.9	108.9
	令和元年	107.4	101.6	108.5	108.3	106.1	103.1	109.9	105.4	115.5	110.6	111.9	104.8	106.5	97.2	105.0
	2	100.0	100.0	100.0	100.0	100.0	100.0	100.0	100.0	100.0	100.0	100.0	100.0	100.0	100.0	100.0
	3	104.8	98.8	105.0	107.3	105.3	100.3	104.2	101.9	110.2	103.5	114.0	105.4	102.6	107.7	106.3
	4	105.2	96.4	105.2	104.4	105.7	97.8	103.8	102.3	107.6	99.1	107.3	104.8	101.6	103.0	107.8
増減率	平成30年	0.2	△1.4	△1.1	△3.9	0.1	△2.8	△0.4	△0.7	1.2	0.4	△0.5	0.4	△3.8	10.6	1.8
	令和元年	△1.4	1.7	△2.9	4.2	△2.9	0.6	△2.2	△0.8	0.1	△2.4	△4.5	△5.8	0.3	△2.7	△3.6
	2	△6.9	△1.6	△7.8	△7.7	△5.7	△3.0	△9.0	△5.1	△13.4	△9.6	△10.6	△4.6	△6.1	2.9	△4.8
	3	4.8	△1.2	5.0	7.3	5.3	0.3	1.8	1.9	10.2	3.5	14.0	5.4	2.6	7.7	6.3
	4	0.4	△2.4	0.2	△2.7	0.4	△2.5	2.0	0.4	△2.4	△4.2	△5.9	△0.6	△1.0	△4.4	1.4
労働投入量指数	平成28年	104.0	100.7	108.3	102.2	103.5	112.6	100.3	97.7	103.9	103.1	106.6	100.8	102.0	112.0	106.3
	29	105.0	101.7	107.4	104.1	105.1	111.7	100.6	100.4	106.3	102.5	108.8	103.7		112.6	106.8
	30	105.4	102.7	107.1	107.6	102.8	111.6	100.4	102.5	106.6	102.0	109.5	104.7	107.9	103.5	106.5
	令和元年	104.1	101.5	106.6	104.0	103.8	107.8	101.7	101.8	105.3	100.1	108.4	105.3	106.0	101.6	103.8
	2	100.0	100.0	100.0	100.0	100.0	100.0	100.0	100.0	100.0	100.0	100.0	100.0	100.0	100.0	100.0
	3	100.7	100.4	95.8	101.0	98.0	99.6	102.0	101.1	103.1	100.4	102.6	102.0	101.0	103.4	102.0
	4	100.2	102.3	96.0	100.6	96.6	100.1	100.1	98.6	103.9	100.1	101.5	101.6	101.5	101.8	101.6
増減率	平成30年	0.4	1.0	△0.3	3.4	△2.2	△0.1	△0.2	2.1	0.3	△0.5	0.6	0.8	4.1	△8.1	△0.3
	令和元年	△1.2	△1.2	△0.5	△3.3	1.0	△3.4	1.3	△0.7	△1.2	△1.7	△1.0	0.6	△1.8	△1.8	△2.5
	2	△3.9	△1.5	△6.2	△3.8	△3.7	△7.2	1.7	△1.8	△5.0	△0.3	△7.7	△5.0	△5.7	△1.6	△3.7
	3	0.7	0.4	△4.2	1.0	△2.0	0.4	2.0	1.1	3.1	0.4	2.6	2.0	1.0	3.4	2.0
	4	0.5	1.9	0.2	0.4	△1.4	0.5	△1.9	△2.5	0.8	△0.3	△1.1	0.4	0.5	△1.5	△0.4
産出量指数	平成28年	110.6	103.8	122.1	111.9	112.7	121.8	109.9	104.2	118.4	113.2	125.3	112.7	112.4	95.4	108.8
	29	114.0	103.0	121.2	112.4	114.6	117.6	113.4	107.1	120.5	115.7	127.8	114.9	114.3	101.6	114.1
	30	114.7	102.6	119.6	111.7	112.4	114.4	112.8	108.6	122.3	115.6	128.1	116.3	114.5	103.3	115.8
	令和元年	111.6	103.2	115.4	112.6	110.0	111.7	111.7	107.0	120.9	110.8	121.1	110.2	112.0	98.6	108.8
	2	100.0	100.0	100.0	100.0	100.0	100.0	100.0	100.0	100.0	100.0	100.0	100.0	100.0	100.0	100.0
	3	105.4	99.4	100.9	108.4	103.0	99.9	104.0	102.9	113.0	103.9	116.7	107.3	103.5	111.4	108.4
	4	105.3	98.7	100.9	104.9	101.9	97.8	104.0	100.8	111.2	99.2	108.6	106.2	103.0	104.8	109.5
増減率	平成30年	0.6	△0.4	△1.3	△0.6	△1.9	△2.7	△0.5	1.4	1.5	△0.1	0.2	1.2	0.2	1.7	1.5
	令和元年	△2.7	0.6	△3.5	0.8	△2.1	△3.0	△1.0	△1.5	△1.1	△4.2	△5.5	△5.2	△1.6	△4.5	△6.0
	2	△10.4	△3.1	△13.3	△11.2	△9.1	△9.9	△10.5	△6.5	△17.3	△9.7	△17.4	△9.3	△11.3	1.4	△8.1
	3	5.4	△0.6	0.6	8.4	3.0	△0.1	4.0	2.9	13.0	3.9	16.7	7.3	3.5	11.4	8.4
	4	△0.1	△0.7	0.3	△3.2	△1.1	△2.1	△0.1	△2.0	△1.6	△4.5	△6.9	△1.0	△0.5	△5.9	1.0
賃金指数（現金給与総額）	平成28年	100.5	97.3	97.2	101.8	97.9	104.6	103.9	96.1	102.6	106.2	97.9	105.0	99.9	98.3	103.4
	29	102.0	99.9	97.4	104.5	98.4	108.2	102.0	96.8	106.9	107.0	99.2	105.3	102.5	101.8	105.4
	30	103.8	100.1	98.9	97.2	97.9	103.7	105.4	105.9	107.3	106.1	101.6	109.7	107.7	106.3	104.0
	令和元年	103.5	103.1	97.7	96.9	98.7	99.2	106.1	103.7	103.8	103.3	100.1	108.3	104.6	101.0	103.2
	2	100.0	100.0	100.0	100.0	100.0	100.0	100.0	100.0	100.0	100.0	100.0	100.0	100.0	100.0	100.0
	3	101.9	102.0	101.7	102.9	96.7	100.4	102.5	103.3	106.7	104.2	97.3	105.9	101.1	104.3	103.3
	4	103.6	98.8	107.2	108.0	95.4	106.2	103.6	105.0	109.5	109.4	106.3	108.2	106.9	106.1	103.6
増減率	平成30年	1.8	0.2	1.6	△7.0	△0.6	△4.2	3.4	9.5	0.4	△0.9	2.5	4.1	5.0	4.4	△1.3
	令和元年	△0.3	3.1	△1.3	△0.4	0.8	△4.4	0.6	△2.1	△3.3	△2.8	△1.5	△1.3	△2.9	△4.9	△0.8
	2	△3.4	△3.1	2.4	3.3	1.4	0.8	△5.7	△3.6	△3.6	△3.1	△0.1	△7.7	△4.4	△1.0	△3.1
	3	2.0	2.0	1.8	2.9	△3.3	0.4	2.5	3.3	6.6	4.2	△2.6	5.6	1.1	4.3	3.2
	4	1.7	△3.1	5.4	5.1	△1.2	5.8	1.1	1.6	2.6	5.0	9.2	2.5	5.7	1.7	0.3
賃金コスト指数	平成28年	94.5	94.5	86.2	92.9	89.8	96.7	94.8	90.0	89.6	96.7	83.2	93.8	90.5	115.4	101.0
	29	93.8	98.6	86.3	96.7	90.1	102.7	90.4	90.6	93.8	94.9	84.2	95.0	92.8	112.7	98.5
	30	95.3	100.2	88.5	93.6	89.6	101.2	93.8	99.7	93.0	93.6	86.7	98.6	101.4	106.4	95.5
	令和元年	96.4	101.5	90.0	89.5	93.0	96.2	96.5	98.4	89.9	93.2	89.5	103.3	98.2	103.9	98.3
	2	100.0	100.0	100.0	100.0	100.0	100.0	100.0	100.0	100.0	100.0	100.0	100.0	100.0	100.0	100.0
	3	97.2	103.2	96.9	95.9	91.8	100.1	100.7	101.4	96.8	100.7	85.4	100.2	98.5	96.8	97.2
	4	98.5	102.5	101.9	103.4	90.3	108.6	99.8	102.6	101.8	110.4	99.1	103.2	105.2	103.0	96.1
増減率	平成30年	1.6	1.6	2.5	△3.2	△0.6	△1.5	3.8	10.0	△0.9	△1.4	3.0	3.8	9.3	△5.6	△3.0
	令和元年	1.2	1.3	1.7	△4.4	3.8	△4.9	2.9	△1.3	△3.3	△0.4	3.2	4.8	△3.2	△2.3	2.9
	2	3.7	△1.5	11.1	11.7	7.5	4.0	3.6	1.6	11.2	7.3	11.7	△3.2	1.8	△3.8	1.7
	3	2.8	3.2	△3.1	4.1	△8.2	0.1	0.7	1.4	△3.2	0.7	△14.6	0.2	△1.5	△3.2	△2.8
	4	1.3	△0.7	5.2	7.8	△1.6	8.5	△0.9	1.2	5.2	9.6	16.0	3.0	6.8	6.4	△1.1

資料出所　労働生産性指数は日本生産性本部「生産性統計」。賃金指数は厚生労働省「毎月勤労統計調査（規模５人以上）」。賃金コスト指数は賃金指数を労働生産性指数で除したもの。

注１．　個別品目の労働生産性指数は当該品目ごとに産出量指数を労働投入量指数で除して求めるが、総合指数を作成する場合は、労働投入量指数のウェイトが他の２指数のウェイトと異なるため、上表の産出量指数を労働投入量指数で除した値は労働生産性指数に一致しない。この労働投入量は業種別延労働時間数による。

コ ス ト の 推 移 〔令和 2 年＝100.0〕

情報通信機械	輸送機械	鉱業	建設業	電気・ガス熱供給・水道業	情報通信業	運輸業,郵便業	卸売業	小売業	金融業,保険業	不動産業	物品賃貸業	事業者向け関連サービス	宿泊業	飲食店	生活関連サービス、娯楽業	他教育、学習支援業	医療福祉	年
109.1	112.0	111.1	107.2	96.1	101.5	109.1	109.6	101.5	94.1	107.8	88.9	107.0	137.8	128.1	125.7	121.1	99.3	16
106.5	115.2	122.9	104.8	96.5	100.5	109.1	108.3	102.3	93.5	102.8	92.1	105.2	136.7	125.3	118.2	112.2	99.1	17
105.6	114.7	116.0	101.8	98.8	105.3	112.5	108.8	103.2	97.4	101.4	97.9	102.7	139.8	126.9	117.3	113.4	101.8	18
118.2	115.3	104.0	98.7	101.5	106.5	112.5	110.1	103.0	98.0	102.8	99.0	103.4	145.5	125.7	125.0	123.4	103.7	19
100.0	100.0	100.0	100.0	100.0	100.0	100.0	100.0	100.0	100.0	100.0	100.0	100.0	100.0	100.0	100.0	100.0	100.0	20
95.0	99.6	102.2	98.3	100.6	98.9	100.2	100.1	98.0	103.8	96.6	95.3	98.4	110.1	88.8	103.0	95.7	101.8	21
87.2	102.4	113.7	90.1	103.2	101.1	105.9	96.0	97.7	112.5	94.8	88.9	97.9	137.7	86.2	110.1	87.5	102.6	22
△0.8	△0.4	△5.6	△2.9	2.4	4.8	3.1	0.5	0.9	4.2	△1.4	6.3	△2.4	2.3	1.3	△0.8	1.1	2.7	18
11.9	0.5	△10.3	△3.0	2.7	1.1	0.0	1.2	△0.2	0.6	1.4	1.1	0.7	4.1	△0.9	6.6	8.8	1.9	19
△15.4	△13.3	△3.8	1.3	1.5	△6.1	△11.1	△9.2	△2.9	2.0	△2.7	1.0	△3.3	△31.3	△20.4	△20.0	△19.0	△3.6	20
△5.0	△0.4	2.2	△1.7	0.6	△1.1	0.2	0.1	△2.0	3.8	△3.4	△4.7	1.6	10.1	△11.2	3.0	△4.3	1.8	21
△8.2	2.8	11.3	△8.3	2.6	2.2	5.7	△4.1	△0.3	8.4	△1.9	△6.7	△0.5	25.1	△2.9	6.9	△8.6	0.8	22
111.7	104.7	103.4	93.6	107.2	97.0	101.8	100.2	100.9	103.5	92.3	109.7	94.4	124.4	105.8	109.4	85.6	98.1	16
109.3	106.4	97.7	97.9	106.8	99.3	104.1	101.6	101.4	103.4	97.3	107.8	98.1	125.1	109.3	115.3	93.6	100.4	17
107.8	106.8	96.3	98.2	105.0	96.7	102.1	102.7	101.0	102.8	98.9	103.2	101.6	124.4	107.6	115.0	93.5	99.3	18
102.0	105.8	101.9	99.8	100.3	96.5	101.9	101.2	101.5	101.5	97.8	103.0	101.4	126.3	108.7	109.8	85.5	99.3	19
100.0	100.0	100.0	100.0	100.0	100.0	100.0	100.0	100.0	100.0	100.0	100.0	100.0	100.0	100.0	100.0	100.0	100.0	20
100.4	99.3	97.0	101.9	100.6	102.6	101.9	100.4	102.6	100.6	103.3	103.8	102.6	95.1	103.8	103.7	105.2	102.5	21
99.6	96.0	83.6	102.9	99.4	101.1	100.4	99.2	102.0	97.6	102.9	109.8	105.1	109.8	122.3	111.0	113.5	104.4	22
△1.4	0.4	△1.4	0.3	△1.7	△2.6	△1.9	1.1	△0.4	0.6	1.6	△4.3	3.6	△0.6	△1.6	△0.3	△0.1	△1.1	18
△5.4	△0.9	5.8	1.6	△4.5	△0.2	△0.2	△1.9	0.0	△1.3	△1.1	△0.2	0.0	1.5	1.0	△4.5	△8.6	0.0	19
△2.0	△5.5	△1.9	0.2	△0.3	3.6	△1.9	△0.8	△1.0	1.5	2.2	△2.9	△1.6	△20.8	△8.0	△8.9	17.0	0.7	20
0.4	△0.7	△3.0	1.9	0.6	2.6	1.1	0.6	2.6	0.5	3.3	3.8	2.6	△4.9	3.8	3.7	5.2	2.5	21
△0.8	△3.3	△13.8	1.0	△1.2	1.5	△0.7	△1.4	△0.6	△2.9	0.4	5.8	2.4	15.5	17.8	7.0	7.9	1.3	22
121.9	116.3	114.8	100.3	103.1	98.7	111.0	109.8	102.5	97.5	99.6	97.5	101.0	164.8	134.2	136.2	104.6	97.5	16
116.3	121.5	120.2	102.6	103.2	99.8	113.5	109.9	103.8	96.8	100.0	99.3	103.1	164.3	135.6	135.2	105.9	99.5	17
113.6	121.4	111.8	99.9	103.8	101.7	114.7	111.7	104.3	100.0	100.4	101.0	104.4	167.3	135.3	133.9	106.8	101.2	18
120.5	120.9	106.0	98.3	102.1	102.7	114.6	110.9	99.4	100.0	102.0	102.0	105.1	176.8	137.3	136.2	106.5	103.0	19
100.0	100.0	100.0	100.0	100.0	100.0	100.0	100.0	100.0	100.0	100.0	100.0	100.0	100.0	100.0	100.0	100.0	100.0	20
95.2	98.4	99.1	100.1	101.3	101.5	101.2	100.7	100.6	104.3	99.9	98.8	101.8	101.8	91.5	105.9	101.4	104.5	21
86.8	97.6	94.9	92.6	102.6	102.4	106.3	95.1	99.6	109.9	97.7	97.6	102.9	146.3	104.6	121.2	99.6	107.2	22
△2.3	△0.1	△7.0	△2.7	0.6	1.9	1.1	1.6	0.5	3.3	0.4	1.7	1.2	1.8	△0.2	△1.0	0.8	1.7	18
6.1	△0.4	△5.2	△1.5	△1.6	1.0	△0.1	△0.7	△0.3	0.6	0.3	1.0	0.8	5.7	△0.1	1.7	△0.3	1.8	19
△17.0	△17.3	△5.7	1.7	△2.1	△2.6	△12.7	△9.8	△3.8	0.6	△0.7	△2.0	△4.9	△43.4	△26.0	△26.6	△6.1	△2.9	20
△4.8	△1.6	△0.9	0.1	1.3	1.0	0.2	0.6	0.6	4.3	△0.1	1.2	1.0	△8.5	8.5	5.9	1.4	4.5	21
△8.8	0.8	△4.2	△7.5	1.3	0.9	5.0	△5.6	△1.0	5.3	△2.2	△1.2	1.9	43.7	14.3	14.4	△1.8	2.6	22
101.1	101.4	83.6	92.9	97.4	100.1	99.9	98.4	96.9	97.3	107.8	89.4	96.6	115.8	111.8	99.3	111.5	99.8	16
103.3	102.3	86.6	93.8	97.3	99.9	101.1	98.7	97.5	99.9	106.0	86.9	97.1	114.4	110.5	101.0	111.5	101.3	17
104.1	103.3	97.0	97.0	98.5	101.5	103.8	103.0	98.5	99.0	100.7	90.1	99.1	107.3	105.9	100.7	112.8	99.5	18
103.1	104.5	103.1	99.7	99.6	100.0	105.2	100.7	98.8	98.9	98.4	94.6	101.2	105.5	105.8	102.5	96.0	99.8	19
100.0	100.0	100.0	100.0	100.0	100.0	100.0	100.0	100.0	100.0	100.0	100.0	100.0	100.0	100.0	100.0	100.0	100.0	20
100.3	102.2	111.9	99.7	101.1	99.2	100.3	102.3	102.8	97.9	104.8	106.8	98.7	101.3	100.5	101.4	97.8	99.0	21
102.2	104.7	117.4	103.8	98.2	101.5	105.7	104.7	104.0	98.8	105.8	119.3	102.8	113.9	112.2	105.2	102.9	100.9	22
1.0	1.1	11.9	3.4	1.2	1.7	2.6	4.4	1.0	△0.9	△5.0	3.6	2.1	△6.2	△4.2	△0.2	1.2	△1.8	18
△1.0	1.2	6.3	2.7	1.1	△1.3	1.3	△2.1	0.3	△0.1	△2.3	5.1	2.2	△1.7	△0.1	1.8	△14.9	0.3	19
△2.9	△4.4	△2.9	0.4	0.5	△0.3	△4.8	△0.8	1.2	1.1	1.7	5.6	△1.2	△5.1	△5.4	2.4	4.1	0.2	20
0.2	2.3	11.9	△0.3	1.1	0.8	0.4	2.4	2.9	2.1	4.8	6.9	1.3	1.2	0.5	1.3	△2.1	△1.0	21
1.9	2.4	4.9	3.7	△2.9	2.3	5.3	2.3	1.6	0.9	1.0	11.7	4.2	12.4	11.6	3.7	5.2	1.9	22
92.7	90.5	75.2	86.7	101.4	98.6	91.6	89.8	95.5	103.4	100.0	106.0	90.3	84.0	87.3	79.0	92.1	100.5	16
97.0	88.8	70.5	89.5	100.8	99.4	92.7	91.1	95.3	106.8	103.1	94.4	92.3	83.7	88.2	85.4	99.4	102.2	17
98.6	90.1	83.6	95.3	99.7	96.4	92.3	94.7	95.4	101.6	99.3	92.0	96.5	76.8	83.5	85.8	99.5	99.7	18
87.2	90.6	99.1	101.0	98.1	94.1	93.5	91.5	95.9	100.0	95.7	95.6	97.9	72.5	84.2	82.0	77.8	96.2	19
100.0	100.0	100.0	100.0	100.0	100.0	100.0	100.0	100.0	100.0	100.0	100.0	100.0	100.0	100.0	100.0	100.0	100.0	20
105.6	102.6	109.5	101.4	100.0	102.4	102.2	104.9	94.3	107.8	108.5	112.1	100.3	92.0	113.2	98.4	102.2	97.2	21
117.2	102.2	103.3	114.8	95.2	100.4	99.8	109.1	106.9	87.8	111.6	134.2	105.0	82.7	130.2	95.5	117.6	98.3	22
1.6	1.5	18.6	6.5	△1.1	△3.0	△0.4	4.0	0.1	△4.9	△3.7	△2.5	4.6	△8.2	△5.3	0.5	0.1	△4.4	18
△11.6	0.6	18.5	6.0	△1.6	△2.4	1.3	△3.4	0.5	△0.7	△3.6	3.9	1.5	△5.6	0.8	△4.4	△21.8	△1.5	19
14.7	10.4	0.9	△1.0	1.9	6.3	7.0	9.3	4.3	0.0	4.5	4.6	2.1	37.9	18.8	22.0	28.5	4.0	20
5.6	2.6	9.5	1.4	0.3	0.2	2.2	4.9	5.7		8.5	12.1	0.3	△8.0	13.2	△1.6	2.2	△2.8	21

2．賃金指数は事業所規模 5 人以上の現金給与総額（就業形態計）を用い、賃金コスト指数＝（賃金指数÷労働生産性指数）×100。
3．基本的に労働生産性指数の分類に依拠しているため、必ずしも産業分類上の業種を網羅していない。

C－2　法人企業の売上高・

(1)　売上高
（単位　億円・%）

区　分	2022年1～3月	前年同期増減率	4～6月	前年同期増減率	7～9月	前年同期増減率	10～12月	前年同期増減率	2023年1～3月	前年同期増減率
全　産　業	3,607,941	7.9	3,369,597	7.2	3,503,671	8.3	3,725,850	6.1	3,788,575	5.0
製　造　業	1,055,074	9.0	998,122	6.1	1,076,978	12.1	1,137,596	9.2	1,079,199	2.3
食　料　品	94,512	△0.5	105,944	8.0	105,777	5.1	112,993	3.0	98,083	3.8
化　学　工　業	113,729	19.9	118,898	12.1	120,203	6.3	129,057	8.5	112,245	△1.3
石　油・石　炭	32,472	29.2	36,420	59.6	41,417	65.8	39,881	31.4	35,272	8.6
鉄　鋼　業	53,525	34.0	51,188	20.7	52,345	13.4	56,183	8.9	55,965	4.6
金　属　製　品	44,733	8.5	43,374	2.3	44,480	0.3	50,354	15.4	46,046	2.9
はん用機械	18,488	△0.3	15,100	△2.1	16,171	2.8	16,769	3.7	18,334	△0.8
生産用機械	72,711	10.4	66,117	7.8	72,815	24.4	76,268	20.6	76,373	5.0
業務用機械	34,590	2.1	32,179	8.0	36,860	17.4	36,185	0.6	33,986	△1.7
電気機械	80,419	△0.7	61,970	△7.7	74,786	7.1	77,339	10.4	80,221	0.7
情報通信機械	97,673	33.3	88,556	17.2	99,633	18.6	99,020	12.0	93,229	△4.5
輸送用機械	191,419	△5.4	167,901	△4.7	197,175	19.2	211,046	13.6	214,458	12.0
非　製　造　業	2,552,867	7.5	2,371,475	7.6	2,426,693	6.7	2,588,254	4.9	2,709,376	6.1
建　設　業	324,668	6.2	253,597	3.4	260,983	2.1	286,053	7.7	331,275	2.0
卸売業・小売業	1,223,085	5.9	1,170,282	5.1	1,169,928	1.4	1,243,314	△1.5	1,254,958	2.6
不　動　産　業	112,858	8.7	94,905	6.5	97,499	2.3	110,259	13.8	113,582	0.6
物品賃貸業	39,800	9.5	38,324	△3.2	37,258	△5.9	40,657	0.5	40,001	0.5
情　報　通　信	209,191	8.4	192,447	7.0	194,959	2.4	220,746	8.2	246,708	17.9
運輸業、郵便業	163,271	23.8	155,860	13.3	158,853	7.6	160,909	0.7	153,315	△6.1
電　気　業	96,028	14.4	82,378	50.6	111,595	68.9	104,247	44.8	118,819	23.7
サービス業	351,610	3.3	350,351	9.5	362,514	19.7	381,792	12.4	409,662	16.5
資本金別 10億円以上	1,503,707	5.1	1,431,040	11.0	1,499,147	14.9	1,542,904	7.9	1,573,426	4.6
1億円～10億円	776,429	12.1	716,840	6.8	762,228	7.4	815,855	5.6	823,403	6.1
1,000万円～1億円	1,327,805	8.9	1,221,717	3.2	1,242,296	1.7	1,367,091	4.5	1,391,746	4.8

資料出所　財務省「法人企業統計調査」（以下、(4)まで同じ）。
　　注　全産業及び非製造業には金融業、保険業は含まれていない。

(2)　経常利益
（単位　億円・%）

区　分	2022年1～3月	前年同期増減率	4～6月	前年同期増減率	7～9月	前年同期増減率	10～12月	前年同期増減率	2023年1～3月	前年同期増減率
全　産　業	228,323	13.7	283,181	17.6	198,098	18.3	223,768	△2.8	238,230	4.3
製　造　業	89,347	18.4	112,260	11.7	96,314	35.4	73,891	△15.7	75,320	△15.7
食　料　品	3,540	44.9	6,178	△6.4	4,851	△4.4	4,457	△24.8	4,653	31.4
化　学　工　業	14,311	54.5	18,457	9.5	12,452	△3.8	11,582	△26.9	10,823	△24.4
石　油・石　炭	2,460	20.5	3,702	101.9	695	△41.8	-2,088	*	-880	*
鉄　鋼　業	3,114	90.7	6,024	75.3	3,136	△3.2	3,765	10.6	1,901	△39.0
金　属　製　品	3,144	△17.9	3,157	2.9	2,658	17.4	3,421	10.0	3,493	11.1
はん用機械	1,961	△19.3	1,588	27.2	1,374	△4.3	1,320	8.9	2,709	38.1
生産用機械	7,061	△14.0	6,502	△9.0	8,668	51.4	8,630	28.0	9,601	36.0
業務用機械	5,342	15.7	4,406	45.0	5,557	73.4	4,403	23.0	5,196	△2.7
電気機械	8,086	26.4	10,311	8.3	8,244	73.4	8,289	3.2	7,330	△9.3
情報通信機械	11,691	97.2	12,148	29.8	9,919	16.5	4,601	△34.4	5,488	△53.1
輸送用機械	11,265	△11.7	20,950	5.5	25,559	168.9	14,053	28.8	14,403	27.9
非　製　造　業	138,976	10.9	170,921	21.9	101,784	5.6	149,877	5.2	162,910	17.2
建　設　業	25,515	△14.7	11,092	△18.6	7,114	△38.5	13,969	0.7	31,725	24.3
卸売業・小売業	40,085	36.0	58,224	51.5	39,133	15.0	49,204	3.6	42,727	6.6
不　動　産　業	13,560	7.6	12,015	△20.7	11,736	△3.3	15,320	30.4	12,652	△6.7
物品賃貸業	3,605	40.9	4,410	65.4	2,472	△3.1	3,204	17.2	3,918	8.7
情　報　通　信	18,825	14.7	30,908	56.1	15,536	△3.2	20,088	△22.9	23,975	27.4
運輸業、郵便業	4,508	*	13,253	258.3	8,655	739.5	19,225	93.7	4,518	0.2
電　気　業	-2,393	*	-281	*	-6,746	*	-5,024	*	5,048	*
サービス業	31,777	△7.3	38,201	△0.7	22,259	59.8	27,785	△11.8	32,985	3.8
資本金別 10億円以上	124,141	18.2	200,931	23.2	121,094	27.3	125,200	6.4	123,862	△0.2
1億円～10億円	40,289	19.3	37,369	16.7	35,024	13.2	40,225	△2.9	39,747	△1.3
1,000万円～1億円	63,893	3.1	44,881	△1.6	41,981	1.3	58,343	△18.0	74,621	16.8

　　注　「＊」印は当期あるいは前年同期の経常利益が負値のため算出できないものである。

経常利益等の推移

(3) 売上高経常利益率　　（単位　％）

区分	2022年1～3月	4～6月	7～9月	10～12月	2023年1～3月
全産業	6.3	8.4	5.7	6.0	6.3
製造業	8.5	11.2	8.9	6.5	7.0
食料品	3.7	5.8	4.6	3.9	4.7
化学工業	12.6	15.5	10.4	9.0	9.6
石油・石炭	7.6	10.2	1.7	▲5.2	▲2.5
鉄鋼	5.8	11.8	6.0	6.7	3.4
金属製品	7.0	7.3	6.0	6.8	7.6
はん用機械	10.6	10.5	8.5	7.9	14.8
生産用機械	9.7	9.8	11.9	11.3	12.6
業務用機械	15.4	13.7	15.1	12.2	15.3
電気機械	10.1	16.6	11.0	10.7	9.1
情報通信機械	12.0	13.7	10.0	4.6	5.9
輸送用機械	5.9	12.5	13.0	6.7	6.7
非製造業	5.4	7.2	4.2	5.8	6.0
建設業	7.9	4.4	2.7	4.9	9.6
卸売業・小売業	3.3	5.0	3.3	4.0	3.4
不動産業	12.0	12.7	12.0	13.9	11.1
物品賃貸業	9.1	11.5	6.6	7.9	9.8
情報通信	9.0	16.1	8.0	9.1	9.7
運輸業、郵便業	2.8	8.5	5.4	11.9	2.9
電気業	▲2.5	▲0.3	▲6.0	▲4.8	4.2
サービス業	9.0	10.9	6.1	7.3	8.1
資本金別　10億円以上	8.3	14.0	8.1	8.1	7.9
1億円～10億円	5.2	5.2	4.6	4.9	4.8
1,000万円～1億円	4.8	3.7	3.4	4.3	5.4

＜法人企業統計調査の概要＞

〔調査の目的〕我が国における法人の企業活動の実態を明らかにし、あわせて法人を対象とする各種統計調査のための基礎となる法人名簿を整備する。

〔調査対象と方法〕我が国の資本金、出資金又は基金（以下、資本金という。）1,000万円以上の営利法人等を対象とした標本調査であり、仮決算計数をとりまとめたもの。

〔調査の内容〕法人の名称その他法人に関する一般的事項／業種別売上高／資産・負債及び純資産／固定資産の増減／投資その他の資産の内訳（銀行業、生命保険業及び損害保険業を除く）／最近決算期の減価償却費／損益／人件費。

〔調査対象数〕母集団法人数 920,265 社、標本法人数 32,135 社、回答法人数 22,627 社、回答率70.4％。

※本表で掲載している全産業および非製造業には、金融業、保険業は含まれていない。

＜資本金区分＞	＜1000万円以上1億円未満＞		＜1億円以上10億円未満＞		＜10億円以上＞		＜合計＞	
母集団法人数（社）	(887,230)	878,495	(27,448)	27,448	(5,587)	4,748	(920,265)	909,186
標本法人数（社）	(14,384)	11,140	(12,164)	10,659	(5,587)	4,748	(32,135)	26,547
回答法人数（社）	(8,896)	6,978	(8,802)	7,632	(4,929)	4,147	(22,627)	18,757
回答率（%）	(61.8)	62.6	(72.4)	71.6	(88.2)	87.3	(70.4)	70.7

（　）内は金融業、保険業含

(4) 損益状況（全産業）　　（単位　億円・%）

区分	2022年1～3月	4～6月	7～9月	10～12月	2023年1～3月
実績（億円）					
売上高	3,607,941	3,369,597	3,503,671	3,725,850	3,788,575
売上原価	2,751,772	2,533,838	2,693,772	2,848,438	2,875,385
販売費及び一般管理費	683,647	659,042	668,784	702,320	728,495
営業利益等	172,522	176,716	141,115	175,092	184,695
受取利息等	39,014	73,573	41,119	45,864	45,918
その他の営業外収益	60,211	81,309	61,655	52,443	56,560
支払利息等	13,731	12,663	14,036	14,918	16,131
その他の営業外費用	29,692	35,754	31,754	34,712	32,813
経常利益	228,323	283,181	198,098	223,768	238,230
人件費	434,758	430,718	439,311	468,164	447,672
役員給与	34,087	33,888	34,848	35,649	35,907
役員賞与	1,819	1,822	2,118	2,762	1,988
従業員給与	291,739	285,897	288,892	299,945	302,494
従業員賞与	50,247	55,964	58,556	75,954	50,162
福利厚生費	56,865	53,147	54,898	53,853	57,121
人員（百人）	356,070	346,129	343,285	352,406	357,567
役員数	21,187	21,168	21,028	21,559	21,416
従業員数	334,884	324,961	322,257	330,847	336,152
対前年同期増減率（%）					
売上高	7.9	7.2	8.3	6.1	5.0
売上原価	8.6	7.7	9.3	7.1	4.5
販売費及び一般管理費	5.1	3.9	3.5	4.6	6.6
営業利益等	8.7	13.1	13.7	△2.5	7.1
受取利息等	25.3	51.6	61.3	42.1	17.7
その他の営業外収益	15.8	28.9	32.9	5.1	△6.1
支払利息等	△6.3	△2.4	14.2	15.9	17.5
その他の営業外費用	12.6	152.2	96.8	84.4	10.5
経常利益	13.7	17.6	18.3	△2.8	4.3
人件費	5.2	2.2	1.3	2.4	3.0
役員給与	3.9	0.5	1.5	2.7	5.3
役員賞与	17.4	0.3	4.0	20.9	9.3
従業員給与	4.7	1.9	1.1	2.7	3.7
従業員賞与	9.8	7.3	3.7	3.4	△0.2
福利厚生費	4.6	△0.2	△0.2	△1.4	0.4
人員（百人）	3.3	0.0	△1.4	0.2	0.4
役員数	△0.6	△1.3	△0.6	2.0	1.1
従業員数	3.5	0.1	△1.4	0.1	0.4

C-3　産業別にみた価値生産性・賃金・

（規模50人

産　　業	企　業　数（社）			事 業 所 数			売上高(億円)			付加価値額(億円)		
	2年度	3年度	増減率(%)	2年度	3年度	増減率(%)	2年度	3年度	増減率(%)	2年度	3年度	増減率(%)
合　　　　　計	28,144	31,834	13.1	385,597	428,694	11.2	6,515,003	7,072,068	8.6	1,231,126	1,379,256	12.0
鉱業、採石業、砂利採取業	36	44	22.2	185	219	18.4	3,024	4,912	62.4	1,531	2,243	46.5
製　　造　　業	12,771	14,174	11.0	76,387	82,443	7.9	2,605,122	2,935,068	12.7	573,593	669,501	16.7
電 気・ガ ス 業	148	171	15.5	2,003	2,262	12.9	247,209	274,825	11.2	55,047	44,485	△19.2
情 報 通 信 業	2,522	2,869	13.8	13,127	13,792	5.1	326,414	354,603	8.6	124,882	132,476	6.1
卸　　売　　業	5,488	5,976	8.9	64,164	67,406	5.1	2,034,420	2,123,588	4.4	162,942	183,120	12.4
小　　売　　業	3,454	3,798	10.0	152,979	160,555	5.0	869,897	890,054	2.3	170,151	181,442	6.6
物 品 賃 貸 業	316	365	15.5	6,529	7,311	12.0	100,029	107,138	7.1	22,032	25,093	13.9
学術研究、専門・技術サービス業	563	678	20.4	4,863	5,546	14.0	113,240	123,895	9.4	24,336	27,058	11.2
飲食サービス業	574	798	39.0	34,201	45,829	34.0	42,015	46,129	9.8	16,397	18,650	13.7
生活関連サービス業、娯楽業	703	968	37.7	12,915	15,807	22.4	22,957	31,541	37.4	8,803	13,428	52.5
サービス業(＊)	1,476	1,889	28.0	16,740	25,722	53.7	118,000	146,648	24.3	61,660	71,325	15.7

産　　業	1人当り売上高(万円)			1人当り付加価値額(万円)			1人当り給与(万円)			付加価値率(%)		
	2年度	3年度	増減率(%)	2年度	3年度	増減率(%)	2年度	3年度	増減率(%)	2年度	3年度	増減差(%)
合　　　　　計	4,476	4,563	1.9	846	890	5.2	429	427	△0.5	18.9	19.5	0.6
鉱業、採石業、砂利採取業	6,983	7,935	13.6	3,535	3,622	2.5	610	654	7.2	50.6	45.7	−5.0
製　　造　　業	4,874	5,230	7.3	1,073	1,193	11.2	547	548	0.2	22.0	22.8	0.8
電 気・ガ ス 業	13,670	15,275	11.7	3,044	2,473	△18.8	680	683	0.5	22.3	16.2	−6.1
情 報 通 信 業	2,871	2,875	0.1	1,098	1,074	△2.2	591	573	△3.1	38.3	37.4	−0.9
卸　　売　　業	13,211	13,131	△0.6	1,058	1,132	7.0	525	527	0.3	8.0	8.6	0.6
小　　売　　業	2,523	2,520	△0.1	494	514	4.1	244	253	3.6	19.6	20.4	0.8
物 品 賃 貸 業	8,380	8,040	△4.1	1,846	1,883	2.0	465	451	△3.1	22.0	23.4	1.4
学術研究、専門・技術サービス業	4,628	4,491	△2.9	994	981	△1.4	609	567	△6.9	21.5	21.8	0.3
飲食サービス業	515	493	△4.2	201	199	△0.8	150	144	△4.3	39.0	40.4	1.4
生活関連サービス業、娯楽業	836	967	15.6	321	412	28.3	234	238	1.7	38.3	42.6	4.2
サービス業(＊)	857	930	8.5	448	452	1.0	322	315	△2.3	52.3	48.6	−3.6

〔付〕　1企業当たりにみる諸データ（令和3年度）

産　　業	事業所数	計	正社員	パート従業者	受入れ派遣従業者	売上高	営業利益	経常利益	当期純利益	総資本	純資産	付加価値	営業費用計
		人				百万円							
合　　　　　計	13.5	487	310	172	26	22,215	958	1,452	1,111	26,843	11,246	4,333	21,258
鉱業、採石業、砂利採取業	5.0	141	131	7	3	11,164	2,176	3,043	3,846	43,461	29,896	5,097	8,989
製　　造　　業	5.8	396	333	58	35	20,707	1,177	1,863	1,460	28,864	14,635	4,723	19,530
電 気・ガ ス 業	13.2	1,052	992	53	40	160,716	−535	2,119	1,907	433,251	102,341	26,014	161,251
情 報 通 信 業	4.8	430	373	53	41	12,360	1,076	1,259	967	15,471	7,759	4,618	11,284
卸　　売　　業	11.3	271	213	55	11	35,535	950	1,612	1,277	25,175	9,908	3,064	34,585
小　　売　　業	42.3	930	328	596	13	23,435	699	791	486	14,790	6,504	4,777	22,736
物 品 賃 貸 業	20.0	365	270	93	15	29,353	1,542	1,795	1,291	106,484	16,646	6,875	27,810
学術研究、専門・技術サービス業	8.2	407	347	53	41	18,274	812	1,013	448	15,289	6,673	3,991	17,461
飲食サービス業	57.4	1,173	190	980	2	5,781	−116	229	123	6,581	2,618	2,337	5,897
生活関連サービス業、娯楽業	16.3	337	137	200	3	3,258	−22	45	−25	8,592	2,995	1,387	3,280
サービス業(＊)	13.6	835	376	449	35	7,763	534	591	418	10,627	2,985	3,776	7,229

雇用形態等の状況〔令和2・3年度実績〕
以上の企業)

常時従業者数(人)			正社員数(人)		パート従業者数(人)/注		パート構成比率(%)		派遣受入れ数(人)		産業
2年度	3年度	増減率(%)	2年度	3年度	2年度	3年度	2年度	3年度	2年度	3年度	
14,555,637	15,498,531	6.5	9,250,073	9,857,006	5,096,626	5,489,177	35.5	35.8	686,366	836,303	計
4,331	6,191	42.9	3,961	5,783	290	304	6.8	5.0	63	131	鉱
5,345,332	5,611,744	5.0	4,519,364	4,718,698	744,053	816,178	14.1	14.7	390,551	489,322	製
180,842	179,916	△0.5	171,106	169,559	8,331	9,112	4.6	5.1	6,084	6,830	電
1,137,089	1,233,471	8.5	983,523	1,071,079	144,100	152,877	12.8	12.5	104,089	116,572	情
1,539,894	1,617,215	5.0	1,246,220	1,271,883	281,477	330,331	18.4	20.6	58,338	66,644	卸
3,447,202	3,531,384	2.4	1,178,135	1,245,265	2,254,498	2,264,835	65.7	64.5	43,435	48,163	小
119,359	133,250	11.6	90,447	98,624	28,304	33,850	23.8	25.6	3,733	5,400	物
244,706	275,860	12.7	211,470	235,515	30,287	36,079	12.5	13.3	22,651	27,471	学
816,524	936,202	14.7	131,540	151,955	680,168	781,918	83.8	83.7	1,622	1,472	飲
274,498	326,302	18.9	113,633	132,134	159,070	193,209	58.3	59.4	2,278	2,633	生
1,376,822	1,577,500	14.6	552,969	709,737	745,242	848,585	57.4	54.5	48,550	66,275	サ

労働分配率(%)			人件費率(%)			産業
2年度	3年度	増減差(%)	2年度	3年度	増減差(%)	
50.7	48.0	−2.7	9.60	9.36	−0.24	計
17.2	18.0	0.8	8.70	8.26	−0.44	鉱
51.0	46.0	−5.0	11.20	10.48	−0.72	製
22.3	28.0	5.7	5.00	4.47	−0.53	電
53.9	53.0	−0.9	20.60	19.92	−0.68	情
49.7	47.0	−2.7	4.00	4.02	0.02	卸
49.5	49.0	−0.5	9.70	10.04	0.34	小
25.2	24.0	−1.2	5.60	5.61	0.01	物
61.3	58.0	−3.3	13.20	12.63	−0.57	学
74.9	72.0	−2.9	29.20	29.28	0.08	飲
72.9	58.0	−14.9	27.90	24.65	−3.25	生
72.0	70.0	−2.0	37.60	33.92	−3.68	サ

売上原価	販売費及び一般管理費	給与総額	産業
百万円			
17,680	3,577	2,078	計
7,232	1,757	922	鉱
16,452	3,078	2,171	製
141,111	20,141	7,185	電
8,275	3,008	2,463	情
30,925	3,660	1,429	卸
16,423	6,312	2,352	小
24,610	3,201	1,648	物
15,089	2,372	2,307	学
2,990	2,906	1,692	飲
1,852	1,429	803	生
5,648	1,581	2,633	サ

資料出所　経済産業省「企業活動基本調査」。

注1. 合計は鉱業・採石業・砂利採取業、製造業、電気・ガス業、情報通信業、卸売業、小売業、クレジットカード業・割賦金融業、物品賃貸業、学術研究・専門・技術サービス業、飲食サービス業、生活関連サービス業・娯楽業、個人教授所及びサービス業（その他のサービス業を除く）の計である。なお、本表では、合計に含むが、クレジットカード業・割賦金融業と個人教授所を割愛している。

2. 同調査では、最も売上高の大きいもので当該企業の産業分類を行っている。そのため、日本標準産業分類とは合致しない。

3. サービス業（＊）は、廃棄物処理業、機械等修理業、職業紹介業、労働者派遣業、ディスプレイ業、テレマーケティング業、その他の事業サービス業の計である。

4. 2018年調査票改正において、常時従業者の定義については「統計調査における労働者の区分等に関するガイドライン」に沿った見直しを行った。これにより、パート・アルバイトから「パート、アルバイト、嘱託、契約社員」と変更したことから、2017年調査以前と比較する際には注意を要する。

5. 各指標の計算式は次のとおりである
・付加価値額＝営業利益＋減価償却費＋給与総額＋福利厚生費＋動産・不動産賃借料＋租税公課
・1人当り売上高＝売上高÷常時従業者数〔日本生産性本部で計算〕
・1人当り付加価値額（労働生産性）＝付加価値額÷常時従業者数
・1人当り給与＝1企業当り給与総額÷1企業当り常時従業者数〔生産性本部で計算〕
・付加価値率（％）＝付加価値額÷売上高×100
・労働分配率（％）＝給与総額÷付加価値額×100
・人件費率（％）＝1企業当り給与総額÷1企業当り売上高×100〔日本生産性本部で計算〕

<令和3年度企業活動基本調査の概要>
〔調査の目的〕我が国企業の活動の実態を明らかにし、企業に関する施策の基礎資料を得る。
〔調査の対象及び範囲〕日本標準産業分類に掲げる大分類の、鉱業，採石業，砂利採取業、製造業、電気・ガス・熱供給・水道業（中分類の熱供給業及び水道業を除く）、情報通信業、卸売業、小売業、金融業、保険業＊、不動産業、物品賃貸業のうち中分類の物品賃貸業＊、学術研究，専門・技術サービス業＊、宿泊業，飲食サービス業＊、生活関連サービス業、娯楽業＊、教育，学習支援業＊、サービス業（ほかに分類されないもの）＊に属する事業所を有する企業のうち、従業者50人以上かつ資本金額または出資金額3,000万円以上の会社を調査対象としている。なお、＊の業種の詳細については経済産業省ホームページの「企業活動基本調査」の「利用上の注意」を参照されたい。
〔調査の実施時期と対象期間〕2022年6月1日現在。
〔調査の内容〕企業の概要（名称及び所在地、資本金額または出資金額、設立形態及び設立時期、決算月）／事業組織及び従業者数／親会社、子会社・関連会社の状況／資産・負債及び純資産並びに投資／事業内容／取引状況／研究開発／技術の所有及び取引状況／情報化の状況／企業経営の方向、など。
〔調査対象数〕対象企業は44,812社、そのうち34,056社より調査票を回収（有効回答率76.0％）。

〔参考〕人材派遣業務の種類別派遣料金（令和2・3年度 一人一日平均）

番号	業務（抜粋）	労働者派遣事業（単位：円）					
		令和2年度			令和3年度		
		派遣労働者平均	無期雇用派遣労働者	有期雇用派遣労働者	派遣労働者平均	無期雇用派遣労働者	有期雇用派遣労働者
4	そのほかの管理的職業従事者	27,832	28,846	25,955	28,240	29,113	26,467
5	研究者	25,648	27,303	22,975	27,316	28,089	24,679
7,8	製造技術者	26,076	27,377	24,036	26,701	27,765	25,333
9	建築・土木・測量技術者	31,108	31,787	29,616	32,045	32,473	30,736
10	情報処理・通信技術者	32,147	32,704	29,381	32,394	32,897	29,991
12	医師、歯科医師、獣医師、薬剤師	41,980	44,458	39,888	—	—	—
13	保健師、助産師、看護師	22,267	22,037	22,305	—	—	—
14	医療技術者	20,948	20,257	21,137	—	—	—
17	法務従事者	28,723	32,643	28,068	29,750	36,703	28,761
18	経営・金融・保険専門職	29,917	31,102	25,961	33,215	38,001	26,597
19	教員	22,600	23,935	21,704	22,093	24,238	21,337
22	美術家、デザイナー、写真家、映像撮影者	21,260	23,568	19,277	21,636	23,958	19,556
25	一般事務	16,583	17,774	15,776	16,828	17,881	16,061
26	会計事務	17,917	19,834	17,158	18,154	19,764	17,313
27	生産関連事務	17,422	18,580	16,637	17,753	18,875	16,903
28	営業・販売事務	18,199	20,107	16,955	18,522	20,234	17,304
29	外勤事務	16,815	18,022	16,430	18,248	18,704	18,001
30	運輸・郵便事務	16,787	17,932	16,030	16,319	17,282	15,635
31	事務用機器操作員	18,718	20,367	17,119	18,937	20,486	17,342
32	商品販売	15,132	16,246	15,032	15,434	16,521	15,266
34	営業職	22,346	25,720	20,756	22,811	26,381	21,218
36	介護サービス	14,973	15,007	15,006	15,240	15,295	15,269
39	飲食物調理	13,690	13,450	13,713	14,089	13,931	14,065
40	接客・給仕	14,249	14,761	14,211	14,696	15,184	14,706
41	ビル管理人	16,895	17,962	16,326	17,317	18,483	16,734
55	機械整備・修理	22,420	25,486	18,677	22,333	24,807	18,775
56,57	製品検査	15,529	16,404	14,532	15,668	16,383	14,835
61	自動車運転	16,779	17,550	16,201	17,059	17,911	16,437
71	清掃従事者	13,477	14,138	13,216	13,856	14,512	13,579
99	分類不能の職業	17,544	19,378	15,748	18,104	19,978	15,946
	全業務平均	24,203	25,270	20,008	24,461	25,449	20,354

資料出所　厚生労働省職業安定局需給調整事業課「令和3年度労働者派遣事業報告書の集計結果（速報）」。
注1.　労働者派遣の実績のあった事業所について各事業所の派遣料金を単純平均したものである。
　2.　各業務については、日本標準職業分類（中分類）に基づく職種に基づき、該当する派遣労働者（日雇派遣労働者を除く）の区分及び従事した業務の種類別に実績を記載したもの。

〈付1〉令和3年度集計結果の概要

①派遣労働者数
　無期雇用派遣労働者数　　　　　775,804人
　　　　　　　　（対前年度比：＋8.8％）
　有期雇用派遣労働者数　　　　1,316,501人
　　　　　　　　（対前年度比：＋8.5％）
　計　　　　　　　　　　　　　2,092,305人
　　　　　　　　（対前年度比：＋8.6％）
②派遣先件数　　　　　　　　　　750,409件
　　　　　　　　（対前年度比：－0.1％）
③年間売上高　　　　　　　　8兆2,363億円
　　　　　　　　（対前年度比：＋7.7％）
④派遣料金（8時間換算）　　　　　24,461円
　　　　　　　　（対前年度比：＋1.1％）
⑤派遣労働者の賃金　　　　　　　　15,698円
　　　　　　　　（対前年比：＋0.7％）

〈付2〉業界全体と1事業所当たりの動向

項　　　　　　　　目		令和2年度	令和3年度
派遣者数（千人）		1,926	2,092
1事業所当り	労働者派遣事業（人）		
	無期雇用	22.4	23.8
	有期雇用	38.1	40.4
	登録者数	215.4	220.7
	(旧)特定労働者派遣事業		
	無期雇用		
	有期雇用		
売上高（億円）計		76,477	82,363
一事業所当り	労働者派遣事業（百万円）	240	252
	(旧)特定派遣事業（百万円）		

注1.　登録者には、過去1年間に雇用されていない者は含まれていない。
　2.　常用雇用以外の労働者（常用換算）は、一定の期間を定めて雇用され、その間派遣された労働者等（登録者のうち派遣された者を含む）を常用換算（常用雇用以外の労働者の年間総労働時間数の合計を当該事業所の常用雇用労働者の1人当たりの年間総労働時間数で除したもの）したものである。
　3.　〈付2〉の計の各欄は業界全体での数値で、派遣者数欄には登録者数を含む。計以外の数値については、1事業所で派遣実績のあったものの平均である。

D－1　労働時間制度の動向〔令和４年〕

(1)　１日及び週所定労働時間　（単位　時間：分）

年・企業規模	１日の所定労働時間		週所定労働時間	
	１企業平均	労働者１人平均	１企業平均	労働者１人平均
令和4年 企業規模計	7:48	7:47	39:28	39:08
1,000人以上	7:47	7:46	39:03	38:53
300～999人	7:48	7:48	39:13	39:09
100～299人	7:48	7:47	39:18	39:11
30～99人	7:48	7:48	39:33	39:31
令和3年	7:47	7:46	39:25	39:04
令和2年	7:47	7:46	39:24	39:03
令和元年	7:46	7:45	39:26	39:03
平成30年	7:46	7:45	39:31	39:02

〔参考〕「所定労働時間」とは、就業規則等で定められた始業時刻から終業時刻までの時間から休憩時間を差し引いた労働時間をいう。なお、労働者によって所定労働時間が異なる場合は最も多くの労働者に適用されるものを当該企業の所定労働時間とし、又、変形労働時間を採用している場合は、変形期間内で平均したものを当該企業の所定労働時間とした。

資料出所　厚生労働省「令和４年就労条件総合調査」（以下、(6)表まで同様）
注　1．平成27年調査実行時に調査対象の抽出替えを行った。会社組織以外の法人（医療法人、社会福祉法人、各種の協同組合等）も調査対象とした。その結果、会社組織以外の法人が全体を占める割合は、17.0％となり、特に「金融、保険業」「教育、学習支援業」及び「医療、福祉業」においてはそれぞれ51.0％、72.5％及び80.0％と高くなっており、平成26年調査以前との比較には注意を要する。
　　2．「１企業平均」は、企業において最も多くの労働者に適用される１日の所定労働時間、週所定労働時間をそれぞれ平均したものである。
　　3．「労働者１人平均」は、企業において最も多くの労働者に適用される１日の所定労働時間、週所定労働時間を企業の労働者数（所定労働時間の定めのない者は除く）によりそれぞれ加重平均したものである。

(2)　主な週休制[1] の形態別企業数・適用労働者数割合　（単位　％）

年・企業規模	企業数割合					適用労働者数割合（全労働者＝100.0)				
	週休1日制又は1日半制	何らかの週休2日制	完全週休2日制より休日日数が実質的に少ない制度[2]	完全週休2日制	完全週休2日制より休日日数が実質的に多い制度[3]	週休1日制又は1日半制	何らかの週休2日制	完全週休2日制より休日日数が実質的に少ない制度[2]	完全週休2日制	完全週休2日制より休日日数が実質的に多い制度[3]
令和4年 企業規模計	7.8	83.5	34.8	48.7	8.6	3.2	86.7	26.9	59.8	10.1
1,000人以上	2.6	86.2	20.4	65.8	11.2	0.9	89.3	15.2	74.1	9.8
300～999人	2.6	88.5	27.3	61.2	8.9	1.7	87.5	24.8	62.6	10.8
100～299人	4.5	85.5	37.3	48.2	10.0	3.6	85.8	39.1	46.7	10.6
30～99人	9.5	82.3	35.2	47.1	8.0	7.8	82.5	35.2	47.4	9.6
令和3年	8.0	83.5	35.0	48.4	8.5	3.9	84.8	24.2	60.7	11.3
令和2年	9.2	82.5	37.5	44.9	8.3	4.4	85.9	27.8	58.0	9.8
令和元年	10.2	82.1	37.8	44.3	7.7	4.5	85.3	28.3	57.0	10.2
平成30年	8.9	84.1	37.4	46.7	6.9	4.4	86.5	27.1	59.4	9.0

注　1．「主な週休制」とは、企業において最も多くの労働者に適用される週休制をいう。
　　2．月3回、隔週、月2回、月1回の週休2日制などをいう。　　3．何らかの週休3日制などをいう。

(3)　年間休日総数階級別企業数割合、１企業平均年間休日総数、労働者１人平均年間休日総数及び労働者１人平均年次有給休暇の取得状況　（単位　％）

年・企業規模	年間休日総数								1企業平均年間休日総数[1]（日）	労働者1人平均年間休日総数[2]（日）	年次有給休暇の取得状況		
	69日以下	70～79日	80～89日	90～99日	100～109日	110～119日	120～129日	130日以上			付与日数[3]（日）	取得日数（日）	取得率[4]（%)
令和4年 企業規模計	4.3	3.1	4.7	6.6	29.6	20.6	30.2	1.0	107.0	115.3	17.6	10.3	58.3
1,000人以上	0.5	0.9	0.6	2.9	21.2	22.1	51.0	0.9	115.5	119.1	18.5	11.7	63.2
300～999人	0.8	0.7	0.9	3.6	26.9	20.3	45.0	1.9	114.1	116.8	17.8	10.2	57.5
100～299人	2.3	2.4	3.3	6.4	28.9	21.9	34.1	0.6	109.2	113.0	17.1	9.5	55.3
30～99人	5.4	3.6	5.6	7.1	30.3	20.2	26.9	1.0	105.3	110.0	16.7	8.9	53.5
令和3年	2.2	2.4	4.2	7.0	32.2	18.7	30.4	2.0	110.5	116.1	17.9	10.1	56.6
令和2年	1.6	3.1	4.7	7.4	32.7	18.7	28.9	2.9	109.9	116.0	18.0	10.1	56.3
令和元年	1.3	3.6	5.7	8.6	32.8	18.7	27.5	1.8	108.9	114.7	18.0	9.4	52.4
平成30年	1.4	3.6	6.3	9.1	33.0	20.5	24.3	1.9	108.9	114.7	18.0	9.3	51.1

注　1．「１企業平均年間休日総数」は、企業において最も多くの労働者に適用される年間休日総数を平均した。
　　2．「労働者１人平均年間休日総数」は、企業において最も多くの労働者に適用される年間休日総数を、その適用される労働者数により加重平均した。
　　3．「付与日数」には、繰越日数を含まない。休日総数を平均した。
　　4．「取得率」は、取得資格のある労働者の「取得日数計／付与日数計×100（％）」で算定されている。
〔参考〕「休日」とは、就業規則、労働協約又は労働契約等において、労働義務がないとされた日のことをいう。ただし、年次有給休暇分や雇用調整、生産調整のための休業分は含まれない。

(4) 特別有給休暇の有無、種類別企業割合

(単位 %)

年・企業規模	全企業	特別有給休暇制度がある企業	特別有給休暇の種類（M.A.）						特別休暇制度がない企業
			夏季休暇	病気休暇	リフレッシュ休暇	ボランティア休暇	教育訓練休暇	左記以外の1週間以上の長期休暇	
令和4年 30人以上計	100.0	58.9	41.5	22.7	11.8	4.2	4.0	15.1	39.8
1,000人以上	100.0	72.3	35.7	36.5	41.4	21.6	3.6	28.9	27.2
300～999人	100.0	66.8	40.1	30.2	28.9	10.2	2.7	20.8	33.0
100～299人	100.0	61.1	37.5	22.8	16.2	3.9	2.8	16.4	37.7
30～99人	100.0	57.0	43.0	21.5	8.0	3.2	4.5	13.8	41.5
令和3年	100.0	59.9	42.0	23.8	13.9	4.5	3.2	16.0	40.1
令和2年	100.0	58.9	41.3	23.3	13.1	4.6	4.3	16.0	41.1
令和元年	100.0	59.0	42.9	25.7	13.1	4.5	5.8	14.4	41.0
平成30年	100.0	60.3	44.5	25.5	12.4	4.3	4.2	14.8	39.7

注 「特別休暇」とは、法定休暇（年次有給休暇、産前・産後休暇、育児休業、子の看護のための休暇等）以外に付与される休暇で、就業規則等で制度（慣行も含む）として認められている休暇をいう。
・「1週間以上の長期の休暇」には、法定休暇で法律の規定よりも労働者を優遇している場合の上積みは含まない。
・平成25年の数値との比較時には、「複合サービス業」を含む（平成25年）含まない（平成30年）の違いがあり、留意されたい。

(5) 変形労働時間制の有無、種類別採用企業数割合及び適用労働者数割合

(単位 %)

年・企業規模	採用企業数割合					適用労働者数割合（全常用労働者＝100.0）				
	変形労働時間制を採用している	1年単位の変形労働時間制	1カ月単位の変形労働時間制	フレックスタイム制	変形労働時間制を採用していない	変形労働時間制の適用を受ける	1年単位の変形労働時間制	1カ月単位の変形労働時間制	フレックスタイム制	変形労働時間制の適用を受けない
令和4年 30人以上計	64.0	34.3	26.6	8.2	35.5	52.1	19.0	22.7	10.3	47.9
1,000人以上	77.9	22.1	47.0	31.2	21.5	50.2	7.5	24.5	18.0	49.8
300～999人	69.7	27.6	37.6	17.0	29.8	50.8	16.2	25.2	9.3	49.2
100～299人	66.1	34.1	31.4	8.4	33.4	55.5	27.9	23.6	3.9	44.5
30～99人	62.4	35.4	23.5	6.6	37.2	53.2	32.3	16.4	4.0	46.8
令和3年	59.6	31.4	25.0	6.5	40.4	48.9	17.8	21.5	9.5	51.1
令和2年	59.6	33.9	23.9	6.1	40.4	51.5	19.1	23.0	9.3	48.5
令和元年	62.6	35.6	25.4	5.0	37.4	53.7	21.4	23.9	8.2	46.3
平成30年	60.2	35.3	22.3	5.6	39.8	51.8	20.9	23.0	7.8	48.2

注 「変形労働時間制を採用している」及び「変形労働時間制の適用を受ける」の各欄の数値は、常用労働者30人未満事業所のみに適用される「1週間単位の非定型的変形労働時間制」が含まれる。
〔参考〕「変形労働時間制」とは、業務の繁閑や特殊性に応じて所定内労働時間の配分等を工夫できる制度で、「1年単位の変形労働時間制」、「1カ月単位の変形労働時間制」、「フレックスタイム制」等がある。

(6) みなし労働時間制の有無、種類別採用企業数割合・適用労働者数割合

(単位 %)

年・企業規模	採用企業数割合					適用労働者数割合（全常用労働者＝100.0）				
	みなし労働時間制を採用している	事業場外労働のみなし労働時間制	専門業務型裁量労働制	企画業務型裁量労働制	みなし労働時間制を採用していない	みなし労働時間制の適用を受ける	事業場外労働のみなし労働時間制	専門業務型裁量労働制	企画業務型裁量労働制	みなし労働時間制の適用を受けない
令和4年 30人以上計	14.1	12.3	2.2	0.6	85.3	7.9	6.5	1.2	0.2	92.1
1,000人以上	22.8	14.6	8.1	5.0	77.0	8.8	6.8	1.7	0.4	91.2
300～999人	16.5	13.0	4.2	1.5	83.2	9.5	8.7	0.6	0.1	90.5
100～299人	13.5	11.6	2.6	0.4	86.2	6.0	4.7	1.2	0.0	94.0
30～99人	13.8	12.4	1.7	0.5	85.5	6.7	5.9	0.7	0.2	93.3
令和3年	13.1	11.4	2.0	0.4	86.9	8.2	6.7	1.2	0.3	91.8
令和2年	13.0	11.4	1.8	0.8	87.0	8.9	7.6	1.0	0.2	91.1
令和元年	14.2	12.4	2.3	0.4	85.8	9.1	7.4	1.3	0.4	90.9
平成30年	15.9	14.3	1.8	0.8	84.1	9.5	7.9	1.3	0.3	90.5

〔参考〕「みなし労働時間制」とは、事業場外労働で実際の労働時間を算定できない場合や、業務遂行の手段や時間配分等を労働者本人の裁量にゆだねる必要のある場合に対応したもので、所定労働時間について労働したものとしてみなされ、その種類として「事業場外労働のみなし労働時間制」、「専門業務型裁量労働制」、「企画業務型裁量労働制」がある。

D-2　常用労働者の労働費用（5年毎調査）

(1)　常用労働者1人1か月平均労働費用

企業規模・年	労働費用総額[1]		現金給与額		現金給与以外の労働費用	
	円	％	円	％	円	％
令和3年調査計	408,140	(100.0)	334,845	(82.0)	73,296	(18.0)
1,000人以上	450,720	(100.0)	365,787	(81.2)	84,933	(18.8)
300〜999人	415,532	(100.0)	340,495	(81.9)	75,037	(18.1)
100〜299人	391,151	(100.0)	323,761	(82.8)	67,390	(17.2)
30〜99人	352,005	(100.0)	292,370	(83.1)	59,635	(16.9)
平成28年調査計	416,824	(100.0)	337,192	(80.9)	79,632	(19.1)
平成28※年調査計[2]	415,165	(100.0)	334,319	(80.5)	80,846	(19.5)
23	414,428	(100.0)	337,849	(81.5)	76,579	(18.5)

注：1）（　）内の数値は、「労働費用総額」を100とした割合である。
　　2）平成26年調査以前は、「会社組織以外の法人（医療法人、社会福祉法人、各種の協同組合等）」及び「複合サービス事業」を調査対象としていないため、平成23年と比較する場合は、「平成28※年調査計」を参照されたい。

(2)　常用労働者1人1か月平均現金給与以外の労働費用

企業規模・年	計	法定福利費	法定外福利費	現物給与の費用	退職給付等の費用	教育訓練費	その他の労働費用[1]
実額（円）							
令和3年調査計	73,296	50,283	4,882	481	15,955	670	1,024
1,000人以上	84,933	54,348	5,639	444	22,985	802	714
300〜999人	75,037	50,804	4,567	276	17,295	710	1,384
100〜299人	67,390	48,024	4,546	893	12,071	664	1,192
30〜99人	59,635	45,819	4,414	318	7,732	424	1,192
平成28年調査計	79,632	47,693	6,528	465	18,834	1,008	5,104
平成28※年調査計[2]	80,846	48,507	7,438	567	18,331	1,112	4,890
23	76,579	44,770	8,316	595	20,813	1,038	1,046
構成比（％）							
令和3年調査計	100.0	68.6	6.7	0.7	21.8	0.9	1.4
1,000人以上	100.0	64.0	6.6	0.5	27.1	0.9	0.9
300〜999人	100.0	67.7	6.1	0.4	23.0	0.9	1.8
100〜299人	100.0	71.3	6.7	1.3	17.9	1.0	1.7
30〜99人	100.0	76.8	7.4	0.5	13.0	0.7	1.5
平成28年調査計	100.0	59.9	8.2	0.6	23.7	1.3	6.4
平成28※年調査計[2]	100.0	60.0	9.2	0.7	22.7	1.4	6.0
23	100.0	58.5	10.9	0.8	27.2	1.4	1.4

注：1）「その他の労働費用」とは、募集費、従業員の転勤に際し企業が負担した費用（旅費、宿泊料等）、社内報・作業服の費用（安全服や守衛の制服のように業務遂行上特に必要と認められている制服等を除く。）、表彰の費用等をいう。
　　2）平成26年調査以前は、「会社組織以外の法人（医療法人、社会福祉法人、各種の協同組合等）」及び「複合サービス事業」を調査対象としていないため、平成23年と比較する場合は、「平成28※年調査計」を参照されたい。

(3)　常用労働者1人1か月平均法定福利費

企業規模・年	計	健康保険料・介護保険料	厚生年金保険料	労働保険料	雇用保険にかかる額	労災保険にかかる額	子ども・子育て拠出金	障害者雇用納付金	法定補償費	その他の法定福利費[1]
実額（円）										
令和3年調査計	50,283	17,496	27,905	3,695	2,120	1,575	987	96	4	98
1,000人以上	54,348	18,858	30,197	3,942	2,224	1,718	1,105	87	4	155
300〜999人	50,804	17,540	28,499	3,552	2,162	1,390	1,032	112	2	67
100〜299人	48,024	16,864	26,443	3,534	2,065	1,469	906	181	11	85
30〜99人	45,819	16,012	25,265	3,645	1,974	1,671	841	—	0	56
平成28年調査計	47,693	16,881	25,914	4,244	2,902	1,343	452	74	10	118
平成28※年調査計[2]	48,507	17,221	26,344	4,376	2,927	1,449	455	40	11	60
23	44,770	14,845	24,053	5,277	3,163	2,113	409	35	8	144
構成比（％）										
令和3年調査計	100.0	34.8	55.5	7.3	4.2	3.1	2.0	0.2	0.0	0.2
1,000人以上	100.0	34.7	55.6	7.3	4.1	3.2	2.0	0.2	0.0	0.3
300〜999人	100.0	34.5	56.1	7.0	4.3	2.7	2.0	0.2	0.0	0.1
100〜299人	100.0	35.1	55.1	7.4	4.3	3.1	1.9	0.4	0.0	0.2
30〜99人	100.0	34.9	55.1	8.0	4.3	3.6	1.8	—	0.0	0.1
平成28年調査計	100.0	35.4	54.3	8.9	6.1	2.8	0.9	0.2	0.0	0.2
平成28※年調査計[2]	100.0	35.5	54.3	9.0	6.0	3.0	0.9	0.1	0.0	0.1
23	100.0	33.2	53.7	11.8	7.1	4.7	0.9	0.1	0.0	0.3

注：1）「その他の法定福利費」とは、石炭鉱業年金基金掛金及び船員保険料（労働者負担分を除く。）等をいう。
　　2）平成26年調査以前は、「会社組織以外の法人（医療法人、社会福祉法人、各種の協同組合等）」及び「複合サービス事業」を調査対象としていないため、平成23年と比較する場合は、「平成28※年調査計」を参照されたい。
　　3）「子ども・子育て拠出金」は、平成28年まで「児童手当拠出金」。

D-3　退職給付（一時金・年金）制度

(1)　産業別定年制の有無及び退職事由ごとの退職者数構成比

(社)　　　　　　　　　　　　　　　　　　　　　　　　　　　　　　　　　　　(社、%)

産業・年	集計社数	定年制度の有無		集計社数	退職事由別退職者数構成比				合計
		あり	なし		定年	会社都合	自己都合	その他	
令和3年調査計	167	166	1	108	(46.4)	(7.2)	(42.1)	(4.3)	(100.0)
鉱業	3	3	—	2	(60.8)	(3.2)	(32.3)	(3.7)	(100.0)
製造業	98	98	—	61	(45.4)	(9.5)	(40.0)	(5.0)	(100.0)
建設	10	10	—	7	(49.7)	(1.1)	(45.8)	(3.4)	(100.0)
銀行・保険	5	5	—	4	(42.8)	(7.5)	(47.7)	(2.0)	(100.0)
私鉄・バス	15	15	—	12	(53.3)	(0.7)	(42.3)	(3.7)	(100.0)
海運・倉庫	2	2	—	2	(25.4)	(3.2)	(65.1)	(6.3)	(100.0)
電力	6	6	—	2	(72.4)	(0.0)	(22.3)	(5.3)	(100.0)
商事	9	9	—	5	(45.5)	(5.7)	(46.5)	(2.4)	(100.0)
新聞・放送	5	5	—	5	(69.6)	(0.0)	(27.6)	(2.8)	(100.0)
その他のサービス	2	2	—	2	(33.2)	(0.8)	(65.5)	(0.5)	(100.0)
令和元年調査計	179	179	—	109	(43.9)	(8.5)	(43.4)	(4.2)	(100.0)

資料出所　中央労働委員会事務局「賃金事情等総合調査」。以下(5)まで同じ。
注1.　　（　）内の数値は、「退職事由別退職者数の退職者合計」を100とした構成比である。
　　2.　　集計社数の少ない産業は掲載していない。以下(5)まで同じ。

(2)　産業別退職金制度の採用状況と退職年金制度の種類

(社)　　　　　　　　　　　　　　　　　　　　　　　　　　　　　　　　　　　(社)

産業・年	集計社数	退職金制度の採用状況			集計社数	採用している年金制度(M.A.)					複数の年金制度を併用している企業
		退職一時金制度のみ	退職年金制度のみ	両制度の併用		確定給付企業年金	規約型	基金型	確定拠出年金(企業型)	その他の年金	
令和3年調査計	166	5	17	144	161	122	77	45	116	4	80
鉱業	3	—	—	3	3	2	2	—	3	—	2
製造業	98	3	11	84	95	70	40	30	70	3	47
建設	10	—	1	9	10	8	8	—	6	—	4
銀行・保険	5	—	—	5	5	5	1	4	4	—	4
私鉄・バス	14	1	1	12	13	12	12	—	4	—	3
海運・倉庫	2	—	—	2	2	2	1	1	1	—	1
電力	6	—	—	6	6	5	5	—	6	—	5
ガス	3	—	—	3	3	3	3	—	3	—	3
百貨店・スーパー	3	—	—	3	3	2	—	2	2	—	1
商事	9	—	1	8	9	7	2	5	7	—	5
新聞・放送	5	—	—	5	5	2	2	—	4	1	2
情報サービス	2	—	—	2	2	2	1	1	1	—	1
飲食・娯楽	2	—	1	2	2	1	*	*	2	—	1
その他のサービス	2	—	—	2	2	1	*	*	2	—	1
令和元年調査計	178	10	16	152	168	135	86	49	114	5	85

(3)　産業別退職一時金の支払い準備形態及び算定基礎

(社)

産業・年	集計社数	支払準備形態(M.A.)	算定基礎(M.A.)		算定方式(複数回答)			その他の制度
		社内準備	退職時の賃金を算定基礎に用いる	その他の算定基礎を用いる	別テーブル方式	点数(ポイント)方式	その他	
令和3年調査計	149	147	22	128	19	102	11	11
鉱業	3	3	1	2	—	2	—	—
製造業	87	86	13	75	10	62	5	8
建設	9	9	—	8	—	8	—	1
銀行・保険	5	5	1	4	1	3	1	—
私鉄・バス	13	13	2	11	3	8	1	1
海運・倉庫	2	2	1	1	*	*	*	—
電力	6	6	1	5	—	5	—	—
ガス	2	1	—	1	*	*	*	1
百貨店・スーパー	2	2	—	2	—	1	1	—
商事	8	8	—	8	2	5	—	—
新聞・放送	5	5	1	4	—	2	1	—
情報サービス	2	2	—	2	—	1	—	—
その他のサービス	2	2	—	2	1	—	—	—
令和元年調査計	162	159	29	138	21	110	11	14

(4)　産業別退職一時金制度の最近の変更及び変更内容
（令和元年7月1日〜令和3年6月30日）

(社)

| 産業・年 | 集計社数 | 退職一時金制度の変更状況 | | | | | | | | 変更していない |
| | | 変更した | 変更内容(M.A.) | | | | | | | |
			算定基礎給の変更	算定方式の変更	支給率の変更	特別加算の変更	制度の廃止	原資の一部又は全部を年金に移行	その他	
令和3年調査計	148	25	3	2	4	1	—	2	14	123
鉱業	3	—	—	—	—	—	—	—	—	3
製造業	86	19	3	1	4	1	—	2	9	67
建設	9	—	—	—	—	—	—	—	—	9
銀行・保険	5	—	—	—	—	—	—	—	—	5
私鉄・バス	13	3	—	—	—	—	—	—	3	10
海運・倉庫	2	—	—	—	—	—	—	—	—	2
電力	6	—	—	—	—	—	—	—	—	6
ガス	2	—	—	—	—	—	—	—	—	2
百貨店・スーパー	2	—	—	—	—	—	—	—	—	2
商事	8	2	—	1	—	—	—	—	1	6
新聞・放送	5	1	*	*	*	*	*	*	*	4
情報サービス	2	—	—	—	—	—	—	—	—	2
その他のサービス	2	—	—	—	—	—	—	—	—	2
令和元年調査計	161	18	2	3	5	1	—	1	7	143

注1　令和元年調査の調査期間は平成29年7月1日〜令和元年6月30日。

(5)　産業別退職年金制度の最近の変更及び変更内容
（令和元年7月1日〜令和3年6月30日）

(社)

| 産業・年 | 集計社数 | 退職年金制度の変更状況 | | | | | | | | | | 変更していない |
| | | 変更した | 変更した年金の種類(M.A.) | | | 変更内容(M.A.) | | | | | | |
			確定給付企業年金	確定拠出年金(企業型)	その他の年金	予定利率・給付利率の引上げ	予定利率・給付利率の引下げ	別の年金制度に移行	制度の新設	制度の廃止	その他	
令和3年調査計	161	27	19	16	—	—	4	3	6	4	15	134
鉱業	3	—	—	—	—	—	—	—	—	—	—	3
製造業	95	17	11	11	—	—	2	2	3	2	10	78
建設	10	1	*	*	*	*	*	*	*	*	*	9
銀行・保険	5	—	—	—	—	—	—	—	—	—	—	5
私鉄・バス	13	4	4	1	—	—	—	1	1	—	3	9
貨物運送	—	—	—	—	—	—	—	—	—	—	—	—
海運・倉庫	2	—	—	—	—	—	—	—	—	—	—	2
電力	6	2	1	1	—	—	1	—	—	—	1	4
ガス	3	1	*	*	*	*	*	*	*	*	*	2
百貨店・スーパー	3	1	*	*	*	*	*	*	*	*	*	2
商事	9	1	*	*	*	*	*	*	*	*	*	8
新聞・放送	5	—	—	—	—	—	—	—	—	—	—	5
情報サービス	2	—	—	—	—	—	—	—	—	—	—	2
飲食・娯楽	2	—	—	—	—	—	—	—	—	—	—	2
その他のサービス	2	—	—	—	—	—	—	—	—	—	—	2
令和元年調査計	168	28	17	14	1	1	11	1	5	—	14	140

注1　令和元年調査の調査期間は平成29年7月1日〜令和元年6月30日。

E-1　日本の将来人口の

(1)　総人口、年齢3区分別人口及び構成割合（出生中位・死亡中位推計）

年次	人口（千人）				割合（%）			年次
	総　数	0～14歳	15～64歳	65歳以上	0～14歳	15～64歳	65歳以上	（暦年）
令和2	126,146	15,032	75,088	36,027	11.9	59.5	28.6	(2020)
3	125,527	14,792	74,508	36,226	11.8	59.4	28.9	(2021)
4	124,978	14,515	74,196	36,266	11.6	59.4	29.0	(2022)
5	124,408	14,202	73,858	36,348	11.4	59.4	29.2	(2023)
6	123,844	13,915	73,466	36,463	11.2	59.3	29.4	(2024)
7	123,262	13,633	73,101	36,529	11.1	59.3	29.6	(2025)
8	122,661	13,355	72,742	36,564	10.9	59.3	29.8	(2026)
9	122,044	13,100	72,335	36,609	10.7	59.3	30.0	(2027)
10	121,414	12,850	71,880	36,683	10.6	59.2	30.2	(2028)
11	120,771	12,625	71,367	36,779	10.5	59.1	30.5	(2029)
12	120,116	12,397	70,757	36,962	10.3	58.9	30.8	(2030)
13	119,448	12,193	70,438	36,817	10.2	59.0	30.8	(2031)
14	118,766	12,026	69,705	37,035	10.1	58.7	31.2	(2032)
15	118,071	11,879	68,949	37,243	10.1	58.4	31.5	(2033)
16	117,362	11,771	68,111	37,480	10.0	58.0	31.9	(2034)
17	116,639	11,691	67,216	37,732	10.0	57.6	32.3	(2035)
18	115,902	11,605	66,268	38,030	10.0	57.2	32.8	(2036)
19	115,152	11,551	65,230	38,371	10.0	56.6	33.3	(2037)
20	114,391	11,520	64,132	38,739	10.1	56.1	33.9	(2038)
21	113,619	11,474	63,080	39,066	10.1	55.5	34.4	(2039)
22	112,837	11,419	62,133	39,285	10.1	55.1	34.8	(2040)
23	112,045	11,360	61,254	39,431	10.1	54.7	35.2	(2041)
24	111,243	11,292	60,451	39,500	10.2	54.3	35.5	(2042)
25	110,434	11,214	59,691	39,529	10.2	54.1	35.8	(2043)
26	109,620	11,126	58,989	39,505	10.1	53.8	36.0	(2044)
27	108,801	11,027	58,323	39,451	10.1	53.6	36.3	(2045)
28	107,981	10,919	57,720	39,342	10.1	53.5	36.4	(2046)
29	107,159	10,801	57,125	39,232	10.1	53.3	36.6	(2047)
30	106,336	10,676	56,529	39,131	10.0	53.2	36.8	(2048)
31	105,512	10,544	55,945	39,022	10.0	53.0	37.0	(2049)
32	104,686	10,406	55,402	38,878	9.9	52.9	37.1	(2050)
33	103,859	10,263	54,900	38,696	9.9	52.9	37.3	(2051)
34	103,029	10,115	54,409	38,505	9.8	52.8	37.4	(2052)
35	102,195	9,965	53,941	38,288	9.8	52.8	37.5	(2053)
36	101,355	9,813	53,500	38,042	9.7	52.8	37.5	(2054)
37	100,508	9,659	53,070	37,779	9.6	52.8	37.6	(2055)
38	99,654	9,507	52,652	37,495	9.5	52.8	37.6	(2056)
39	98,792	9,357	52,213	37,222	9.5	52.9	37.7	(2057)
40	97,920	9,209	51,771	36,939	9.4	52.9	37.7	(2058)
41	97,038	9,067	51,286	36,685	9.3	52.9	37.8	(2059)
42	96,148	8,930	50,781	36,437	9.3	52.8	37.9	(2060)
43	95,249	8,800	50,273	36,176	9.2	52.8	38.0	(2061)
44	94,342	8,677	49,748	35,916	9.2	52.7	38.1	(2062)
45	93,428	8,563	49,205	35,660	9.2	52.7	38.2	(2063)
46	92,509	8,457	48,659	35,392	9.1	52.6	38.3	(2064)
47	91,587	8,360	48,093	35,134	9.1	52.5	38.4	(2065)
48	90,663	8,270	47,531	34,861	9.1	52.4	38.5	(2066)
49	89,739	8,188	46,976	34,575	9.1	52.3	38.5	(2067)
50	88,819	8,113	46,434	34,273	9.1	52.3	38.6	(2068)
51	87,904	8,042	45,879	33,983	9.1	52.2	38.7	(2069)
52	86,996	7,975	45,350	33,671	9.2	52.1	38.7	(2070)

資料出所　国立社会保障・人口問題研究所「日本の将来推計人口（令和5年推計）」。
注　1．各年10月1日現在の総人口（日本における外国人を含む）.令和2年（2020）年は総務省統計局『令和2年国勢調査　参考表：不詳補完結果』による。
　　2．推計根拠、方法等については「日本の将来推計人口（令和5年推計）報告書」を参照。
　　3．従属人口指数とは従属人口を生産年齢人口（15～64歳人口）で除した比であり、生産年齢人口に対する年少人口と老年人口の相対的な大きさを比較し、生産年齢人口の扶養負担の程度を表す。表には、年少人口指数（0～14歳人口）・老年人口指数（65歳以上）・その和を掲載。
　　4．合計特殊出生率は、その年齢の女子が生んだ子供の数を各歳の女子人口（15歳から49歳の合計）で除して算出され、1人の女子が生涯に産む子供の数の目安になる。

推計（出生中位・死亡中位）

(2) 平均年齢、従属人口指数、出生率、平均余命（出生中位・死亡中位推計）

年次	平均年齢（歳）	従属人口指数			合計特殊出生率	平均余命（0歳＝平均寿命）			年次（暦年）
		総数	年少人口	老年人口		男性	女性	男女差	
令和2	47.6	68.0	20.0	48.0	1.3298	81.58	87.72	6.14	(2020)
3	47.9	68.5	19.9	48.6	1.3048	81.48	87.58	6.10	(2021)
4	48.2	68.4	19.6	48.9	1.2480	81.27	87.34	6.07	(2022)
5	48.4	68.4	19.2	49.2	1.2251	81.75	87.82	6.07	(2023)
6	48.7	68.6	18.9	49.6	1.2681	81.88	87.94	6.07	(2024)
7	48.9	68.6	18.6	50.0	1.2713	81.99	88.06	6.06	(2025)
8	49.1	68.6	18.4	50.3	1.2759	82.11	88.17	6.06	(2026)
9	49.3	68.7	18.1	50.6	1.2859	82.23	88.29	6.06	(2027)
10	49.5	68.9	17.9	51.0	1.2973	82.34	88.40	6.06	(2028)
11	49.7	69.2	17.7	51.5	1.3069	82.45	88.51	6.06	(2029)
12	49.9	69.8	17.5	52.2	1.3152	82.56	88.62	6.06	(2030)
13	50.1	69.6	17.3	52.3	1.3223	82.67	88.73	6.06	(2031)
14	50.3	70.4	17.3	53.1	1.3277	82.78	88.83	6.06	(2032)
15	50.4	71.2	17.2	54.0	1.3307	82.88	88.94	6.06	(2033)
16	50.6	72.3	17.3	55.0	1.3326	82.98	89.04	6.06	(2034)
17	50.7	73.5	17.4	56.1	1.3336	83.09	89.14	6.06	(2035)
18	50.8	74.9	17.5	57.4	1.3339	83.19	89.24	6.06	(2036)
19	51.0	76.5	17.7	58.8	1.3338	83.29	89.34	6.05	(2037)
20	51.1	78.4	18.0	60.4	1.3338	83.38	89.44	6.05	(2038)
21	51.2	80.1	18.2	61.9	1.3338	83.48	89.53	6.05	(2039)
22	51.3	81.6	18.4	63.2	1.3341	83.57	89.63	6.05	(2040)
23	51.4	82.9	18.5	64.4	1.3347	83.67	89.72	6.05	(2041)
24	51.5	84.0	18.7	65.3	1.3354	83.76	89.81	6.05	(2042)
25	51.7	85.0	18.8	66.2	1.3364	83.85	89.90	6.05	(2043)
26	51.8	85.8	18.9	67.0	1.3375	83.94	89.99	6.05	(2044)
27	51.9	86.5	18.9	67.6	1.3388	84.03	90.08	6.05	(2045)
28	52.0	87.1	18.9	68.2	1.3401	84.12	90.17	6.05	(2046)
29	52.1	87.6	18.9	68.7	1.3415	84.20	90.25	6.05	(2047)
30	52.2	88.1	18.9	69.2	1.3429	84.29	90.34	6.05	(2048)
31	52.3	88.6	18.8	69.8	1.3442	84.37	90.42	6.05	(2049)
32	52.4	89.0	18.8	70.2	1.3453	84.45	90.50	6.05	(2050)
33	52.6	89.2	18.7	70.5	1.3464	84.53	90.58	6.05	(2051)
34	52.7	89.4	18.6	70.8	1.3473	84.61	90.66	6.05	(2052)
35	52.8	89.5	18.5	71.0	1.3479	84.69	90.74	6.05	(2053)
36	52.9	89.4	18.3	71.1	1.3485	84.77	90.82	6.05	(2054)
37	53.0	89.4	18.2	71.2	1.3490	84.85	90.89	6.05	(2055)
38	53.2	89.3	18.1	71.2	1.3493	84.92	90.97	6.05	(2056)
39	53.3	89.2	17.9	71.3	1.3497	85.00	91.05	6.05	(2057)
40	53.4	89.1	17.8	71.4	1.3500	85.07	91.12	6.05	(2058)
41	53.5	89.2	17.7	71.5	1.3503	85.15	91.19	6.05	(2059)
42	53.6	89.3	17.6	71.8	1.3506	85.22	91.26	6.05	(2060)
43	53.7	89.5	17.5	72.0	1.3510	85.29	91.34	6.04	(2061)
44	53.7	89.6	17.4	72.2	1.3515	85.36	91.41	6.04	(2062)
45	53.8	89.9	17.4	72.5	1.3520	85.43	91.47	6.04	(2063)
46	53.9	90.1	17.4	72.7	1.3526	85.50	91.54	6.04	(2064)
47	53.9	90.4	17.4	73.1	1.3533	85.57	91.61	6.04	(2065)
48	53.9	90.7	17.4	73.3	1.3541	85.63	91.68	6.04	(2066)
49	54.0	91.0	17.4	73.6	1.3549	85.70	91.74	6.04	(2067)
50	54.0	91.3	17.5	73.8	1.3557	85.77	91.81	6.04	(2068)
51	54.0	91.6	17.5	74.1	1.3565	85.83	91.87	6.04	(2069)
52	54.0	91.8	17.6	74.2	1.3573	85.89	91.94	6.04	(2070)

［将来人口の推計方法］
・国際的に標準とされる人口学的手法（コーホート要因法）に基づき、人口変動要因である出生、死亡および国際人口移動に関連する統計指標の動向を数理モデル等により将来に投影する方法で推計（pp.7〜12）。
・今回の推計では、2020年までの実績値をもとに、2020年10月1日現在の男女別年齢各歳別人口（総人口）を基準人口として、2021年から2070年までの人口について推計（出生3仮定、死亡3仮定による9本の「基本推計」）。このほか「長期参考推計」（2071〜2120年）、「日本人人口参考推計」および出生、国際人口移動について機械的に条件を変えた「条件付推計」を参考推計として実施。

E-2　世帯と

(1)　世帯構造および世帯類型の状況

（単位：千世帯、人）

年	総数	世帯構造						世帯類型			平均世帯人数（人）
		単独世帯	夫婦のみ	夫婦と未婚の子のみ	1人親と未婚の子	三世代	その他	高齢者	母子	父子	
平成元年	39,417	7,866	6,322	15,478	1,985	5,599	2,166	3,057	554	100	3.10
4	41,210	8,974	7,071	15,247	1,998	5,390	2,529	3,668	480	86	2.99
7	40,770	9,213	7,488	14,398	2,112	5,082	2,478	4,390	483	84	2.91
10	44,496	10,627	8,781	14,951	2,364	5,125	2,648	5,614	502	78	2.81
13	45,664	11,017	9,403	14,872	2,618	4,844	2,090	6,654	587	80	2.75
16	46,323	10,817	10,161	15,125	2,774	4,515	2,934	7,874	627	90	2.72
19	48,023	11,983	10,636	15,015	3,006	4,045	3,337	9,009	717	100	2.63
22	48,638	12,386	10,994	14,922	3,180	3,835	3,320	10,207	708	77	2.59
25	50,112	13,285	11,644	14,899	3,621	3,329	3,334	11,614	821	91	2.51
28	49,945	13,434	11,850	14,744	3,640	2,947	3,330	13,271	712	91	2.47
令和元年	51,785	14,907	12,639	14,718	3,616	2,627	3,278	14,878	644	76	2.39
3	51,914	15,292	12,714	14,272	3,693	2,563	3,379	15,062	623	63	2.37
4	54,310	17,852	13,330	14,022	3,666	2,086	3,353	16,931	565	75	2.25
構成比（%）	100.0	32.9	24.5	25.8	6.8	3.8	6.2	31.2	1.0	0.1	

資料出所　厚生労働省「国民生活基礎調査」。以下同じ。
注　　　　平成28年の数値には、熊本県を含まない。令和2年は調査を実施していない。

(2)　65歳以上の者のいる世帯の状況

（単位：千世帯）

年	総数	全世帯に占める割合（%）	単独世帯	夫婦のみの世帯	親と未婚の子のみの世帯	三世代	その他	65歳以上のみの世帯
平成元年	10,774	27.3	1,592	2,257	1,260	4,385	1,280	3,035
4	11,884	28.8	1,865	2,706	1,439	4,348	1,527	3,666
7	12,695	31.1	2,199	3,075	1,636	4,232	1,553	4,370
10	14,822	33.3	2,724	3,956	2,025	4,401	1,715	5,597
13	16,367	35.8	3,179	4,545	2,563	4,179	1,902	6,636
16	17,864	38.6	3,730	5,252	2,931	3,919	2,031	7,855
19	19,263	40.1	4,326	5,732	3,418	3,528	2,260	8,986
22	20,705	42.6	5,018	6,190	3,837	3,348	2,313	10,188
25	22,420	44.7	5,730	6,974	4,442	2,953	2,321	11,594
28	24,165	48.4	6,559	7,526	5,007	2,668	2,405	13,252
令和元年	25,584	49.4	7,369	8,270	5,118	2,404	2,423	14,856
3	25,809	49.7	7,427	8,251	5,284	2,401	2,446	15,044
4	27,474	50.6	8,730	8,821	5,514	1,947	2,463	16,915
構成比（%）	（65歳以上のいる世帯全体=100）		31.8	32.1	20.1	7.1	9.0	61.6

(3)　児童のいる世帯の状況

（単位：千世帯、人）

年	総数	全世帯に占める割合（%）	核家族世帯	夫婦と未婚の子のみの世帯	ひとり親と未婚の子のみの世帯	三世代	その他	平均児童数（人）
昭和61年	17,364	41.7	12,080	11,359	722	4,688	596	1.83
平成元年	16,426	41.7	11,419	10,742	677	4,415	592	1.81
4	15,009	36.4	10,371	9,800	571	4,087	551	1.80
7	13,586	33.3	9,419	8,840	580	3,658	509	1.78
10	13,453	30.2	9,420	8,820	600	6,548	485	1.77
13	13,156	28.8	9,368	8,701	667	3,255	534	1.75
16	12,916	27.9	9,589	8,851	738	2,902	425	1.73
19	12,499	26.0	9,489	8,645	844	2,498	511	1.71
22	12,324	25.3	9,483	8,669	813	2,320	521	1.70
25	12,085	24.1	9,618	8,707	912	1,965	503	1.70
28	11,666	23.4	9,386	8,576	810	1,717	564	1.69
令和元年	11,221	21.7	9,252	8,528	724	1,488	480	1.68
3	10,737	20.7	8,867	8,178	689	1,384	486	1.69
4	9,917	18.3	8,374	7,744	629	1,104	439	1.66
構成比（%）	（児童のいる世帯　全体=100）		84.4	78.1	6.3	11.1	4.4	

※本調査で言う児童とは、18歳未満の未婚の者。

介護の状況

(4) 世帯構造別にみた要介護者のいる世帯の構成割合（%、総数＝100）

年	総数	単独世帯	核家族世帯	夫婦のみの世帯	三世代	その他	高齢者世帯
平成13年	100.0	15.7	29.3	18.3	32.5	22.4	35.3
16	100.0	20.2	30.4	19.5	29.4	20.0	40.4
19	100.0	24.0	32.7	20.2	23.2	20.1	45.7
22	100.0	26.1	31.4	19.3	22.5	20.1	47.0
25	100.0	27.4	35.4	21.5	18.4	18.7	50.9
28	100.0	29.0	37.9	21.9	14.9	18.3	54.5
令和元年	100.0	28.3	40.3	22.2	12.8	18.6	57.1
4	100.0	30.7	42.1	25.0	10.9	16.4	61.5

(5) 要介護者等との続柄別にみた主な介護者の構成割合（%、総数＝100）

年	総数	同居	配偶者	子	子の配偶者	父母	その他の親族	別居の家族等	事業者	その他	不詳
平成13年	100.0	71.1	25.9	19.9	22.5	0.4	2.3	7.5	9.3	2.5	9.6
16	100.0	66.1	24.7	18.8	20.3	0.6	1.7	8.7	13.6	6.0	5.6
19	100.0	60.0	25.0	17.9	14.3	0.3	2.5	10.7	12.0	0.6	16.8
22	100.0	64.1	25.7	20.9	15.2	0.3	2.0	9.8	13.3	0.7	12.1
25	100.0	61.6	26.2	21.8	11.2	0.5	1.8	9.6	14.8	1.0	13.0
28	100.0	58.7	25.2	21.8	9.7	0.6	1.3	12.2	13.0	1.0	15.2
令和元年	100.0	54.4	23.8	20.7	7.5	0.6	1.7	13.6	12.1	0.5	19.6
4	100.0	45.9	22.9	16.2	5.4	0.1	1.2	11.8	15.7	0.6	26.0

(6) 要介護者等の年齢階級別にみた同居の主な介護者の年齢階級構成割合〔令和4年〕（%、総数＝100）

同居の主な介護者の年齢階級	要介護者等								
	総数	40～64歳	65～69	70～79	80～89	90歳以上	（再掲）60歳以上	（再掲）65歳以上	（再掲）75歳以上
総数	[100.0]	[3.0]	[4.3]	[23.4]	[45.1]	[24.3]	[98.1]	[97.0]	[84.4]
40歳未満	1.5	7.3	6.8	1.4	0.7	1.4	1.4	1.3	0.8
40～49歳	5.3	12.2	1.3	8.0	5.0	3.1	5.0	5.1	5.1
50～59	17.2	41.0	0.8	5.9	26.0	11.5	16.5	16.4	18.3
60～69	29.1	33.4	62.0	15.3	19.1	54.4	29.4	28.9	26.9
70～79	28.5	4.6	27.8	60.8	18.7	18.8	29.0	29.3	27.3
80歳以上	18.4	1.5	1.2	8.7	30.4	10.7	18.7	18.9	21.6
（再掲）60歳以上	76.0	39.6	91.1	84.7	68.2	84.0	77.1	77.2	75.8
（再掲）65歳以上	62.2	19.3	75.9	82.6	52.9	62.6	63.1	63.5	61.2
（再掲）75歳以上	31.9	3.7	5.9	35.4	44.8	12.5	32.4	32.8	35.7

＜国民生活基礎調査の概要＞

〔調査の目的〕

保健、医療、福祉、年金、所得など国民生活の基礎的事項を調査し、厚生労働行政の企画、立案に必要な基礎資料を得ることを目的に、1986（昭和61）年を初年として3年ごとに大規模な調査を、その間の各年は調査事項と対象世帯の少ない簡易な調査を実施する。2022（令和4）年は、大規模調査の実施年に当たる。2020（令和2）年は新型コロナウイルス感染症の影響により、調査を実施していない。

〔調査の地域・対象〕

2022（令和4）年調査では、世帯票・健康票は約30万世帯、所得票・貯蓄票は約3万世帯、介護票は約7千世帯を対象として調査し、世帯票・健康票は約20万5千世帯、所得票・貯蓄票は約2万世帯、介護票は約5千世帯を集計した。ただし、以下については調査の対象から除外した。

①　世帯票・健康票・介護票…単身赴任者、出稼ぎ者、長期出張者（概ね3カ月以上）、遊学中の者、社会福祉施設の入所者、長期入院者（住民登録を病院に移している者）、預けた里子、収監中の者、その他の別居中の者。

②　所得票・貯蓄票…上記の他、世帯票調査日以降に転出入した世帯及び世帯員、住み込み又はまかない付きの寮・寄宿舎に居住する単独世帯。

〔調査事項（票）〕

世帯、家計支出、医療保険、年金、就業状態、健康意識、こころの状態、要介護度、所得、生活意識、貯蓄現在高など。

E－3　社会保障

(1)　社会保障関係費のこれまでの推移

（単位　兆円）

区分	平成2年 (1990)	7 (1995)	12 (2000)	17 (2005)	22 (2010)	27 (2015)	令和2年 (2020)	令和4年 (2022)	令和5年 (2023)
基礎的財政収支対象経費	51.9	57.8	63.0	63.7	70.9	72.9	79.3	83.7	89.5
厚生労働省予算	11.6	14.0	15.5	20.8	27.6	29.9	32.6	32.6	33.2
社会保障関係費	11.6	13.9	16.8	20.4	27.3	31.5	35.7	36.3	36.9
年金医療介護保険給付費	—	—	—	—	20.3	23.1	—	—	—
年金給付費	—	—	—	—	—	—	12.5	12.8	13.1
医療給付費	—	—	—	—	—	—	12.3	12.1	12.2
介護給付費	—	—	—	—	—	—	3.4	3.6	3.7
生活保護費	1.1	1.1	1.2	1.9	2.2	2.9	—	—	—
社会福祉費	2.4	3.5	3.7	1.6	3.9	4.9	—	—	—
少子化対策費	—	—	—	—	—	—	3.4	3.1	3.1
生活扶助等社会福祉費	—	—	—	—	—	—	4.4	4.2	4.3
社会保険費	7.2	8.5	11.0	15.9	—	—	—	—	—
保健衛生対策費	0.6	0.6	0.5	0.5	0.4	0.5	0.5	0.5	0.5
失業対策費	0.3	0.3	0.4	0.5	—	—	—	—	—
雇用労災対策費	—	—	—	—	0.3	0.2	*.*	0.1	*.*
《構成比》（%）									
社会保障関係費	100.0	100.0	100.0	100.0	100.0	100.0	100.0	100.0	100.0
年金医療介護保険給付費	—	—	—	—	74.6	73.3	—	—	—
年金給付費	—	—	—	—	—	—	35.0	35.3	35.5
医療給付費	—	—	—	—	—	—	34.5	33.3	33.1
介護給付費	—	—	—	—	—	—	9.5	9.9	10.0
生活保護費	9.5	7.6	7.3	9.4	8.2	9.2	—	—	—
社会福祉費	20.7	24.9	21.8	8.1	14.4	15.4	—	—	—
少子化対策費	—	—	—	—	—	—	9.5	8.5	8.4
生活扶助等社会福祉費	—	—	—	—	—	—	12.3	11.6	11.7
社会保険費	61.9	60.8	65.3	77.8	—	—	—	—	—
保健衛生対策費	4.8	4.6	3.2	2.4	1.6	1.5	1.4	1.4	1.4
失業対策費	3.0	2.1	2.3	2.3	—	—	—	—	—
雇用労災対策費	—	—	—	—	1.2	0.5	*.*	*.*	*.*

資料出所　財務省財務総合政策研究所「財政金融統計月報」。
注　1　各年度の区分による当初予算額
　　2　基礎的財政収支対象経費＝一般会計歳出－（国債費＋決算不足補てん繰戻）
　　3　平成21年度に区分の組み替えがあり、「社会保険費」の費用が「年金医療介護保険給付費」と「社会福祉費」に分けられた。また、「失業対策費」が「雇用労災対策費」となり労災保険に要する費用が含まれている。
　　4　平成23年度より「一般歳出」は、「基礎的財政収支対象経費」となった。
　　5　基礎的財政収支対象経費＝一般会計歳出－（国債費＋決算不足補てん繰戻）
　　6　平成27年度より内閣府へ保育所運営費等1.7兆円が移管され、それを考慮した平成26年度からの伸びは3.0%。
　　7　＊．＊は0.1未満。

(2)　項目別の給付費と負担額の将来設計

区分		2018年度		2025年度		2040年度	
		兆円	（対GDP比）%	兆円	（対GDP比）%	兆円	（対GDP比）%
給付額	（現状投影）	121.3	21.5	140.4～140.8	21.7～21.8	188.5～190.3	23.8～24.1
	（計画ベース）			140.2～140.6	21.7～21.8	188.2～190.0	23.8～24.0
	年金	56.7	10.1	59.9	9.3	73.2	9.3
	医療（現状投影）	39.2	7.0	①:48.7 ②:48.3	①:7.5 ②:7.5	①:68.3 ②:70.1	①:8.6 ②:8.9
	医療（計画ベース）			①:47.8 ②:47.4	①:7.4 ②:7.3	①:66.7 ②:68.5	①:8.4 ②:8.7
	介護（現状投影）	10.7	1.9	14.6	2.3	24.6	3.1
	介護（計画ベース）			15.3	2.4	25.8	3.3
	子ども・子育て	7.9	1.4	10.0	1.5	13.1	1.7
	その他	6.7	1.2	7.7	1.2	9.4	1.2
負担額	（現状投影）	117.2	20.8	139.2～139.6	21.6～21.6	185.9～187.7	23.5～23.7
	（計画ベース）			139.0～139.4	21.5～21.6	185.5～187.3	23.5～23.7
	年金	52.6	9.3	58.7	9.1	70.6	8.9
	医療（現状投影）	39.2	7.0	①:48.7 ②:48.3	①:7.5 ②:7.5	①:68.3 ②:70.1	①:8.6 ②:8.9
	医療（計画ベース）			①:47.8 ②:47.4	①:7.4 ②:7.3	①:66.7 ②:68.5	①:8.4 ②:8.7
	介護（現状投影）	10.7	1.9	14.6	2.3	24.6	3.1
	介護（計画ベース）			15.3	2.4	25.8	3.3
	子ども・子育て	7.9	1.4	10.0	1.5	13.1	1.7
	その他	6.7	1.2	7.7	1.2	9.4	1.2
（参考）GDP（兆円）		564.3		645.6		790.6	

（注）　医療は、単価の伸び率の前提に応じて、①および②と表示している。

関係費

（3）　負担の内訳の将来設計

		2018年度		2025年度		2040年度	
		兆円	（対GDP比）%	兆円	（対GDP比）%	兆円	（対GDP比）%
給付額	（現状投影）	121.3	21.5	140.4〜140.8	21.7〜21.8	188.5〜190.3	23.8〜24.1
	（計画ベース）			140.2〜140.6	21.7〜21.8	188.2〜190.0	23.8〜24.0
負担額	（現状投影）	117.2	20.8	139.2〜139.6	21.6〜21.6	185.9〜187.7	23.5〜23.7
	（計画ベース）			139.0〜139.4	21.5〜21.6	185.5〜187.3	23.5〜23.7
保険料負担	（現状投影）	70.2	12.4	81.3〜81.6	12.6〜12.6	106.3〜107.3	13.4〜13.6
	（計画ベース）			81.2〜81.4	12.6〜12.6	106.1〜107.0	13.4〜13.5
年金		39.5	7.0	44.1	6.8	53.4	6.8
医療	（現状投影）	22.1	3.9	①:26.6 ②:26.3	①:4.1 ②:4.1	①:36.2 ②:37.2	①:4.6 ②:4.7
	（計画ベース）			①:26.0 ②:25.8	①:4.0 ②:4.0	①:35.4 ②:36.3	①:4.5 ②:4.6
介護	（現状投影）	4.8	0.8	6.5	1.0	11.1	1.4
	（計画ベース）			6.9	1.1	11.6	1.5
子ども・子育て		1.8	0.3	2.2	0.3	3.0	0.4
その他		2.0	0.3	2.2	0.3	2.6	0.3
公費負担	（現状投影）	46.9	8.3	57.8〜58.0	9.0〜9.0	79.6〜80.4	10.1〜10.2
	（計画ベース）			57.8〜58.0	9.0〜9.0	79.5〜80.3	10.1〜10.2
年金		13.2	2.3	14.6	2.3	17.2	2.2
医療	（現状投影）	17.1	3.0	①:22.2 ②:22.0	①:3.4 ②:3.4	①:32.1 ②:32.9	①:4.1 ②:4.2
	（計画ベース）			①:21.8 ②:21.6	①:3.4 ②:3.3	①:31.3 ②:32.2	①:4.0 ②:4.1
介護	（現状投影）	5.9	1.0	8.0	1.2	13.5	1.7
	（計画ベース）			8.5	1.3	14.2	1.8
子ども・子育て		6.1	1.1	7.7	1.2	10.1	1.3
その他		4.7	0.8	5.5	0.9	6.7	0.9
（参考）GDP　（兆円）		564.3		645.6		790.6	

（注）医療は、単価の伸び率の前提に応じて、①および②と表示している。

<人口・経済の前提>
・足元値　平成30年度予算ベース、介護は第7期介護保険事業計画集計値を基礎
・人口前提　「日本の詳細推計人口（平成29年推計）」の出生中位（死亡中位）推計
・経済前提　2027年度までは、内閣府「中長期の経済財政に関する試算」（平成30年1月）
　　　　　　2028年度以降は、公的年金の平成26年度財政検証に基づいた前提値
・就業者数　医療介護分野では、需要の変化に応じて就業者数が変化するとして計算
　　　　　　その他の福祉分野を含めた医療福祉分は全体は、変化率を用いて機械的に計算

（参考）医療・介護の患者数・利用者数および就業者数

			現状投影			計画ベース		
			2018年度	2025年度	2040年度	2018年度	2025年度	2040年度
患者数・利用者数等（万人）	医療	入院	132	144	155	132	132	140
		外来	783	790	748	783	794	753
	介護	施設	104	129	171	104	121	162
		居住系	46	56	75	46	57	76
		在宅	353	417	497	353	427	509
就業者数（万人）	医療福祉分野における就業者数		823 [12.5%]	933 [14.7%]	1,068 [18.9%]	823 [12.5%]	931 [14.7%]	1,065 [18.8%]
	医療		309	327	334	309	322	328
	介護		334 (200)	402 (241)	501 (301)	334 (200)	406 (245)	505 (305)
人口（万人）	総人口		12,618	12,254	11,092	12,618	12,254	11,092
	15〜64歳		7,516(59.6%)	7,170(58.5%)	5,978(53.9%)	7,516(59.6%)	7,170(58.5%)	5,978(53.9%)
	20〜39歳		2,696(21.4%)	2,471(20.2%)	2,155(19.4%)	2,696(21.4%)	2,471(20.2%)	2,155(19.4%)
	40〜64歳		4,232(33.5%)	4,163(34.0%)	3,387(30.5%)	4,232(33.5%)	4,163(34.0%)	3,387(30.5%)
	65歳〜		3,561(28.2%)	3,677(30.0%)	3,921(35.3%)	3,561(28.2%)	3,677(30.0%)	3,921(35.3%)
	75歳〜		1,800(14.3%)	2,180(17.8%)	2,239(20.2%)	1,800(14.3%)	2,180(17.8%)	2,239(20.2%)
	就業者数		6,580	6,353	5,654	6,580	6,353	5,654

※　患者数はある日に医療機関に入院中又は外来受診した患者数。利用者数は、ある月における介護サービスの利用者数であり、総合事業等における利用者数を含まない。
※　就業者数欄の「医療福祉分野における就業者数」は、医療・介護分に、その他の福祉分野の就業者数等を合わせた推計値。医療分、介護分ともに、直接に医療に従事する者や介護に従事する者以外に、間接業務に従事する者も含めた数値である。[ ]内は、就業者数全体に対する割合。（ ）内は、介護職員の数。なお、介護職員数は、総合事業（従前相当及び基準緩和型）における就業者数を含む。

「賃金・労使関係データ2023／2024」

―個別賃金・生涯賃金と雇用処遇―

2023年10月20日　発行　　　ISBN978-4-88372-608-0　C2034

定価　2,200円（本体2,000円＋税10％）

編　集　　　　　　（公財）日本生産性本部
発行所　　　　　　生産性労働情報センター

〒102-8643　東京都千代田区平河町 2 − 13 − 12
Tel：03（3511）4007直通
Fax：03（3511）4073直通
URL：https：//www.jpc-net.jp/lic

印刷・製本／第一資料印刷